PETER HABELER

MEIN NÄCHSTER BERG

erzählt von Marlies Czerny

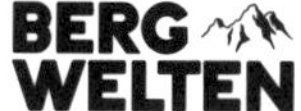

Inhalt

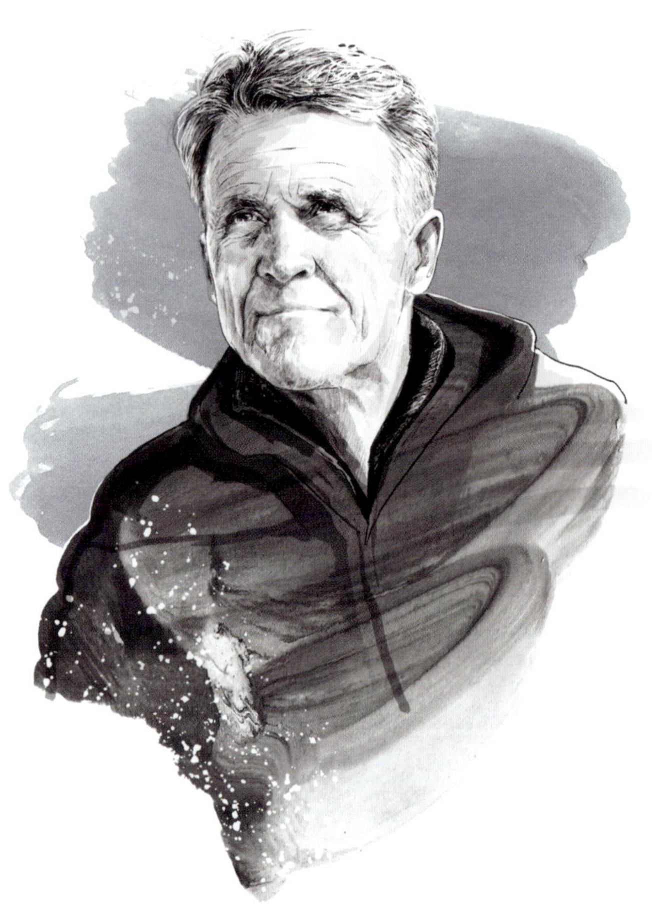

Peter Habeler

gelang 1978 zusammen mit Reinhold Messner die erste Begehung des Mount Everest ohne zusätzlichen Sauerstoff. Dieses Meisterstück machte den Zillertaler Bergführer und Extremalpinisten weltberühmt. Mit vielen weiteren herausragenden alpinen Leistungen, wie dem ersten Achttausender im Alpinstil (Hidden Peak) oder der Durchsteigung der Eiger-Nordwand in Rekordzeit, zählte er viele Jahre zur Spitze des internationalen Bergsports.

Höher als der Mount Everest

Gedanken vor dem Losgehen
von Marlies Czerny

Welchen Berg hat ein Mensch noch vor sich, der schon unzählbar viele bestiegen hat? Der mit dem Mount Everest – gemeinsam mit Reinhold Messner als Erster ohne künstlichen Sauerstoff – das Höchste erreicht hat, was es seinerzeit überhaupt zu erreichen gab? Für Peter Habeler gibt's einen Berg, der höher ist. Das ist er bis heute, bis zu seinem 80. Geburtstag am 22. Juli 2022.

Peter Habeler versprüht eine ansteckende Freude, die spürt man beim ersten Händedruck. Aus seinem braun gebrannten Gesicht lässt der Bergführer mit dem auffallenden Charme ein gletscherweißes Lächeln strahlen – jede Falte rundherum unterstreicht glaubwürdig seine lustigen, aber auch ernsten Jahre im Gebirge. Der Gipfelstürmer geht trotz seines hohen Alters immer noch mit fast kindlicher Neugier und Esprit, Wohlwollen und Respekt auf Berge zu – und auf Menschen. Sogar, wenn man selbst einen Kopf kleiner ist als er, begegnet er einem auf Augenhöhe.

Es war ein Sommertag 2010, als die Autorin dieser Zeilen Peter Habeler in den Hohen Tauern erstmals die Hand schüttelte. Auf der Gießener Hütte stand die Hochalmspitze am Plan. Peter, der dienstälteste Bergführer einer großen, bunten Gruppe, nutzte jede Verschnaufpause für einen Witz. Er muss nie ganz so viel schnaufen wie seine Wegbegleiter, da bleibt neben dem ernsthaften Bergführen zum Schmähführen immer noch Luft.

Im Vorabendprogramm zur Hochalmspitzen-Besteigung hielt der Extrembergsteiger mit dem Legendenstatus einen Vortrag, jeder in der Hüttenstube hing an seinen Lippen. Peter zeigte unfassbar schöne Himalajagipfel, erzählte von seiner herrlichen Freiheit, frech sein zu dürfen, von seinen prächtigen Partnern und von seinem simplen Stil, dem Alpinstil. Den hat Peter als einer der ersten Bergsteiger auf die Achttausender übertragen. Bald tauchte auf der Leinwand ein Berg auf wie aus einem Bilderbuch, einer aus dem Zillertal. Ich war fasziniert und begann, zu träumen. Wenige Wochen später besuchte ich, damals noch sehr grün hinter den Ohren, meinen ersten Gletscherkurs im Zillertal, nicht bei Peter selbst, doch bei einem seiner Bergführerkollegen. Die Überschreitung des Olperer – dieser Berg, zu dem mich Peter inspirierte – ließ nicht lange auf sich warten, und ich war den gleißenden Gletscherriesen endgültig verfallen. Dafür bin ich Peter heute noch dankbar, denn dieser Berg hat mich zu meinem nächsten geführt. Und irgendwann zu diesem Buch.

Eine Seite Peter Habelers zeigt sich auf den Hütten weniger, die lernt man erst im hinteren Zillertal in seinen vier Wänden kennen. In seinem Wohnzimmer flackert an manchen Tagen eine Kerze, gleich neben dem tannengrünen Kachelofen. »Schade, dass es sie nicht mehr gibt«, sinniert Peter dort oft und denkt dabei an seine Wegbegleiter, die früher gehen mussten als er. »Der Sepp, der Hias, der Doug … und ich kann einfach nicht glauben, dass es den David nicht mehr gibt!« Stimmt nicht, wendet Jutta ein, die kluge Frau, mit der er seine Sorgen und Freuden teilt, »er ist unter uns. Sie sind alle unter uns«.

Natürlich, denkt sich Peter dann. Weil er sie im Kopf habe. Weil er die Bilder im Kopf habe, die er mit ihnen erleben durfte in der Wand oder bei einem Bier. Der größte Schatz, den der sonst so genügsame Peter behütet, ist seine Erinnerung an all die Menschen und Berge, die heute hinter ihm liegen – und die irgendwann auch als nächste Berge vor ihm gestanden sind. »Ich lebe mit Bildern. Bilder sind mein Leben. Man vergisst ja einiges, aber wenn du ein Bild aus vergangener Zeit siehst, dann …« Ja, dann steckt er wieder mittendrin.

Mittendrin in der Big Wall im Yosemite steckt er mit dem legendären Briten Doug Scott, wenn er sich im Erdgeschoss an seinen Schreibtisch setzt. Daneben ringt er gemeinsam mit Reinhold Messner im Gipfelsturm am Mount Everest nach Luft. Pfarrer Herbert Woopen, der sein Schutzengel sein muss, schaut nicht nur im Himmel auf ihn, sondern auch von links aus einem Bilderrahmen. Wenn sich Peter erhebt von seinem Bürosessel, steht er neben David Lama direkt vor der Eigerwand. Im Stiegenhaus trifft er die alte Sherpa-Frau, blickt in ihr ausdrucksstarkes greises Gesicht, das er beim Trekking in Nepal fotografiert hat. Ein paar Stufen weiter steigt Reinhold Messner am Hidden Peak durch eine weiße Leinwand höher, seilfrei und im Alpinstil. »Das war eine bärige Geschichte!«, denkt sich Peter an dieser Stelle oft. Er hat seinen Bruder Roman bei sich im Wohnzimmer sitzen, mit all den Porträts, die dieser malte.

Vor dem Balkonfenster öffnet sich ein Panoramabild, sein vielleicht wichtigstes Bild überhaupt. Zu jedem Gipfel da draußen ruft Peter Erinnerungen ab wie jemand anderer die Computer-Dateien aus einem Ordner. Das Gebirge ist sein liebstes Speichermedium – und bei jedem Berg macht's klick: Augenblicklich hat er die dazugehörigen Geschichten im Kopf und Menschen vor Augen, mit denen er in den Bergen höher stieg.

Peter Habeler hinterließ Spuren an den Bergen, aber noch mehr Spuren hinterließen seine Wegbegleiter und Seilpartner in ihm. Jede und jeder von ihnen brachte ihn einem nächsten Berg näher – bis er schließlich dort ankam, wo er heute steht. »Die Quintessenz meines Lebens ist, dass ich immer die besten Leute kennenlernen durfte«, erklärt Peter. Dieses Berg-Werk wolle er deshalb auch all jenen Menschen widmen, denen er ewig dankbar ist und die ihn zu dem gemacht haben, was Peter Habeler heute ist.

Sein nächster Berg ist ihm auch heute noch wichtig, vielleicht wichtiger denn je – denn Ziele helfen ihm dabei, jung zu bleiben. Immer unwichtiger wird ihm, wie hoch und prominent so ein Gipfel ist – von kleinen Ausnahmen einmal abgesehen, ein bisschen frech ist er ja immer noch. Doch selbst wenn die Gipfel wieder kleiner werden, Peters Freude – so hat man das Gefühl – wird mit jedem nächsten Berg nur noch größer. Dieser Berg an Begeisterung stellt sogar den Mount Everest in den Schatten. Sich diese grundehrliche Freude und kindliche Neugier ein Leben lang zu bewahren und mit anderen zu teilen, ist die vielleicht höchste Kunst beim Bergsteigen. Neben der Kunst, dabei auch alt zu werden.

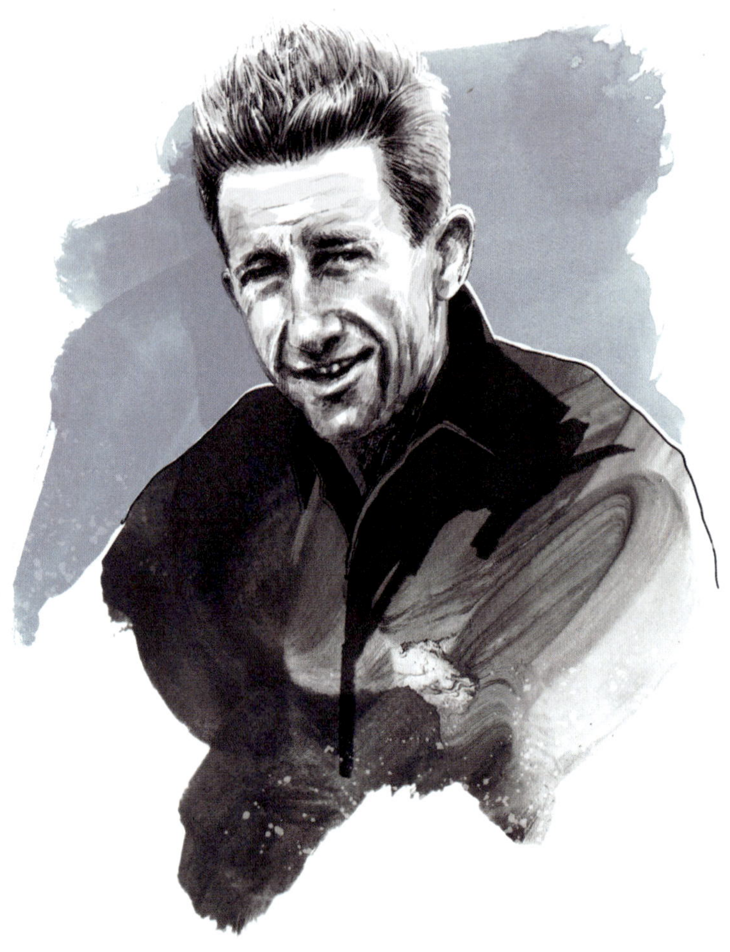

Toni Volgger

Der Bergführer, der die Vaterrolle übernahm

Eine Kindheit, fast selbst geschaukelt

Die Nachbarin – sie erzählte es später einmal – beobachtete manchmal heimlich, wie Peter von der Schule nach Hause kam. Nicht durch die Haustüre, nein – er kletterte über den Balkon in die Wohnung. Drinnen in der Kinderstube in der Ortschaft Mayrhofen im Zillertal warteten auch die allerersten Steilstufen auf den blonden Knirps. Mit einer Extraportion an Unbeschwertheit wurde seine Kindheit, die mitten im Krieg begann, nämlich nicht gerade überhäuft. Sein Vater starb sehr früh, seine Mutter war die meiste Zeit ausgeflogen, und sein älterer Bruder lebte mehr in Niederösterreich als in Tirol. Da tat es Peter gut, wenn Hermine Lottersberger vom Balkon des Nachbarhauses herüberwinkte.

Es liegt wohl in Peter Habelers Frohnatur, auch im ersten Kapitel seines Lebens überwiegend die positiven Seiten zu sehen. Man könnte es ja auch als Vorteil betrachten, dass seine Mama nicht immer genau mitbekam, an welchem Felsblock ihr Lausbub herumkraxelte. Oder dass er am Heimweg schon wieder mit seinem Schulfeind gerauft hatte. »Mama hat mich immer ziehen gelassen. Die Überfürsorglichkeit von heute hatten wir damals zum Glück nicht«, sagt Peter gut 70 Jahre später, die eine oder andere Narbe längst verheilt. Er nahm sehr früh selbst die Seilführung für sein Leben in die Hand und fand andere Bezugspersonen. Wie Hermi Lottersberger, die morgens zum Kochlöffel

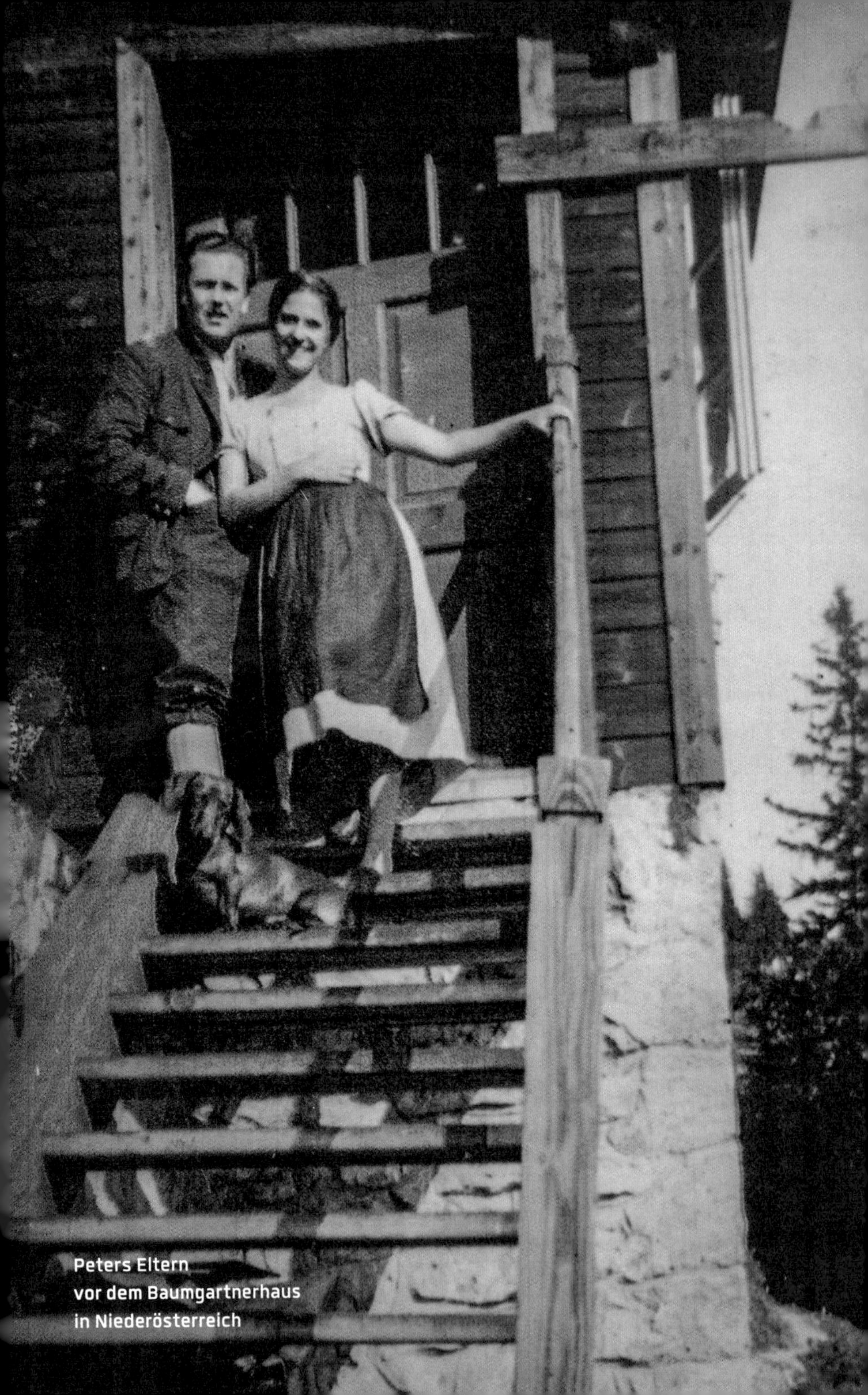

Peters Eltern
vor dem Baumgartnerhaus
in Niederösterreich

und mittags zu Seil und Karabiner griff. Oder Toni Volgger, ein junger Bergführer – zu erkennen an seinen stets geputzten Lederstiefeln und einer Zigarette im Mundwinkel. Hermi war für Peter wie eine zweite Mutter und Toni viel mehr Vater als sein leiblicher Papa.

Gehen wir aber erst noch ein paar Schritte zurück: Peters Vater Roman Habeler stammte aus Pottschach in Niederösterreich und arbeitete im Semperit-Werk, eine Autostunde südlich von Wien. Bergsteiger war er keiner, dafür ein leidenschaftlicher Jäger. Und als solchen zog es ihn regelmäßig auf den Schneeberg. In der Zwischenkriegszeit bekamen viele Hütten im Wiener Einzugsbereich starken Zulauf, davon bekam man auch im Westen Wind. Peters Mutter Ella – damals noch keine 18 Jahre alt – ging als Hüttengehilfin zu Zillertaler Pächtern aufs Baumgartnerhaus. Heute existieren dort nur noch verfallene Mauern, doch einst blühte das Leben in der größten Unterkunft am Schneeberg. Auf seiner sonnigen Südseite, 1000 Meter oberhalb von Reichenau an der Rax, verliebte sich Roman in die humorvolle und hübsche Ella, die 15 Jahre jünger war als er. Nach der Hochzeit wohnte das Paar in Pottschach bei Romans Schwester. Wohlgefühlt hatte sich die Zillertalerin aber nie in Niederösterreich. Sie zog es wieder zurück nach Mayrhofen, wo sie Peter sechs Jahre nach ihrem ersten Sohn Roman zur Welt brachte. Am 22. Juli 1942 – mitten im Zweiten Weltkrieg.

»Der Krieg war schlichtweg verheerend. Das waren schlimme Zeiten«, sagt Peter Habeler nachdenklich, sodass die Falten auf seiner Stirn, die von so vielen lustigen Berggeschichten erzählen, wie tiefe Gräben wirken. Sein Vater wurde zum Wehrdienst eingezogen. Unter russischen Besatzern musste er schließlich in

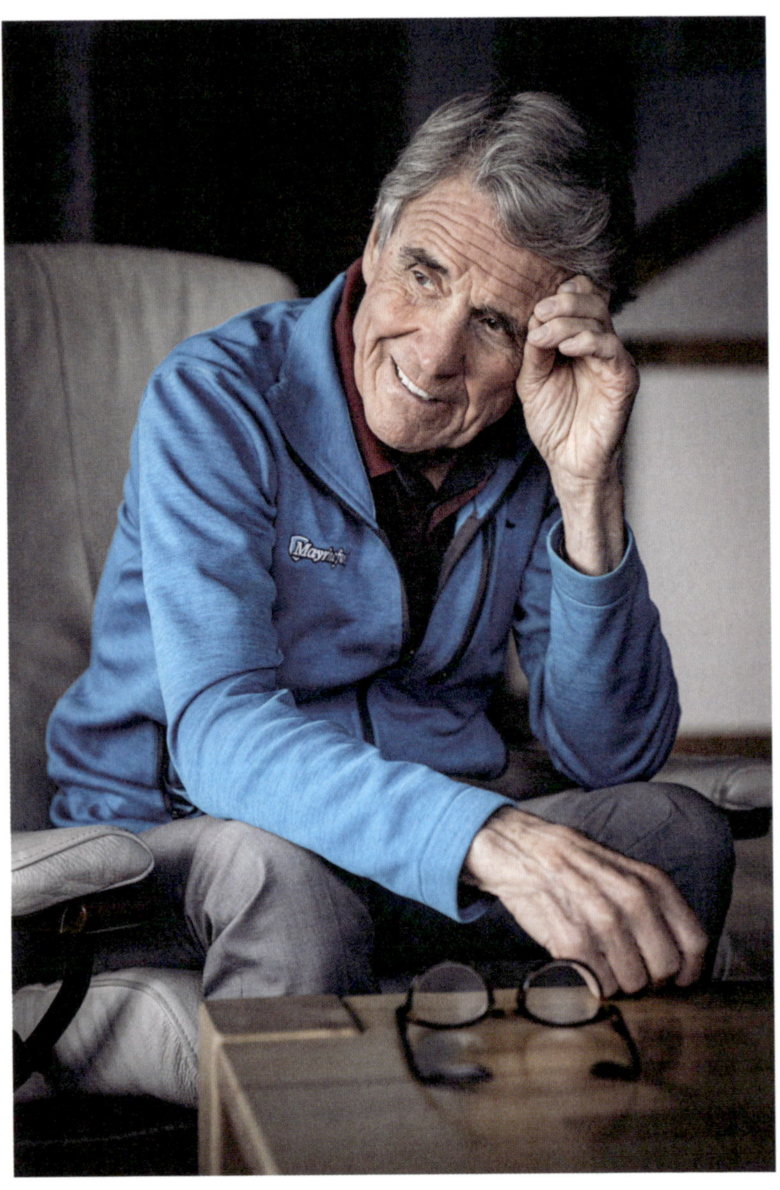

oben: Peter im Gespräch über seine Kindheit
rechts: Ella Habeler mit ihren beiden Söhnen beim Pfisterhaus

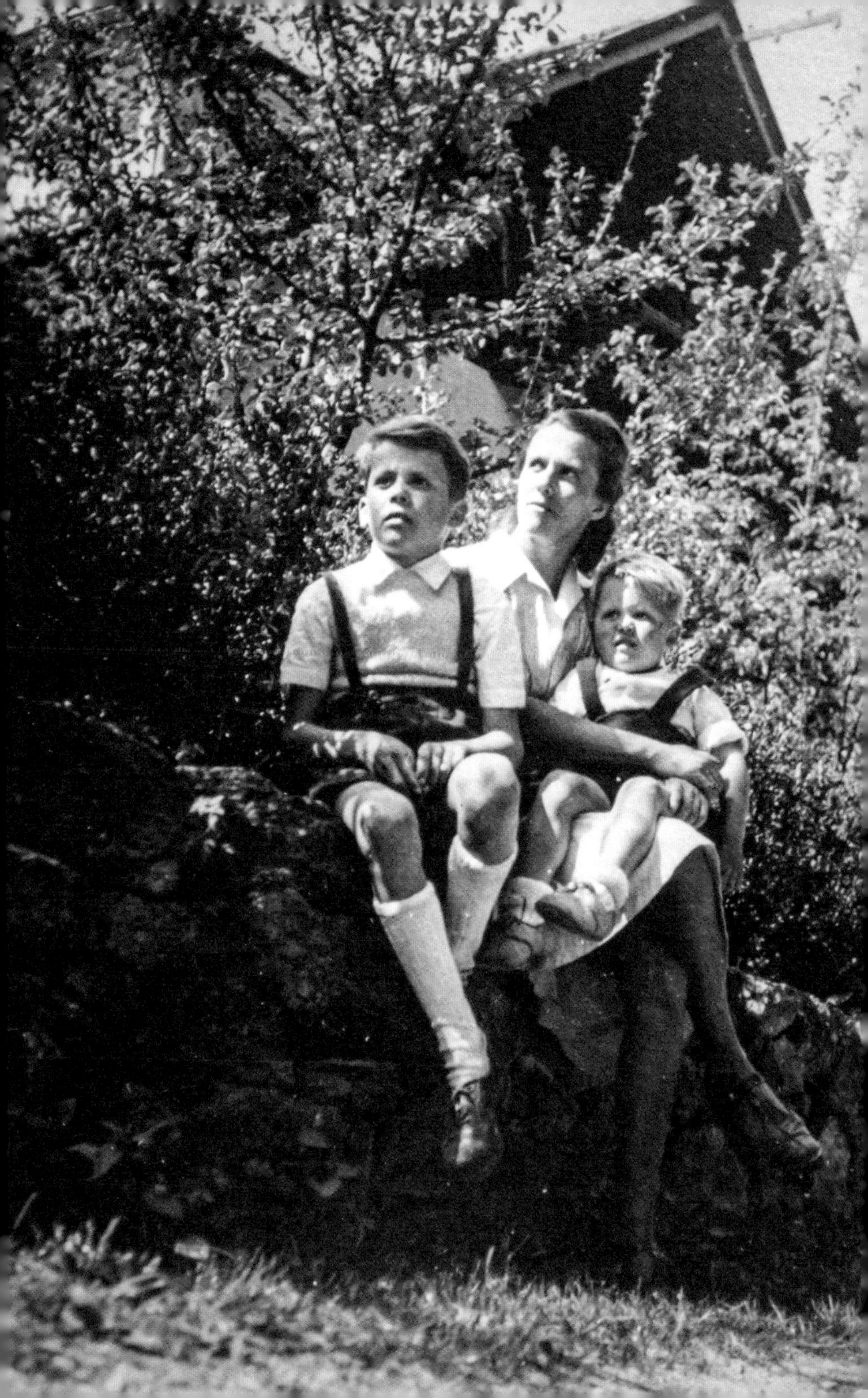

der Kriegsgefangenschaft am Semmering Holz fällen. Die Inhaftierten schliefen in notdürftigen Holzbaracken, dort erkrankte er schwer an einer Lungenentzündung. Heim kehrte Roman Habeler mit Tuberkulose. Er ging zwar noch nach Mayrhofen zurück, gesund wurde er aber nie mehr. 1947 kam er in eine Lungenheilstätte nach Hochzirl. Es gibt nur einen einzigen Moment, der Peter mit seinem Vater in Erinnerung geblieben ist: »Als er im Krankenbett lag, kurz vorm Sterben. Ich war nicht einmal sechs Jahre alt.«

Seine Mutter Ella, 35 Jahre jung, bekam eine monatliche Kriegsopferrente von 728 Schilling. Damit musste die Familie auskommen. »Wir wohnten in einer winzigen Zweizimmerwohnung, aus der uns ihr Bruder mit aller Gewalt hinausschmeißen wollte. Wir hatten einfach kein Geld. Aber wir hatten das große Glück, dass uns der Opa bei sich aufgenommen hat. Wäre der Opa nicht gewesen, wüsste ich nicht, wo wir geendet wären«, erzählt Peter. Der Opa, Ellas Vater Johannes Pfister, war als Baumeister auf Hütten spezialisiert. »Honis« baute die Kasseler Hütte, war an der Fertigung der Edelhütte und des Friesenberghauses maßgeblich beteiligt und ritt zu seinen Baustellen immer mit dem Pferd hinauf. Neben einem Sägewerk besaß er auch eine Pension, die Villa Waldheim. »Der Opa hat gut auf uns geschaut. Aber er war auch ein schwieriger und jähzorniger Mensch, ein Patriarch und Schreier.« In der Zwischenkriegszeit heiratete er seine zweite Frau nach dem frühen Tod von Ellas Mutter. Die »Fane« war für Peter wie eine richtige Großmutter. »Da lagen wir dann zu dritt im Bett. Rechts die Oma, links ihre Tochter und in der Mitte ich.« Sein Bruder Roman blieb die meiste Zeit bei der Tante in Niederösterreich. Ella Habeler musste alleine Sorge tragen, Geld für die Familie zu beschaffen. Viel Zeit, sich um die Söhne zu kümmern, blieb da nicht. »Mutti war da und dort als Haushälterin beschäftigt«, erzählt Peter, »sie putzte auch in der Apotheke. Sie war eine sehr leutselige Person und in ihrer freien Zeit viel und gerne bei ihren Freundinnen.«

Als Peter sieben Jahre alt war, machten ihm große Nierenprobleme zu schaffen. Die Medizin? Ganz nach seinem Geschmack. Es hieß: »Den Buben müsst ihr in die Höhe bringen, dann erholt er sich.« Seine Mutter blieb mit ihm einen ganzen Sommer lang auf dem Kolmhaus oberhalb von Brandberg im Zillergrund und bewirtschaftete die Hütte. Wenn die Buben – Peter wurde schnell wieder gesund – ausrückten, erhob sie den Zeigefinger. »Geht's mir ja nicht auf den Kleinen Kolm«, warnte sie. Denn der Steig führte durch die Latschen entlang einer steilen Felswand.

Habeler trägt in seiner Geldbörse bis heute ein Foto bei sich, das ihn mit seiner »Mutti«, seinem Cousin und einer Ziege vor der Hütte zeigt – und ihn daran erinnert, wie gerne er doch im Sommer 1949 auf den Kleinen Kolm wieselte: »Ich fühlte mich wohl dort oben, da waren wir frei.«

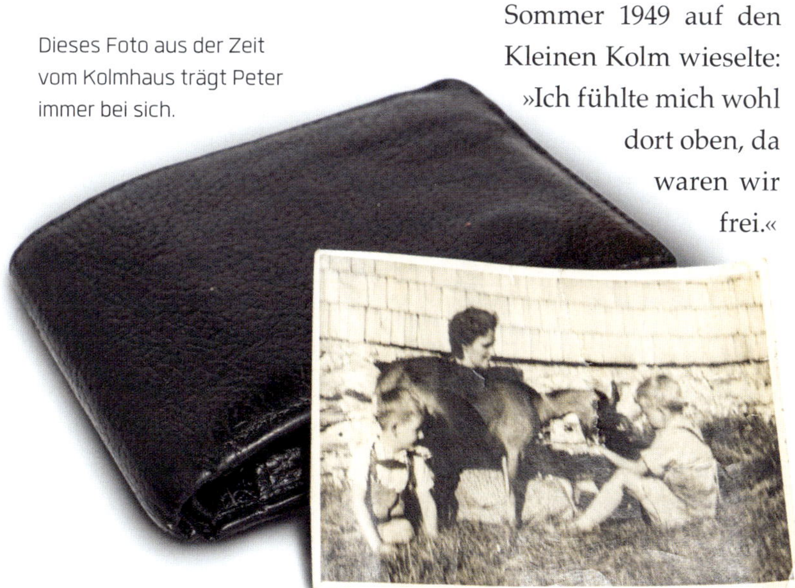

Dieses Foto aus der Zeit vom Kolmhaus trägt Peter immer bei sich.

Wieder unten im Dorf strawanzte Peter gerne zum Tennisplatz. Als Balljunge konnte er sich dort ein paar Schillinge verdienen. Gemeinsam mit einem Schulfreund durfte er auch selbst zum Schläger greifen, weil dessen Vater Platzwart war. Gleich hinter Opas Villa Waldheim hörte Mayrhofen auf, ein Dorf zu sein. Dort begann der Wald, und im Wald begann Peters großer Abenteuerspielplatz. »Dort sind wir herumgekugelt wie die Weltmeister«, erzählt Peter. Bald entdeckte er Granitblöcke und kraxelte liebend gerne auf ihnen herum. Er scheuerte das Moos weg, suchte sich Wurzeln und Henkel als Griffe, turnte auf der einen Seite hinauf und stieg auf der anderen wieder hinunter. »Heute würde man wohl Bouldern dazu sagen«, merkt Habeler grinsend an.

Am Dachboden im Haus seines Großvaters machte er einen anderen bemerkenswerten Fund: ein Pickel mit schlankem Holzgriff, fast noch größer als er selbst, daneben ein geflochtenes Hanfseil, von dem er eine dicke Staubschicht pusten konnte. Sein Opa Honis war Bergführer – zumindest am Papier. Peter sah ihn selbst aber nie in die Berge steigen. »Wahrscheinlich haben ihn seine Brüder zur Ausbildung inspiriert«, vermutet Peter, »die haben mit dem Bergführen vor dem Krieg nämlich gutes Geld verdient. Ihr Tageslohn war der Gegenwert eines handgemachten Bergschuhs.« In der Zwischenkriegszeit strömten viele Gäste ins Zillertal, und die Nachfrage an Führungen auf Dreitausendergipfel wie Olperer, Möseler oder Schwarzenstein war groß. Auf der Berliner Hütte, die heute denkmalgeschützt und eingerahmt von eisbedeckten Urgesteinsgipfel noch immer ein beliebter Stützpunkt ist, war damals sogar eine eigene Kellnerin nur für die Dutzenden Bergführer beschäftigt – zu erkennen an einem Edelweiß in ihrem Haar.

Die Inspiration zum Bergführen fand Peter nicht in seiner Familie. Dafür vor der Haustüre. Als er knapp zehn Jahre alt war und immer wieder die jungen Bergführer rund um Toni Volgger und Otto Geisler am Haus des Großvaters vorbeimarschieren sah – ein Seil um die Schulter geschwungen, den Pickel am Rucksack befestigt und ein Bergführerabzeichen auf der stolzen Brust getragen –, da wusste er, schwer beeindruckt von dem ehrenhaften Emblem am Pullover: »Das will ich auch einmal. Ich will Bergführer werden!«

Den Bergführern heftete sich der neugierige Bub bald an die Fersen. Sie schickten ihn nicht weg – im Gegenteil. Oft ging Peter neben- oder hinterher. »Der Toni war vom Typ ein bisschen wie Luis Trenker – braun gebrannt, fesch, aber ein wortkarger Bursche. Er hat einen ganz eleganten, flotten und leichten Schritt gehabt. Das Gehen und Bewegen habe ich ganz bestimmt von ihm gelernt. Als Kind lernst du ja alleine beim Schauen schon so viel«, erinnert er sich. Im Leben gäbe es kein größeres Pech, ist Peter überzeugt, als in seiner Kindheit an schlechte Lehrer zu gelangen, die einen ängstlich machen und die Motivation nehmen. Er hingegen hatte großes Glück.

Wie groß war erst die Freude, als ihn Toni Volgger auf die Plauener Hütte einlud! Peter lief von Mayrhofen alleine in den hinteren Zillergrund, der unförmige Rucksack wackelte und wog halb so viel wie er selbst. Tonis Vater – er war Südtiroler und verließ unter Mussolini das Land – bewirtschaftete die Plauener Hütte schon während des Zweiten Weltkriegs. Die Einladung ging natürlich aufs Haus. Toni, wie immer mit einem Glimmstängel im Mund, zeigte ihm rund um die Hütte, wie man Haken in Felsritzen schlägt und mit dem Seil umgeht. Ein prägendes Erlebnis.

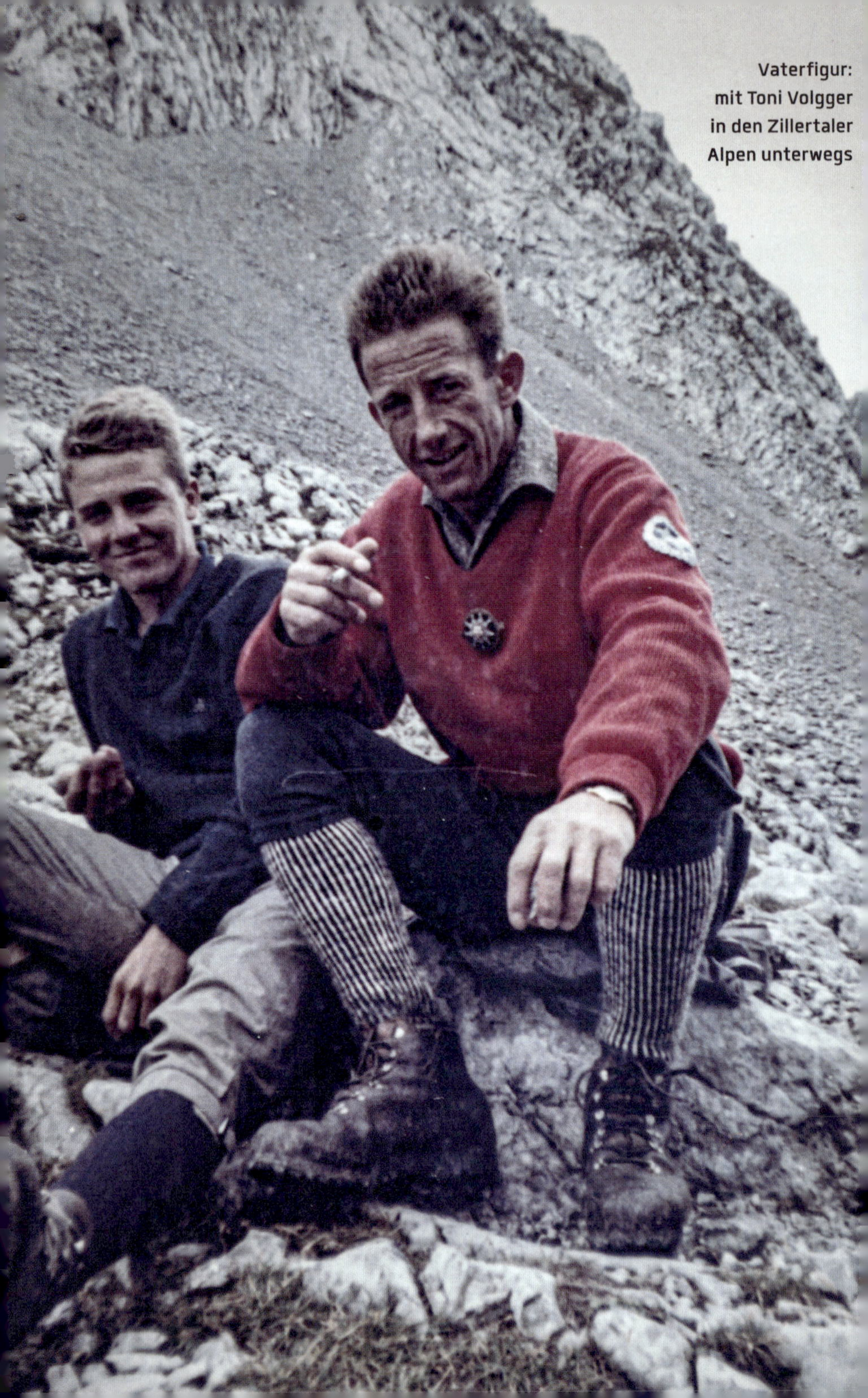

Vaterfigur:
mit Toni Volgger
in den Zillertaler
Alpen unterwegs

»Ich zehre als 80-Jähriger noch von meiner Kindheit. Dieser Zeit habe ich extrem viel zu verdanken. Nur durch sie habe ich später an den hohen Bergen funktioniert«, betont Peter. Geprägt habe ihn auch Tonis schneller Schritt. Deshalb notierte sich Peter später in seinen Tourenbüchern immer die Zeiten, die er für eine Tour und ihre Teilstücke gebraucht hatte. »Schneller sein bedeutet, früher wieder in die Sicherheit der Hütte oder des Tales zurückzukehren«, lautete Lektion Nummer eins.

Die allerersten Touren hatte Peter freilich noch nicht aufgezeichnet. Nach der Schule marschierte er oft los auf die Berge, die von Mayrhofen aus zu erreichen waren – die Ahornspitze, der Kolm oder Grünberg. »Die Mutti hat mir vertraut. Sie hat mich freigelassen. Ich war wie ein Hund ohne Leine.«

Es war aber nicht so, dass es nur noch Berge im Kopf des jungen Zillertalers gegeben hätte. Als Elfjähriger kam Habeler für ein Jahr in die Hauptschule nach Salzburg. »Die Mama war zu dieser Zeit leider viel im Krankenhaus und war nicht fähig, für mich zu sorgen«, erinnert er sich. Untergebracht war Habeler in einem Knabeninternat auf der Edmundsburg. Dem geistlichen Einfluss dort konnte er viel abgewinnen, und er wurde zum Anführer der Jungschar. »Zu dieser Zeit konnte ich mir sogar vorstellen, dass ich einmal Pfarrer werd.« Das einfache geistliche Leben gefiel ihm: früh aufzustehen, ein einfaches Essen zu bekommen, ganz simpel und spartanisch. »Wie bei den Expeditionen später, da ist's auch immer ganz einfach zugegangen.« Der Präfekt sei ein sehr angenehmer Mensch gewesen, erzählt Peter. »Nur einmal hat er mir eine teuflische Ohrfeige gegeben. Aber die hatte ich wohl verdient.« Anstatt die Maiandacht zu besuchen, hatte er ein paar der Burschen angestiftet, zum Fußballspielen abzuzweigen. Seine zweite große Leidenschaft.

Zurück im Zillertal – seiner Mutter ging's wieder besser – verbrachte Habeler seine Freizeit neben der Hauptschule wieder gerne im Gebirge. Entweder heftete er sich an die Bergschuhe vom Toni oder unternahm alleine oder mit Freunden Touren rund um die Hütten in den Zillertaler Alpen. Dort blieb er immer häufiger über Nacht und schlief in einem Kämmerlein, das gerade frei war. Mit dem Hüttenleben tat sich eine neue Welt für ihn auf. Am öftesten marschierte der junge Habeler auf die Greizer Hütte, hoch oben im Floitental über dem Bergsteigerdorf Ginzling. Er rannte hinauf zur Lapenscharte zum Einstieg vom Großen Löffler und lief unten angekommen Hüttenwirtin Hermine Kröll in die offenen Arme. »Die Minal hat mich als Bub geliebt, und auch ich hab sie so gerne mögen.« Bezahlen musste er nie – Peter war auf den Hütten mehr Sohn als Gast –, und gebraucht hatte er ja nicht viel: In der Früh gab es ein Marmeladenbrot und am Abend eine Erbsenwurstsuppe. Damit war er den ganzen Tag lang satt.

Auf dem Weg zu seinem Traumberuf musste Peter Habeler, 14 Jahre jung und ausgeschult, aber doch noch ein paar Umwege in Kauf nehmen. Eine Freundin seiner Mutter, »die Käthi aus Vorarlberg«, meldete sich mit folgendem Vorschlag: Peter könnte die Handelsschule besuchen und beide bei ihr wohnen. Das wollte Peter zwar nicht, doch seine Mutter setzte sich durch. Nach einem Jahr brach er die zweijährige Handelsschule aber auch schon wieder ab und ging zurück ins Zillertal. Dort begleitete er Toni oder Otto auf ihren geführten Touren und verdiente als Hilfsbergführer auf den Großen Möseler seine ersten paar Schillinge. Mit 16 Jahren kaufte sich Habeler eine kleine Eigentumswohnung in

Mayrhofen. Leisten konnte er sich diese aber nur dank einer Erbschaft aus Pottschach. 30 Quadratmeter groß, gelegen in der Zollhausgasse – der heutigen Peter-Habeler-Straße. Wenn seine Mutter ins Zillertal kam, lebte sie bei ihm. Oft war sie aber nicht dort.

Die Einsamkeit war natürlich nicht immer einfach. Oft plagte Peter Kopfweh. Hermine Lottersberger, zu dieser Zeit noch nicht ganz so stark mit dem Kletterfieber angesteckt, hatte einen Wohnungsschlüssel. Hin und wieder kochte sie für den Nachbarsjungen und kümmerte sich um den Haushalt, wenn er ausgeflogen war. Und wenn er mit Tränen am Balkon stand, winkte sie ihn herüber und tröstete: »Du, Peter, die Mama kimmt sicher bald wieder hoam.«

Gut aufgehoben wie in einer eigenen Familie fühlte sich Peter auch bei Horst Fankhauser. Die beiden verband eine innige Bergfreundschaft, die auch im Tal bestand. »Gerade in der Adventszeit sind wir immer viel bei uns daheim gewesen«, erzählt Horst. »Da hat Peter diese Wärme gespürt, die er daheim nicht bekommen hat.« Seine eigene Mutter sei eine Reisende gewesen, resümiert Habeler. »Sie war eine ganz tolle Mama – aber sie war auf der einen Seite sehr viel krank und auf der anderen Seite sehr viel weg.« In gewisser Weise habe sie ihm vorgemacht, was er später auch selbst leben sollte.

So wurde das Gebirge immer mehr zu seinem Zuhause, und in diesem Zuhause wurde Toni Volgger immer mehr zu einem Vater. Toni vertraute ihm am Seil auch seine Gattin Hedwig an, wenn er Gäste durchs Zillertal führte. Hedwig unternahm mit Peter gerne Touren – die Fußstein-Nordkante oder die Überschreitung des Olperers zum Beispiel. Und auch Peter war glücklich mit seiner Seilpartnerin. »Die Hedwig geht wie eine Feder«, notierte er in sein Tourenbüchlein.

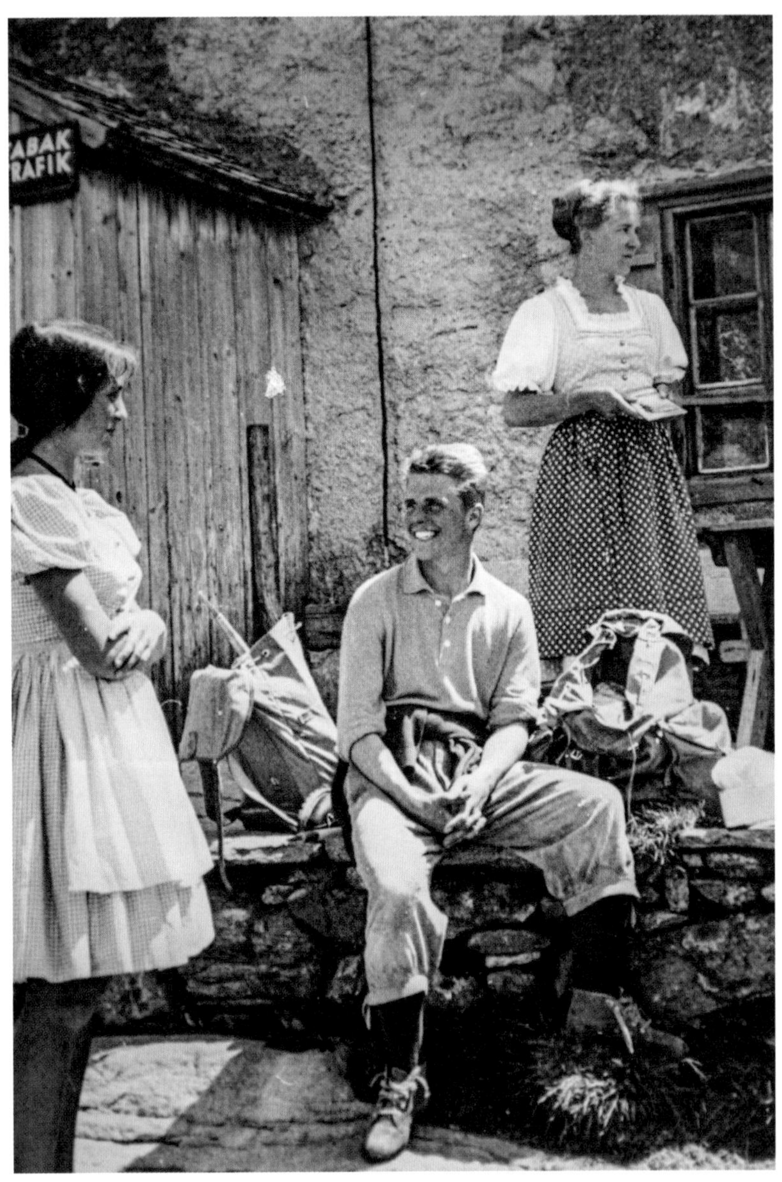

Auf der Greizer Hütte, 1959, lacht sich Peter ein Mädchen an. Hinter ihm steht Hüttenwirtin Hermine Kröll.

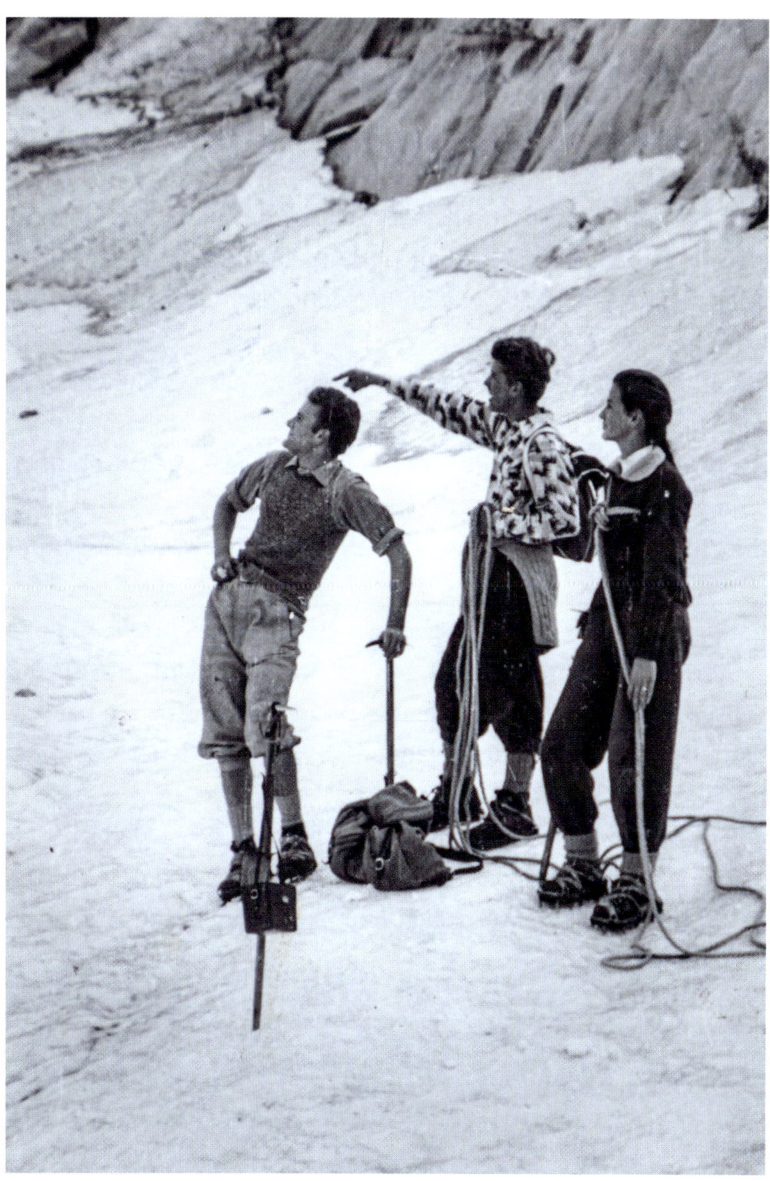

Hier kennt er sich gut aus: Peter (Mitte) ist mit Freunden am Weg zur Reichenspitze in seinen heimischen Bergen.

Einem großen Schritt näher kam Habeler seiner Herzenssache Bergführer, als er in den Weihnachtsferien als Hilfsskilehrer in der Skischule von Riki Maringer und Ernst Spieß anfangen durfte. Die beiden gaben Habeler fortan über viele Jahre hinweg immer wieder Jobs zum Geldverdienen und wurden viel mehr als nur Arbeitgeber. Mit dem Gedanken, dass ihr Sohn mit 16 oder 17 Jahren Bergführer werden sollte, konnte sich Peters Mutter aber nicht recht anfreunden. »Für sie war es schwierig, nachzuvollziehen, wie ich im Gebirge mein Geld verdienen soll«, sagt Peter. Gemeinsam mit seinem Bruder Roman kam damals die Idee auf den Tisch, dass er die vierjährige Glasfachschule in Kramsach besuchen könnte, um das Gewerbe eines Glasmalers und Bleiverglasers zu erlernen. »Roman war ein Künstler und ein großartiger Maler. Das war ich bei Weitem nicht, aber ich hatte grafisches Gespür und einen schönen Strich, wie man so sagt.« Später einmal würde er vielleicht bei Riedl in Kufstein Gläser bemalen können, dachte sich die Familie. Schon bald jedenfalls würde er in den Wänden des Rofans klettern können, dachte sich Peter.

»Dort war ich wirklich glücklich«, sagt Habeler, »weil ich klettern konnte und ganz tolle Lehrer hatte.« Nebenbei blieb er am Ball und spielte eine Zeit lang beim SV Rattenberg in Kramsach Fußball – als Stopper hinten im Mittelfeld. »Ich war stabil, an mir sind sie nicht so schnell vorbeigekommen. Ich hab sie einfach gehaxelt«, erinnert er sich mit einem frechen Grinsen.

Die Glasfachschule war kein allzu großer Stolperstein. Vorzugsschüler sei er zwar keiner gewesen, aber er schwindelte sich gut durch, verrät Peter. Lieber als fürs Lernen wendete er seine Zeit fürs Klettern oder Kicken auf. Gerne erinnert sich Habeler an Rudi Trawöger, den Direktor und einen hervorragenden

Zeichner. »Immer, wenn ich nicht mehr weitergekommen bin, musste ich aufstehen, und er hat sich auf meinen Stuhl gesetzt und fertig gezeichnet. Er war zwar kein Bergsteiger, aber hat mich immer gefragt: ›Was habt's gemacht am Wochenende? In welcher Wand seid's gewesen?‹« Und während der Herr Direktor die Übung fertig zeichnete, erzählte ihm Peter vom Berg.

Immer wilder wurden die Geschichten ab 17 Jahren, dort begann er das »extremere« Klettern – auch dank eines gewissen Ernst Schmid. Der gehörte zur Generation von Hermann Buhl und Mathias Rebitsch und bekam als einer der Haupterschließer des Gebiets den Spitznamen »Rofan-Papst«. Für das Klettern war Ernst Schmid in Habelers Schulzeit schon zu alt und zu rundlich, doch für die Jugend war er immer greifbar. Fast jedes Wochenende im Frühsommer und Herbst stieg Habeler mit seinen Schulfreunden zur Bayreuther Hütte hinauf und kletterte tags darauf in den Routen dort herum. »Einmal ging Ernst mit uns die ganzen Wände ab, zeigte uns jeden Einstieg und erzählte von seinen Begehungen. Das war herrlich.« Wenn Peter Habeler von Ernst Schmid erzählt, dann schwingt tiefe Verbundenheit mit. Es sei eine ganz besondere Kraft von ihm ausgegangen, wie er sie nur von Menschen spürte, die fest an ihn glaubten. Sein Selbstvertrauen stärkte das ungemein. Peter dankt es einzig und alleine seinen Wegbegleitern, dass er wachsen durfte, irgendwann sogar über sich hinaus. »Für mich ist es heute noch ein Geschenk, dass ich Menschen wie Toni und Ernst kennenlernen durfte.«

Nur wenn das Wetter für Sportliches gar nicht zu gebrauchen war, ging's am Wochenende heim ins Zillertal – zu Fuß. Geld für den Zug hatte er keines, und Autostoppen wollte er nie. »Da hab ich mich geschämt.« Also ging er von Kramsach über Münster knapp 40 Kilometer bis Mayrhofen.

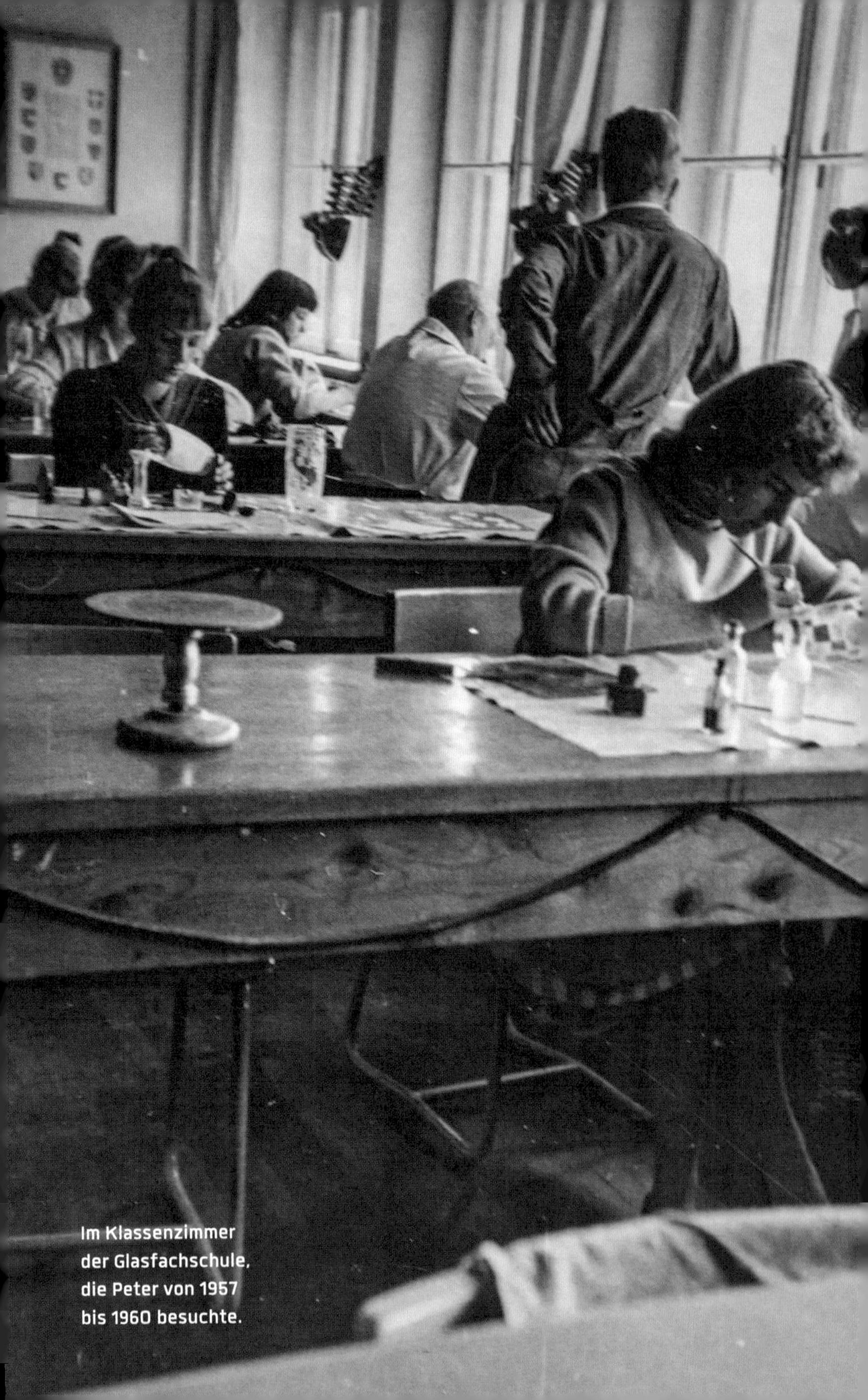

Im Klassenzimmer
der Glasfachschule,
die Peter von 1957
bis 1960 besuchte.

Freiwillig sparte sich Peter auch das gemeinsame Abendessen im Schulheim. Stattdessen kredenzte er sich jeden Abend das gleiche Mahl, das aus zwei Scheiben Brot, Rama – »das war billiger als Butter« – und Käse bestand. Diese Genügsamkeit pflegt er noch heute. Mehr als ein Marmeladenbrot tischt er sich in der Früh noch immer nicht auf. »Ich tu mich überhaupt nicht bedauern, dass wir damals nicht viel hatten. Im Gegenteil: Ich find's toll, auch mit wenig zufrieden sein zu können«, sagt er heute.

Dass er sich bald auch Butter aufs Brot streichen würde können, war damals aber noch nicht einmal mit dem Gesellenbrief in der Tasche absehbar. Nach der Schule noch längere Zeit als Glasmaler zu arbeiten, hätte ihm zwar gefallen, aber nicht bei diesem Einkommen. »Das war jämmerlich, es gab nur 850 Schilling im Monat. Und als Skilehrer bekam ich damals 100 Schilling – am Tag.« Was sein nächster Berg sein würde, das war ihm somit klar – klarer als der schönste Herbsttag im Rofangebirge.

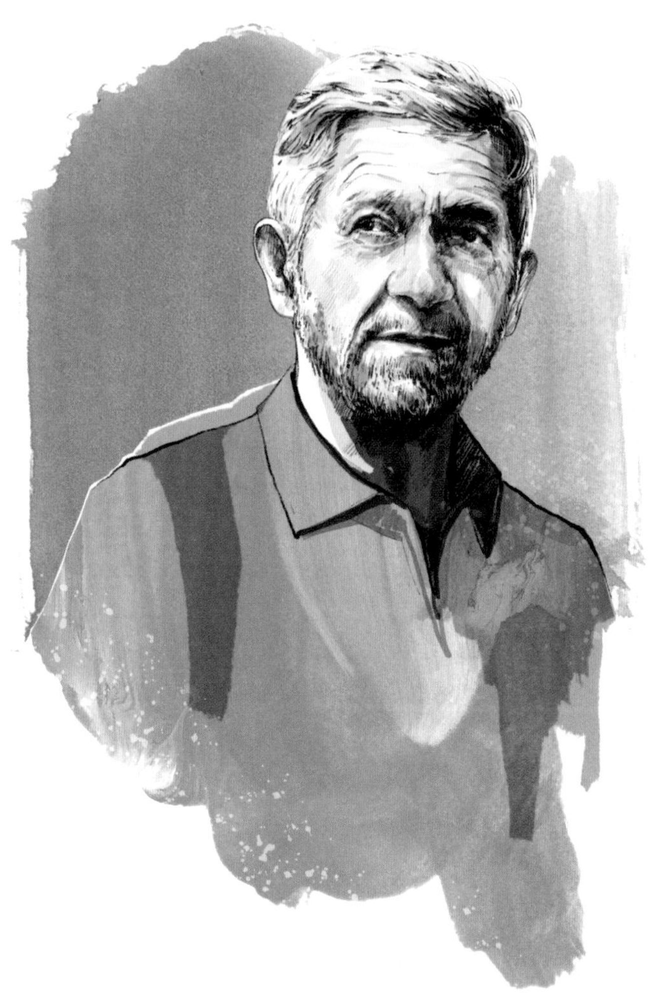

Sepp Mayerl, »Blasl-Sepp«

Der Lehrmeister im Fach Fels

Auch der höchste Turm fängt unten an

»Bürscherl, du musst aber noch viel lernen!« Am Anfang trafen ihn die Worte von Pepi Steiner, dem Vorsitzenden des Alpenvereins Zillertal, wie ein Steinschlag aus heiterem Himmel. Bis Peter Habeler wusste, wie sie zu verstehen waren. »Er hat schon meinen Opa nicht gemocht, meine Mama nicht und mich auch nicht. Er wollte mich blockieren, solange es ging.« Und kraft seines Amtes konnte er das auch. Damals mussten angehende Bergführer noch einer Alpenvereinssektion angehören und brauchten einen Bürgen. Das grüne Licht zur Ausbildung ließ somit länger auf sich warten, als Peter lieb war. Anstatt mit 19 durfte er erst mit 23 Jahren zur Bergführer-Eignungsprüfung antreten. Eine zermürbende Wartezeit? »Irgendwann war's mir egal. Ich wusste, was ich konnte – mir war klar, dass ich die Aufnahme irgendwann schaffen werde.«

In der Zwischenzeit fand er andere Lehrmeister. Besser gesagt fanden sie ihn. 1963 deckte der Osttiroler Sepp Mayerl in Finkenberg den Kirchturm neu. An Wochentagen hing der selbstständige Dachdecker meist an den Türmen über den Dörfern, an Wochenenden an den Türmen der Dolomiten. Mayerl war auf Kirchturmrestauration spezialisiert, nur mit Seil, ganz ohne Gerüst. Als Kletterer mit gewaltigem Erfahrungsschatz ließ er sich eigene Sicherungstechniken einfallen, um ohne teuren und aufwendigen Gerüstaufbau Kugeln einer Turmspitze zu

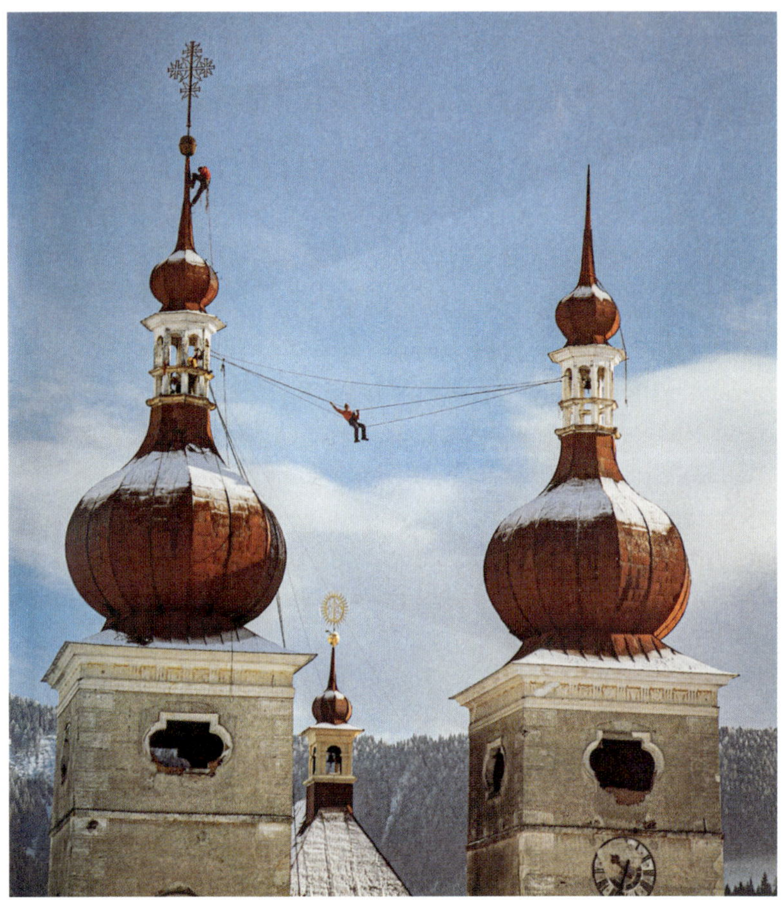

Sepp Mayerl mit einem Kollegen bei der Kirchturmsarbeit

vergolden, schwindelerregende Dächer zu renovieren oder Ziffernblätter einer Kirchturmuhr neu zu streichen. Sepp Mayerl kam viel herum und suchte in den Ortschaften immer den Kontakt zu den Kletter-Locals. In Finkenberg wurde er schnell an Peter Habeler und Horst Fankhauser verwiesen. Sepp war fünf Jahre älter als Peter und ihm beim Klettern und Sichern weit voraus. Meistens trafen sie sich zu Hause bei den Fankhausers, um über den Plänen für die nächste Felswand zu brüten. Aber nicht nur – wie Horst verrät: »Der Sepp hatte sich auch in meine Schwester Waltraud verknallt.«

Sepp Mayerl, den aufgrund des elterlichen Hofnamens alle »Blasl-Sepp« nannten, kam aus Göriach, zehn Autominuten von Lienz entfernt, in Richtung Heiligenblut am Großglockner. »Der Sepp war einer der besten Kletterer seiner Gegend«, denkt Habeler zurück, »es gab Toni Egger und ihn, das waren die zwei großen Osttiroler.« Sepp Mayerl hatte das Bergsteigen als junger Schafhirte in der Schobergruppe für sich entdeckt. Sein Können fiel in der Kletterszene erstmals auf, als er die Abseilstelle am Teufelshorn am Nordwestgrat des Großglockners frei kletterte, hinauf und hinunter. Sein Wissen behielt er nicht für sich. Er gab es nicht lehrbuchmäßig im Übungsklettergarten weiter, sondern vielmehr durchs Machen in alpinen Routen: Ruhig und entschlossen zeigte er vor, wie man sichere Standplätze einrichtet, wie man Haken solide schlägt und mit Schnüren verbindet, wie man sauber sichert und Strickleitern verwendet – die anderen machten es nach. »Mit dem Blasl-Sepp kann uns nichts passieren«, darüber waren sich seine Schützlinge einig.

Manchmal aber passierte doch etwas, Sepps lockerem Schultergelenk geschuldet. Kegelte es ihm in den ersten Seillängen wieder einmal schmerzhaft die Schulter aus – so wie bei seiner allerersten Tour gemeinsam mit Peter und Horst, im Lucke-Strobl-Riss am Bauernpredigtstuhl –, seilte er sich ab und wartete am Wandfuß. Passierte das weiter oben, renkte er sie selbst wieder ein, biss die Zähne zusammen und kämpfte sich mit einer Hand hinauf. Schon bald kletterten Peter und Sepp zwei große klassische Nordwände, die Comici an der Großen Zinne und die Cassin am Piz Badile. Zwischenfazit in Peters Tourenbuch, Juli 1963: »Es ist eine wahre Freude, mit einem Kameraden wie Sepp zu klettern.«

Langweilig wurde Habeler bis zum Bergführer-Kurs also keineswegs. Er kletterte jede freie Minute und war fleißig als Hilfsbergführer und Skilehrer im Einsatz. Neben seinem Interesse an der Bergwelt stieg auch das an der Frauenwelt, und er fand unter seinen englischen Gästen in der Skischule seine erste Liebe: Patricia. Damit es keine reine Fernbeziehung blieb, wurde Habeler erfinderisch. Vor der nächsten Skisaison ging er für zwei Monate nach London. Dort heuerte er im Sportladen Lillywhites am Piccadilly Circus an. »Quasi als Trockenskilehrer«, wie Habeler schmunzelnd beschreibt, »dort hab ich den Engländern auf dem Parkettboden gezeigt, wie man sich auf Skiern bewegt.«

Wohnen durfte er allerdings nicht bei seiner Freundin, deren Eltern ein nobles Anwesen besaßen. Doch Habeler kam bei seinem befreundeten Gast Viktor Lenel unter, der als Jude im Zweiten Weltkrieg nach England geflüchtet war. Mit ihm hatte Habeler als 19-Jähriger seine erste große Führungstour in den Brenta-Dolomiten unternommen. Für beide unvergesslich: Trotz einer Woche Schlechtwetter erreichten sie alle Kletterziele, darunter auch die ikonische Guglia di Brenta, ein Zeigefinger aus Dolomitenkalk, der zwischen den mächtigen Wänden senkrecht zum Himmel zeigt. »Im Angesicht der schwierigen Verhältnisse hab ich aber Blut geschwitzt. Alleine im Nebel die Abseiler zu finden, war ein Husarenstück.« Habelers Brötchengeber Ernst Spieß hatte ihm also schon vor seiner offiziellen Ausbildung Gäste zugeschanzt. Als Hilfsbergführer verdiente er mit 120 Schilling für seine Verhältnisse schon gutes Geld, nur 30 Schilling weniger als die ausgebildeten Guides. Es waren vor allem Engländer, die Peter mit Toni Volgger und anderen Bergführern über viele Jahre hinweg wie Schäfchen durchs Zillertal führte, manchmal durch die Dolomiten. »Das waren immer um die zwölf Tage mit 15 bis 20 Gästen, die wir am Bahnhof abholten. Erst im September war Schluss.« Diese unentwegte Führungsarbeit über die Sommer- und Wintermonate entstand dank des guten Kontakts von Ernst Spieß zu Walter Ingham, der bekannt war als »the man who took Britain skiing« – der Mann, der Großbritannien zum Skifahren brachte. Auch wenn nach zwei Jahren Schluss war, riss der Kontakt zu seiner ersten Freundin nie ganz ab, erzählt Habeler: »Wir schreiben uns noch immer E-Mails.«

Als größten Schatz legte Habeler in der damaligen Zeit kein Sparbuch, sondern ein Tourenbuch an. Dort dokumentierte er ein gutes Jahrzehnt lang seine gesammelten Bergtouren und Klettereien. »Die Bücher haben einen unermesslichen Wert für

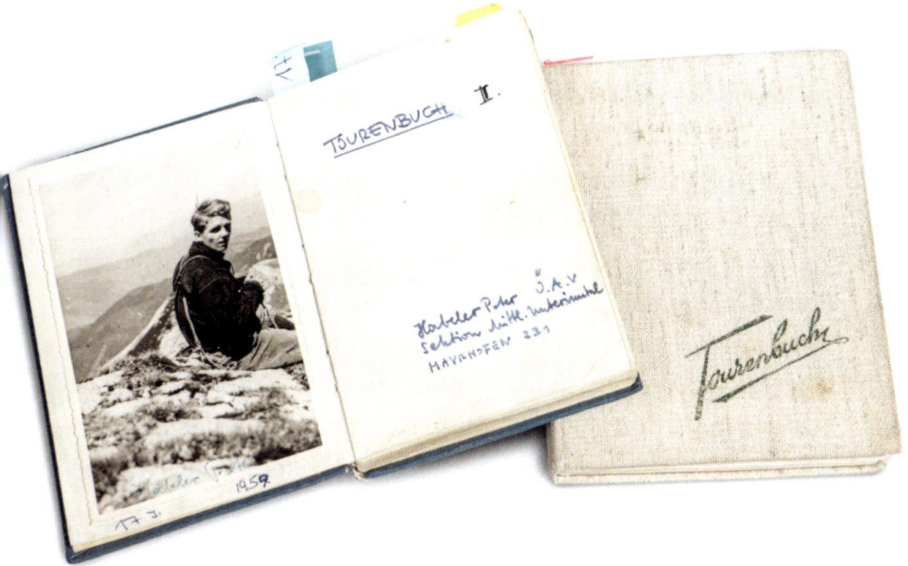

mich«, sagt Habeler heute. Die Wertanlage vergrößerte sich von Jahr zu Jahr, und der Kurs steigt immer noch weiter. »Mein Erinnerungsvermögen leidet ja schon etwas«, merkt er schmunzelnd an. Gerne blättert er zurück in die Zeit, als sein Radius immer größer und seine Touren immer wilder wurden: vom Zillertal und Rofan in den Wilden Kaiser und das Karwendel, bald ging's auch nach Südtirol. In ihre Kletterclique wuchs langsam auch Hermi Lottersberger hinein, die fürsorgliche Nachbarin. Sie zeigte am Felsen großes Talent und noch größere Freude. Manchmal hatte die Mutter dreier Kinder zwar ein schlechtes Gewissen, wenn sie die Zeit nicht im Familienkreis, sondern in der Felswand verbrachte. Doch sie kochte dann einfach vor, betonte sie oft, und hatte am Ende des Tages ihre Erfüllung gefunden. Das konnte auch ihr Mann Hans, der kein Kletterer, dafür der Briefträger von Mayrhofen war, nur gutheißen. »Gesundheitlich war er leider nicht mehr so fit. Bei ihm hat sich das Tragen der schweren Posttasche aufs Kreuz geschlagen. Er hat die Briefe in ganz Mayrhofen ja immer zu Fuß ausgetragen«, erzählt Habeler. Der Hansl habe jedenfalls immer eine Freude gehabt, wenn Hermi und Peter losgezogen sind, und vertraute Peter sogar sein 175er-Puch-Motorrad an. »Die ging nur 80 Stundenkilometer. Das dauerte dann ganz schön lang bis in die Dolomiten, auf der alten Bundesstraße«, erinnert sich Peter. Ab Bruneck kamen sie mit Sepps Lieferwagen schon schneller voran.

»Ein Beginn!«, schrieb die 37 Jahre alte Hermi Lottersberger Ende Mai 1963 in ihr eigenes Tourenbuch. Da hatte Peter seine »Bergmama« zum Nordgrat des Olperers mitgenommen, mit von der Partie auch Horst Fankhauser und Sepp Mayerl. Im Herbst kletterte sie mit Peter die Christakante im Wilden Kaiser. »Hermi geht ganz ausgezeichnet«, merkte Peter in seinen Notizen an. Ihre erste Lektion, was das Abseilen anbelangte, bekam Hermi im Rofan – natürlich vom Blasl-Sepp. »Anfangs traute ich mich nicht aus der Wand raus«, erzählte sie danach. Als sie den kräftigen Kirchturmdecker fragte, was passieren würde, wenn sie das nicht schaffe, antwortete er ganz trocken: »Solche werfen wir einfach die Wand hinaus!« Sie schaute auf Sepps Riesenpratzen und stellte fest: Bevor die mich in den Abgrund stoßen, gehe ich lieber freiwillig.

Im September 1964 lieh ihnen Hansl wieder das Motorrad. Peter nahm Hermi erstmals mit in die Dolomiten, von denen sie schon so viel gehört, aber noch nichts gesehen hatte. In Bruneck stiegen sie bei Sepp zu und am Abend von Alleghe noch bis zur Coldai-Hütte hinauf. Am nächsten Morgen, noch vor Sonnenaufgang, brachen Peter und Sepp zur berüchtigten und gefürchteten »Philipp-Flamm« auf. Ein erdrückendes Gefühl begleitete sie am finsteren Weg zur Civetta-Nordwestwand, sie klang wie eine Riesenorgel mit dumpfen Tönen und ragte im Mittelteil mehr als 1000 Meter hoch in den Nachthimmel. Das »Reich des sechsten Grades« wurde die Civetta genannt und ihr Ziel »die großzügigste Freikletterei der Ostalpen«, die sieben Jahre davor von Walter Philipp und Dieter Flamm in drei Tagen erstmals gemeistert worden war. Die »Philipp-Flamm« führt schnurstracks auf die Punta Tissi, eine der markanten Pfeifen der Civetta-Orgel.

Hermi brach später am Vormittag auf, überwältigt von dieser wunderbaren Dolomiten-Welt. Sie ging über das Rifugio Torrani und den Klettersteig am Normalweg zum Civettagipfel, wo sie auf ihre Gefährten wartete – vergeblich. Peter und Sepp traten auf der anderen Seite einen schmerzhaften Rückzug an. Wenige Meter unter dem »Schuppendach« brachen Sepp Haken aus. Er stürzte 30 Meter weit ab und blieb unter dem Überhang im Seil hängen – verletzt, geschockt, aber am Leben. Peter hatte mit einer Kreuzsicherung weit drinnen in der Höhle gesessen, als er seinen Schrei hörte und einen brutalen Ruck spürte. »Es hat mich stark zusammengeschnürt, aber ich hab ihn gut gehalten.« Peter sah erst Sepps kreidebleiches Gesicht, dann seinen blutenden Arm, und dann hörte er die Worte: »Peter, jetzt müssen wir zurückgehen.« Aus der Wandmitte blickten sie ganze 400 Höhenmeter in die Tiefe. Das erschien auf den ersten Blick unmöglich. Eine andere Wahl hatten sie nicht. Peter ließ Sepp, blutüberströmt mit zwei gebrochenen Rippen, jeweils 50 Meter weit an den Halbseilsträngen hinunter – bis Sepp im Niemandsland wieder Stand an einem Haken baute. Sechs Stunden später, endlich am sicheren Boden, verließen Sepp die Kräfte. Er brach zusammen. »Unwahrscheinlich, was Sepp da geleistet hat. Ein harter Hund.«

Zwei Wochen später kam das Trio schon wieder auf die Coldai-Hütte. Diesmal glückte Sepp und Peter die Durchsteigung der »Philipp-Flamm«. Natürlich, auch zu dieser Tour wieder ein Eintrag: »Sepp ist in glänzender Verfassung, und nach einem Wettlauf mit der Dunkelheit schütteln wir uns um 19 Uhr am Gipfel der Quota die Hände.« Ohne Licht mussten sie ein kaltes Biwak in Kauf nehmen, kamen aber am nächsten Tag fröhlich zur Hütte und zu Hermi, der ein Stein vom Herzen fiel und riesengroßer Freude Platz machte. Abschlussbemerkung in Peters Büchlein: »Die Heimfahrt von Bruneck wie gewöhnlich mit Motorrad und … im Regen.«

Im darauffolgenden Jahr 1965 – es ist auch das Jahr, in dem er endlich seine Bergführer-Ausbildung beginnen durfte – zog es Peter und Sepp besonders oft an die steilen, gelben Kalkwände der Dolomiten.

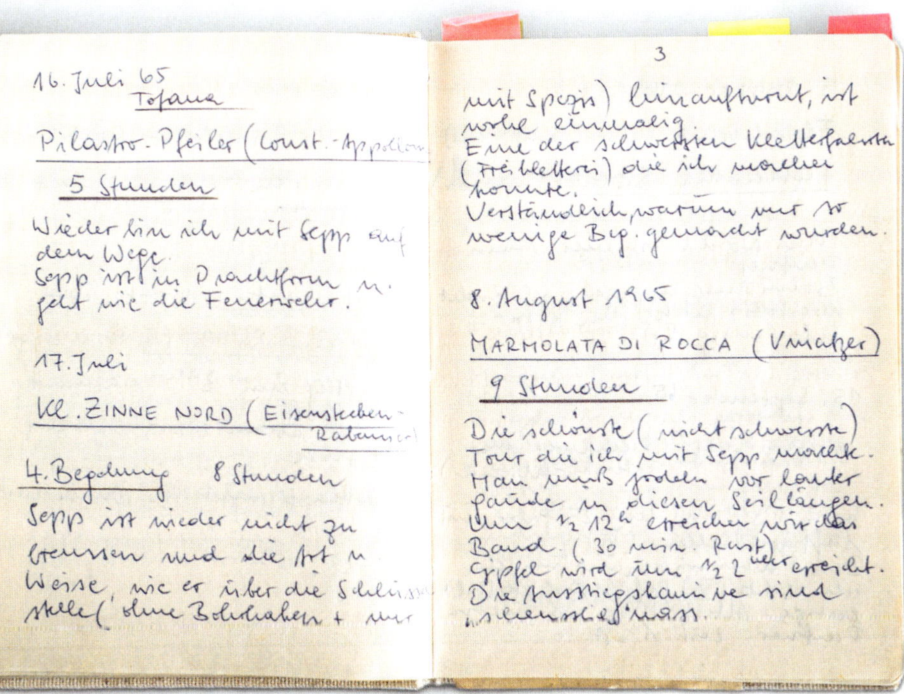

16. Juli 65
Tofana
Pilastro-Pfeiler (Const.-Appollon.
5 Stunden
Wieder bin ich mit Sepp auf
dem Wege.
Sepp ist in Prachtform u.
geht wie die Feuerwehr.

17. Juli
Kl. ZINNE NORD (Eisenstecken-
Rabanser)
4. Begehung 8 Stunden
Sepp ist wieder nicht zu
bremsen und die Art u.
Weise, wie er über die Schlüssel-
stelle (ohne Bohrhaken + nur

3

mit Spezis) hinaufturnt, ist
wohl einmalig.
Eine der schwersten Kletterfahrten
(Freikletterei) die ich machen
konnte.
Verständlich, warum nur so
wenige Beg. gemacht wurden.

8. August 1965
MARMOLATA DI ROCCA (Vinatzer)
9 Stunden
Die schönste (nicht schwerste)
Tour die ich mit Sepp machte.
Man muß jodeln vor lauter
Gaude in diesen Seillängen.
Um ½ 12h erreichen wir das
Band. (30 min. Rast)
Gipfel wird um ½ 2 Uhr erreicht.
Die Ausstiegskamine sind
„scheußlich" nass.

Aus dem Tourenbuch:

16. Juli 1965, Tofana, Pilastro-Pfeiler (Const.-Apollonio), 5 Stunden
Wieder bin ich mit Sepp auf dem Wege. Sepp ist in Prachtform und geht wie die Feuerwehr.

17. Juli 1965, Kleine Zinne Nord (Eisenstecken-Rabanser),
4. Begehung, 8 Stunden
Sepp ist wieder nicht zu bremsen und die Art u. Weise, wie er über die Schlüsselstelle (ohne Bohrhaken + nur mit Spezis) hinaufturnt, ist wohl einmalig. Eine der schwersten Kletterfahrten (Freikletterei), die ich machen konnte. Verständlich, warum nur so wenige Beg. gemacht wurden.

8. August 1965, Marmolata di Rocca (Vinatzer), 9 Stunden
Die schönste (nicht schwerste) Tour, die ich mit Sepp machte. Man muss jodeln vor lauter Gaudi in diesen Seillängen. Um halb 12 erreichen wir das Band (30 min Rast). Gipfel wird um halb 2 Uhr erreicht. Die Ausstiegskamine sind »scheußlich« nass.

Oft noch abenteuerlicher als die Klettertouren waren die An- und Abreise mit dem Motorrad. Wenn das Hans Lottersberger gewusst hätte! Nicht nur einmal kam Peter ins Schleudern – auf einer Kuhflade inmitten einer Kuhherde zum Beispiel, was zur allgemeinen Erheiterung beigetragen hatte. Einmal geriet er mit Fankhauser am Sozius in den Graben, rasierte ein paar Äste nieder und steuerte zurück auf die Straße. Darüber würden sie heute noch lachen, sagt Habeler, es war ja immer gut ausgegangen. Besonders gefürchtet war der schneidige Zillertaler, wenn er am Lenkrad eines Autos saß. Pausen gab es für ihn nicht und schon gar kein Einkehren bei einer Gaststätte. Er hantelte sich immer weiter, unter dem Vorwand, in der nächsten Ortschaft stehen zu bleiben. Bis sie schließlich im Zillertal ankamen, ohne einen einzigen Bissen gegessen zu haben. Hunger kannte Peter nur, wenn es ums Klettern ging.

Nicht nur Peter Habeler und Hermine Lottersberger bezeichneten Sepp Mayerl bald als ihren Lehrmeister – auch ein gewisser Reinhold Messner. Sepp erzählte Reinhold, dass er auf der Nordseite der Alpen einen kenne, den er für den besten Kletterer halte. Noch besser als der Blasl selbst? Reinhold wurde neugierig. Am 21. Februar 1966 fädelte Sepp ein erstes Treffen in der Nähe von Cortina d'Ampezzo ein. Sie kamen auf der Dibona-Hütte zusammen und planten eine Winterbegehung des Pilastro-Pfeilers in zwei Seilschaften. Habeler kletterte mit Horst Fankhauser. »Als zweite Seilschaft kommt Sepp Mayerl, Gernot Röhr und Reiner Messner nach«, vermerkte Peter in seinem Tourenbuch, kleinem Schreibfehler inklusive. Horst, der ihm bereitwillig das scharfe Seilende überließ, um schneller voranzukommen, erinnert sich: »Nach der ersten Seillänge haben wir sie überholt, weil eine Dreierseilschaft zwangsläufig langsamer ist. Dann haben wir sie nicht mehr gesehen an diesem Tag.« Das war auch gut so für sie, denn bald fing es an, furchtbar zu schneien: »Wir sind in der Nacht noch runtergekommen über die Ratrac-Spur von der Dibona-Hütte, weil wir alles gut sahen – die anderen sind am nächsten Tag mit dem Auto neben der Spur gelandet und im Schnee stecken geblieben.« Das erste Treffen mit Reinhold Messner war somit nur ein kurzes.

»In Gott's Namen« pflegte Sepp Mayerl beim Einstieg einer Tour als Ritual zu sagen, und das sagte er auch vor der Winterbegehung des Tofana-Pfeilers. Die Strapazen waren eine gute Aufwärmübung für das, was zwei Wochen später folgen sollte. Diesmal bildeten der Osttiroler und der Südtiroler mit dem Nordtiroler ein Trio. Ihr Ziel kein geringeres als die erste Wiederholung der Bonatti-Route in der Matterhorn-Nordwand. Walter Bonatti unternahm im Winter 1965 einen viertägigen Alleingang mitten durch die Nordwand und setzte damit seiner Karriere nicht nur einen Höhe-, sondern auch Schlusspunkt – mit nur 35 Jahren. Der italienische Top-Alpinist sah nach dieser Tour nicht mehr viel Luft nach oben. Gleichzeitig war ihm die Luft innerhalb der Alpinszene zu dick geworden. Absurde Anschuldigungen und Anfeindungen lasteten schwer auf ihm. Wie etwa jene von 1954 nach der italienischen Expedition zum K2, bei der Bonatti von den Erstbesteigern Compagnoni und Lacedelli in die Irre geführt worden war. Oder jene nach der Tragödie am Frêneypfeiler, bei der Bonatti in einem Wettersturz knapp dem Tod entging und vier seiner sechs Kameraden starben. »Bonatti hatte sich die Kritik seiner Neider zu sehr zu Herzen genommen«, weiß Habeler. Nach einer stilgemäßen Verabschiedung am Matterhorn verlegte der charismatische Bonatti seine Abenteuer von der senkrechten Welt in die entlegensten Winkel der Welt. Als Abenteurer und

Reisejournalist erzählte er davon in Magazinen. Habeler kaufte sich jede Ausgabe, in der Bonattis Bildreportagen erschienen. »Seine Geschichten habe ich verschlungen«, sagt Peter. »Der Bonatti war für uns ja wie ein Heiliger. Wir haben ihn früher förmlich angebetet.« In Bergzeitschriften verfolgten sie immer schon sein alpinistisches Treiben. Bonattis neue – und letzte – Route am Matterhorn sollte ihre eigene Initiationsreise werden. Es war Peters zweite Westalpenfahrt überhaupt, nach einer geführten Skitouren-Woche im Monte-Rosa-Gebiet ein Jahr zuvor. Hermi, die von daheim aus mitfieberte, gab den »Buam« als Proviant selbst gebackene Aniskekse mit. Peter verteilte sie mit besten Grüßen, woraufhin Reinhold ihr unbekannterweise als Dank eine Dolomitentour versprochen haben soll.

Am 8. März 1966 starteten sie in ihr bis dahin größtes Abenteuer. Messner, Mayerl und Habeler stiegen von Zermatt mit den Skiern zur Hörnlihütte auf. Ganze vier Seiten seiner Tourenmitschrift widmete Peter der Bonatti-Route. Der 9. März geht als Tag hervor, an dem sie besser im Winterraum geblieben wären. »Die Verhältnisse sind äußerst giftig. Der ganze Fels ist mit einer Eisschicht überzogen«, so ging's los – »in Gott's Namen!« Nur langsam kamen sie vorwärts und biwakierten eine Seillänge oberhalb von Walter Bonattis erstem Biwakplatz. Ein Glück, dass Habeler von Ernst Spieß noch eine gefütterte Überhose mitbekommen hatte. Froh war er auch um die warmen Schuhe, die Lowa für die ersten Winter-Begeher der Eiger-Nordwand produziert hatte – diese hatte er sich noch besorgt. Nachts steckten Habelers Beine in seinem Rucksack. Schlafsack hatten sie keinen dabei, und der Kocher versagte. In Klammern merkte Habeler hinter dem Wort Biwak an: »ungemütlich und 26 Grad minus«.

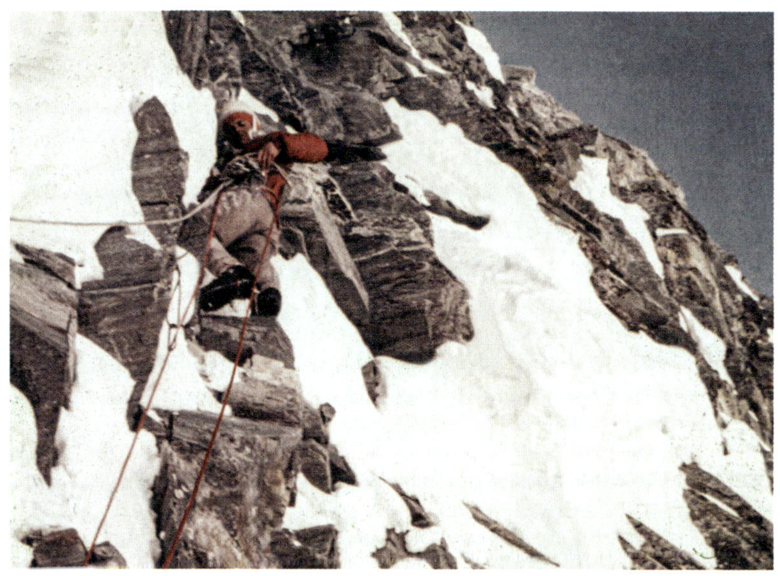

Ruhe vor dem Sturm: Peter in der Bonatti-Route am Matterhorn

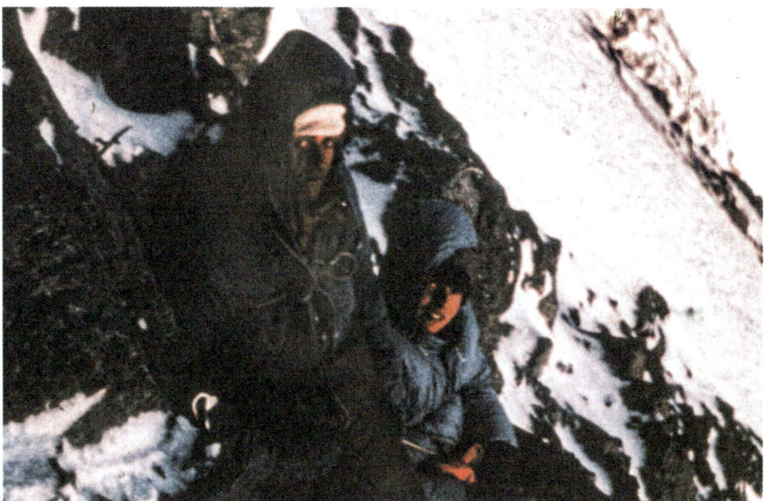

Bitterkalte Biwaknacht: Habeler mit Messner (rechts) in der Matterhorn-Nordwand, das Foto machte Mayerl.

Schneefall in der Nacht zuckerte die Felsen an. Am Morgen war der Ehrgeiz aber noch größer als die Kälte, die Wolken waren weg. Um die Mittagszeit erreichten sie die »Traversata degli angeli«, die Engelstraverse, ungefähr in Wandmitte. Der Himmel, nun nicht mehr blau, sondern grau, schickte Schneeflocken, immer schneller, immer mehr. Der auffrischende Wind trieb die gefühlten Temperaturen immer weiter in den Keller. Es war offensichtlich: Ein Wettersturz stand bevor. »Und wir bereiteten den abenteuerlichsten Rückzug vor, den wir jemals mitgemacht haben«, schrieb Habeler. Ihren Plan, sich vorerst nur bis zum Biwakplatz abzuseilen, vereitelte schon bald der stärker werdende Sturm: »Wir müssen noch heute hinunter. Möglichst schnell. Und möglichst weit.«

Um sechs Uhr abends wurde es finster. Sie hatten erst die Hälfte des Abstiegs hinter sich. Meistens seilte sich Sepp als Erster in den Abgrund und baute sichere Abseilstände an zwei Haken, immer wieder wurde er dabei von Schneerutschen überspült. Die Batterien seiner Lampe waren fast leer, das Licht glomm nur noch unmerklich im stürmischen Nachthimmel, so als wollte er eine große Kirche mit einem Zündholz ausleuchten. Bald war Peters Stirnlampe die einzige, die noch funktionierte. In der letzten Abseillänge – wenige Meter trennten ihn vom Einstiegseisfeld – stockte ihm der Atem. Peter, Seilerster, kam nicht mehr an die Wand heran, er hing einen Meter von ihr entfernt im Abseilstrick. Er bewegte sich wie ein Pendel hin und her und erwischte mit Mühe und Not den Felsen, wo er mit dem letzten Haken ihren letzten Standplatz errichtete. 23 Uhr schlug die Uhr unten in Zermatt, als sie wieder vereint am Einstieg standen.

Im allerletzten schwachen Licht von Peters Lampe stapften sie wie müde Krieger zurück zur Hörnlihütte. Wach wurden sie erst wieder mittags am nächsten Tag, unter einer dicken Schneedecke, die sich über die Hütte gebreitet hatte. Es schneite die ganze Nacht, schneite den ganzen Tag und schneite auch noch den Rest der Woche. Sie hatten Schwierigkeiten, bei diesem Wetter über den Grat von der Hörnlihütte abzusteigen. »Nach einigen saftigen ›Brezen‹ mit den Skiern kommen wir gegen drei Uhr nach Zermatt. Und wieder heim, zurück zu den ›Skihaserln‹«, notierte Peter in sein Tourenbuch und fügte zum Abschluss hinzu: Es sei sein bisher schwierigstes und gefährlichstes Unternehmen gewesen. Die Bonatti-Route in der Matterhorn-Nordwand gilt übrigens nach wie vor als Heiliger Gral für Alpinisten. Bis heute zählt sie nicht viel mehr als ein Dutzend Begehungen – eine davon gelang im Herbst 2021 Reinholds Sohn Simon Messner.

An einem strahlend schönen Tag Mitte August 1966 nahmen der Blasl-Sepp und Peter Habeler ihre Freundin Hermi Lottersberger wieder einmal mit in die Dolomiten zur Civetta. Dort traf schließlich auch sie zum ersten Mal Reinhold Messner, der kurz zuvor zusammen mit Heini Holzer die »Philipp-Flamm« geklettert war und in der Gegend noch Erstbegehungen draufgesetzt hatte. Ende August reiste Hermi gleich noch mal in die Dolomiten, diesmal, um sich selbst ins Seil einzubinden. Am anderen Ende: Reinhold Messner, er löste sein Versprechen ein. Nach zwei Touren an den Sellatürmen schien er so überzeugt von ihrem Können, dass er für den nächsten Tag die »Via Micheluzzi« durch die Ciavazes-Südwand vorschlug. Selbst den berühmt-berüchtigten 90-Meter-Quergang meisterte Hermi tadellos und verriet ihrem Partner erst hinterher, dass ihr Sepp die »Micheluzzi« eigentlich verboten hatte. Die sei nix für »Weiberleut«, hatte er gesagt.

Lottersberger schrieb in ihrem Tourenbuch noch viele Seiten voll, klebte Fotos dazu, sie wurde zu Erstbegehungen mitgenommen und nahm nicht nur einmal selbst das scharfe Seilende in die Hand. Eine Expedition führte sie zum Elbrus, wo sie nur wenige Meter vor dem Gipfel kehrtmachte, weil sie im Schneesturm bei minus 26 Grad Celsius in ihren völlig durchnässten Lederschuhen das Gefühl für ihre Zehen verloren hatte. Sepp Mayerl nannte sie den »Tiger vom Zillertal«, was als Kompliment zu verstehen war. Bis weit nach ihrem 80. Geburtstag radelte Hermi noch regelmäßig zum Klettersteig in Mayrhofen. Nach ihrem 90. zog sie ins Altenheim. Hin und wieder besucht sie dort auch Peter. »Sie war lange Zeit wie meine zweite Mutter«, sagt er.

Das Abblitzen in der Matterhorn-Nordwand und Hermis Aniskekse hatten die jungen Kletterer im März 1966 bald verdaut. Noch im selben Jahr ging es erstmals nach Chamonix. Das französische Dorf liegt nicht nur dem höchsten Bergmassiv der Alpen zu Füßen, es verkörpert auch die Hauptstadt des Alpinismus. Sepp Mayerl, Reinhold Messner, Fritz Zambra und Peter Habeler nahmen sich den Walkerpfeiler an der Grandes Jorasses vor. Es war die erste der drei ganz großen klassischen Nordwände in den Alpen, die sie erfolgreich durchstiegen.

Im Jahr darauf, 1967, schaffte Habeler sein persönliches Glanzstück im Mont-Blanc-Massiv: die dritte Wiederholung des zentralen Frêneypfeilers. Er war mit seinem Bundesheer-Freund Michl Meirer unterwegs, die Verantwortung für die Führung lag über alle Seillängen in Peters Händen, das war vorab ausgemacht. Sehr oft dachte Peter an Bonattis Frêney-Tragödie vom Sommer 1961 zurück, was diese große Bergfahrt am Mont

Blanc in Fels und Eis umso spannender machte. Nach ihrem Frêney-Triumph fühlte sich Habeler beflügelt. Sie bedeutet ihm auch deshalb so viel, weil es ihm die Lehrer in der ENSA, der nationalen französischen Berg- und Skischule, erst gar nicht zugetraut hatten und es ihn darin bestärkte, seine Grenzen weiter auszuloten. Er überredete Michl, wenige Tage später die noch schwierigere »Bonatti/Gobbi« am Grand Pilier d'Angle anzuhängen. Eine Tour am Limit seines damaligen Könnens. Wie der alte Habeler den jungen Habeler beschreiben würde? »Der war voll drauf, mein lieber Schwan! Natürlich hab ich mir Gedanken gemacht, aber da war mir nichts zu schwer, nichts zu steil, nichts unmöglich.« Wer weiß aber, ob er diese Touren überstanden hätte, wäre er nicht schon einige Jahre durch Sepps Schule gegangen. Wer hohe Türme bauen will, muss lange am Fundament verweilen.

Es war erst Jahre später, da wollte auch Sepp Mayerl die Bergführerprüfung ablegen. Peter Habeler war mittlerweile selbst als Ausbildner tätig. Vertauschte Rollen? »Der Sepp hatte die Bergführer-Ausbildung nicht gebraucht, er war äußerst erfolgreich in seinem Beruf. Aber irgendwie hat es ihn doch gejuckt«, erzählt Peter. Beim Klettern konnte man ihm nichts mehr beibringen. Nur beim Skifahren brauchte er ein zweites Antreten und etwas Nachsicht der Ausbildner.

Den Rest seines Lebens blieb Sepp aber mit Herz und Seele Kirchturmdecker – und Vollblut-Bergsteiger, ein sicherer und umsichtiger. Das machte die Nachricht von seinem Tod für alle, die ihn kannten, nur schwer fassbar: Im Alter von 75 Jahren stürzte der Familienvater bei einer Klettertour durch die Nordwand der Adlerwand in den Lienzer Dolomiten tödlich ab. »Es ist ihm wahrscheinlich ein Griff ausgebrochen«, vermutet Peter. Oben wollte er mit seinem Gefährten bei der Einweihung des Gipfelkreuzes teilnehmen. »Davon hatte mir Sepp eine Woche davor erzählt«, sagt Peter, »wir hatten noch meinen 70. Geburtstag in Mayrhofen gefeiert.« Ihre letzte gemeinsame Klettertour unternahmen sie im September 2010 durch die mächtige Nordwand auf den Hochstadel. In Osttirol liegt auch Sepps größtes Vermächtnis: Sein Sohn Andreas führt die Sepp Mayerl & Sohn GmbH in zweiter Generation weiter. Über die Jahrzehnte wurden um die 2000 Projekte behutsam – und gerüstlos – umgesetzt, die meisten davon an denkmalgeschützten Bauten wie Kirchen, Schlössern und Burgen.

Auch für die nächste Bergsteiger-Generation hat Sepp einiges hinterlassen, die Mayerl-Verschneidung am Heiligkreuzkofel in den Dolomiten und die Mayerlrampe an der Nordseite des Großglockners zum Beispiel. Die Linie mit bis zu 70 Grad steilem Eis ist einer der beliebtesten Eisanstiege Österreichs. Weniger los ist in der Regel auf dem 8382 Meter hohen Lhotse Shar, einer von Sepps Erstbesteigungen im Himalaja. Der Lhotse Shar lässt an Schwierigkeiten nichts aus, verfehlt als Nebengipfel des Lhotse die für den Himalaja festgelegten Grenzen aber knapp, um selbst als eigenständiger Achttausender zu zählen – dafür hat er die nötige Schartenhöhe nicht. Der Blasl-Sepp war aber nie einer gewesen, der sich nur Leuchtturmprojekte suchte. Mit dem 7647 Meter hohen Fang, einem Giftzahn am Annapurna-Kamm, gelang ihm 1980 im zweiten Anlauf eine gigantische und gefährliche Gratwanderung auf den bis dahin »höchsten noch unerstiegenen Gipfel der Erde«, wie Sepp in seinem Buch *Der Turm in mir* beschrieb.

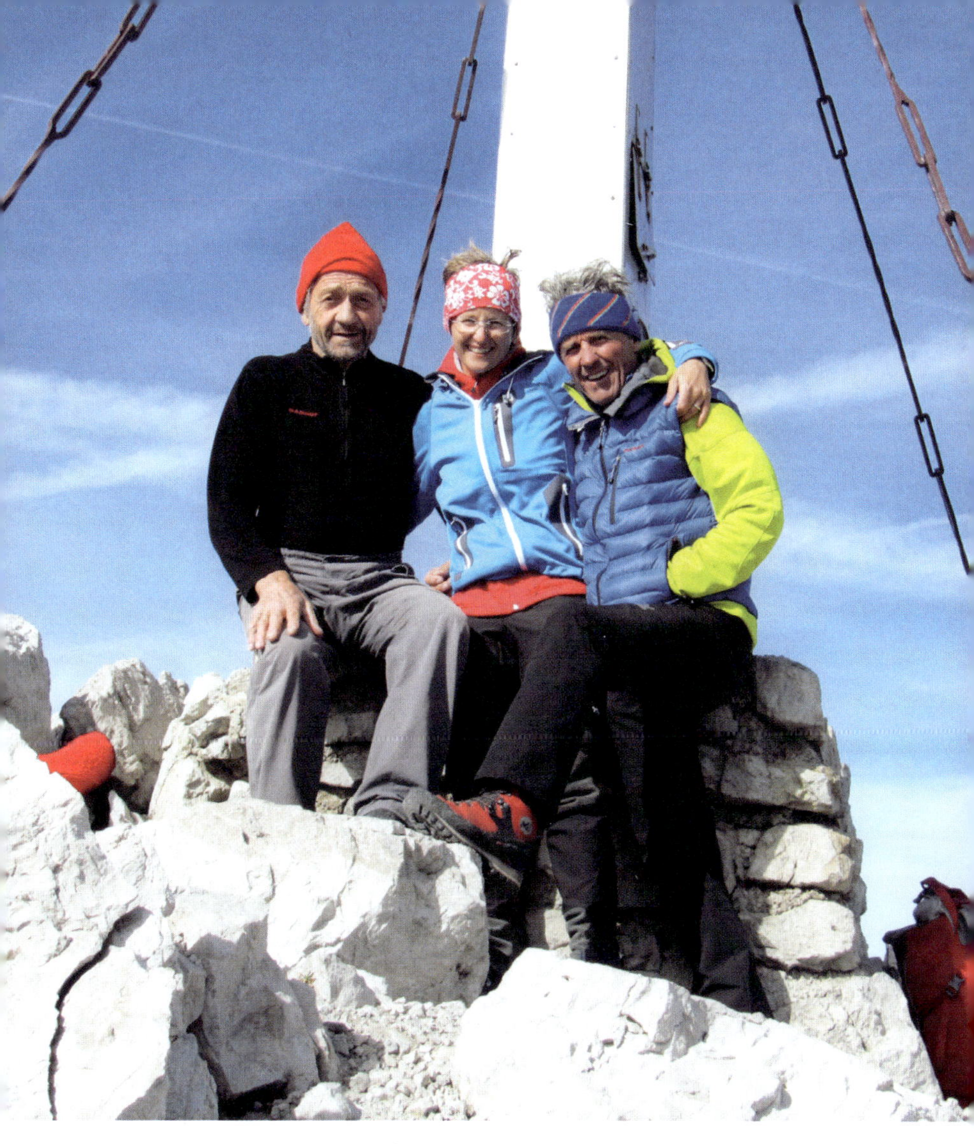

Die letzte gemeinsame Tour: Sepp (links), Jutta und Peter am Hochstadel, 2010

Auch Peter trägt ein großes Erbe seines Lehrmeisters in sich: Von ihm bekam er das Handwerkszeug für den Alpinismus übertragen. Gefestigt auf solidem Fundament, würde er den Turm nun immer höher bauen können.

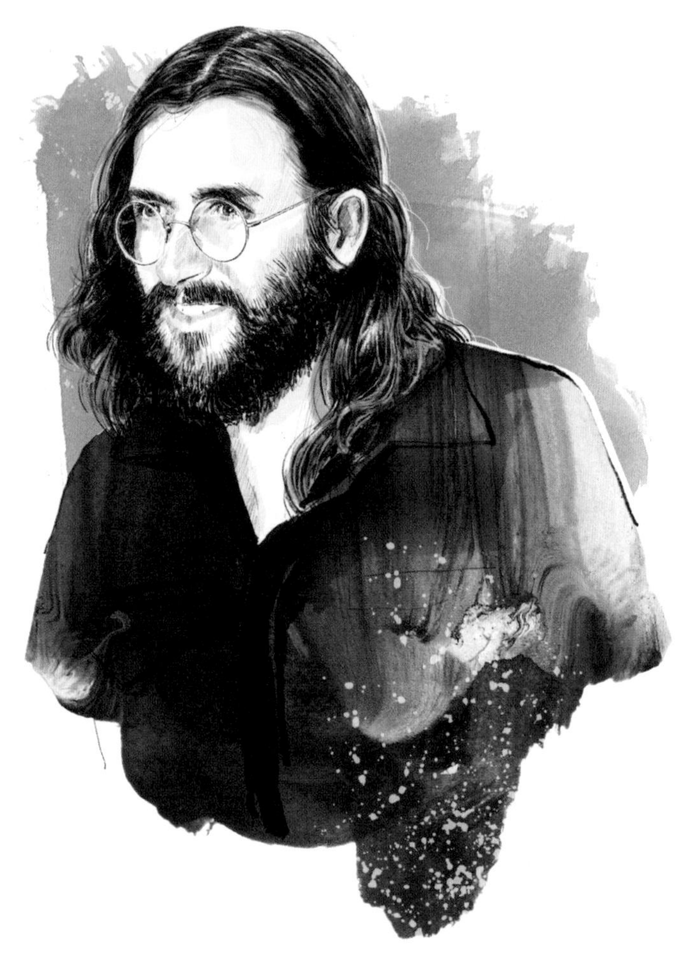

Doug Scott

Der Hippie, der neue Dimensionen eröffnete

Der Traum von Big Walls und Big Money

Peter Habeler lebte, wie er in die Berge stieg – ohne Schnickschnack. Es war nicht das Bergsteigen, das er von seinen Eltern in die Wiege gelegt bekam, sondern die Gabe, sparsam und genügsam zu sein. Und trotzdem war am Ende eines Herbstes kaum noch Geld übrig, um in der kleinen Wohnung in Mayrhofen das Öl für den Ofen zu bezahlen. So konnte das nicht weitergehen, dachte sich Peter. So ging es auch nicht mehr weiter. Er folgte einem Traum, den man gerne als American Dream bezeichnet. »Amerika war damals eine goldene Kuh. Ich wusste, dass ich dort ein gutes Geld verdienen und uns ein besseres Leben machen kann.« Seine bisherigen Einkünfte brauchte er schließlich ausschließlich fürs Bergsteigen auf – abgesehen von dem einen oder anderen schicken Paar Schuhe –, und seine Mutter Ella hatte auch nicht viel mehr. »Ich sagte zur Mutti: Sobald ich mein erstes Geld verdient hab in Amerika, schick ich dir was.«

Wenige Briefwechsel in die USA später hatte Habeler bei Pepi Stiegler in den Rocky Mountains seinen Job gefunden. Der Slalom-Olympiasieger von Innsbruck war ein Jahr nach seinem goldenen Triumph nach Amerika ausgewandert. Der Osttiroler baute in Jackson, einem kleinen Städtchen wie aus einem Cowboyfilm, US-Bundesstaat Wyoming, eine Skischule auf.

Mitte Dezember 1966 stieg Peter Habeler ins Flugzeug und schwebte seinem Premierenwinter in den USA entgegen, ge-

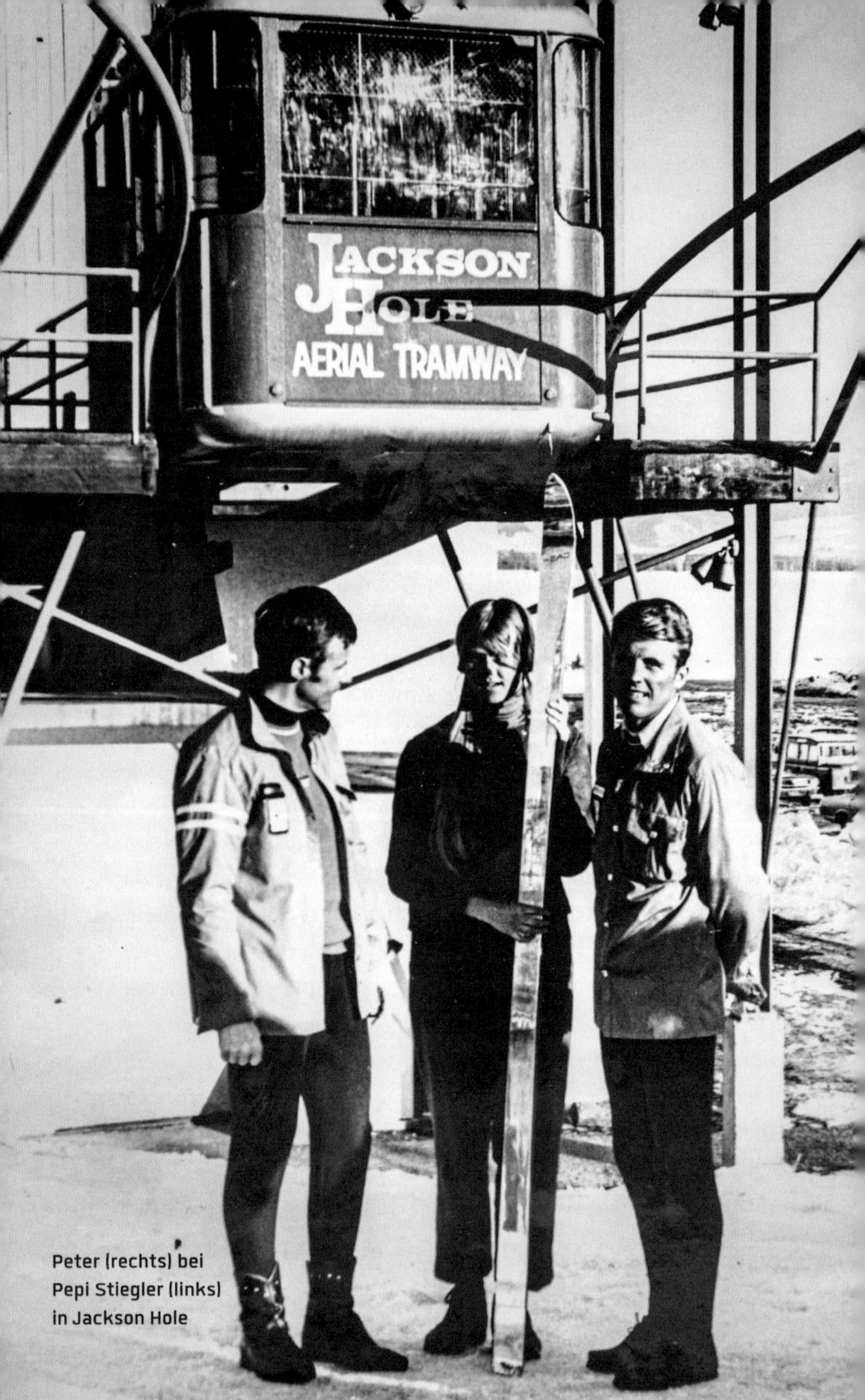

Peter (rechts) bei
Pepi Stiegler (links)
in Jackson Hole

meinsam mit dem Zillertaler Erich Hotter und dem Ramsauer Peter Perner. Von Erich Hotter lernte Habeler das Skifahren – sehr spät, wie er anmerkt: »Bis zu meinem 14. Lebensjahr hatten wir nämlich nicht genügend Geld für ein Paar Ski.« Mit Erich hatte er einen guten Lehrer, um alles schnell aufzuholen. Er sei der beste Skifahrer des Tales gewesen, sagt Peter. »Mit 17 Jahren nahm er mich als Hilfsskilehrer dann schon mit auf den Penken.« Kennen lernte er Erich als den Hüttenwirt vom Spannagelhaus hoch oben am Hintertuxer Gletscher. Schätzen lernte er ihn als guten väterlichen Freund. Ein Mordsglück hatten die beiden bei ihrem Versuch, die anspruchsvolle Rebitsch-Tour durch den Schiefen Riss an der Sagwand im Valsertal, südwestlich in den Zillertaler Alpen, zu klettern. Die Ausrüstung schon vorab am Einstieg deponiert, saßen sie noch bei einem Schnitzel auf der Geraer Hütte, als zwischen Sagwand und Schrammacher ein riesiger Felsausbruch herunterdonnerte. »Daraufhin ließen wir den Riss Riss und die Ausrüstung Ausrüstung sein und stießen auf unseren zweiten Geburtstag an.«

Mit Peter Perner verband Habeler nicht nur der gemeinsame Vorname, sondern auch das Bergführerabzeichen. Perner war ein begnadeter Kletterer, der rund um den Dachstein viele Linien als Erster durchstieg und die Dachstein-Südwandhütte über ein Jahrzehnt lang bewirtschaftete. Später wurde er noch ein ebenso begeisterter Bobfahrer. Bis zu jenem schlimmen Unfall 1974 bei der Bob-WM in St. Moritz: Dort trennte ihm eine Kufe das linke Bein ab. Die Ärzte konnten es nicht mehr retten. So hart dieser Schlag anfangs auch war, so beherzt stand Perner wieder auf. Bei zwei Paralympics gewann der Steirer als Skifahrer Gold und weitere Medaillen.

In Amerika angekommen, machte Peter Habelers Genügsamkeit ihn durchaus erfinderisch. Das Erste, das er sich nach der Landung in Wyoming kaufte, war eine Bratpfanne mit Teflon-Beschichtung. Solche Pfannen waren in Europa noch nicht erhältlich – und wenn er sich beim Kochen (beziehungsweise bei dem, was er für sich selbst als Kochen bezeichnete) damit das Öl sparen konnte, umso besser. »Ich war immer schon ein miserabler Koch«, sagt Peter, »und bin es noch heute.« Ein genügsamer noch dazu. Sämtliche Ausgaben notierte er sich damals fein säuberlich in einem Büchlein. Das verwahrt er noch heute zwischen Unterlagen in seinem Haus in Finkenberg. In die eine Spalte schrieb er den erfreulichen Lohn, in die andere Spalte die wohlüberlegten Ausgaben – auf den Cent genau. »Ich hab damals jeden Donut und jeden Kaffee, einfach alles, was ich mir in Jackson Hole gekauft hab, minutiös verbucht. Ich war wirklich sehr sparsam.«

So wollte er für sich nicht einmal herausnehmen, regelmäßig bekocht zu werden und mit seinen Kollegen abends zu essen. Er kochte lieber wieder sein eigenes Süppchen in der Ranch, in der die »Austrians« wohnten. Zu den verrückten Party People in der Skischule von Pepi Stiegler zählten die fünf Österreicher nicht. Eher galten sie als bieder, wie Habeler anmerkt: »Manchmal haben wir einen Whisky getrunken, aber wir haben nie etwas geraucht wie die amerikanischen Skilehrer. Wir haben gecheckt, dass man davon süchtig wird. Da sind wir lieber beim billigen amerikanischen Wein geblieben.«

Die Arbeitstage waren kein Zuckerschlecken. Von 9 bis 17 Uhr unterrichteten sie ohne Pause – dazwischen gab's höchstens Platz für einen Kaffee im Pappbecher oder einen Donut. Am Morgen im Skischulbüro händigte Pepi Stiegler jedem seinen

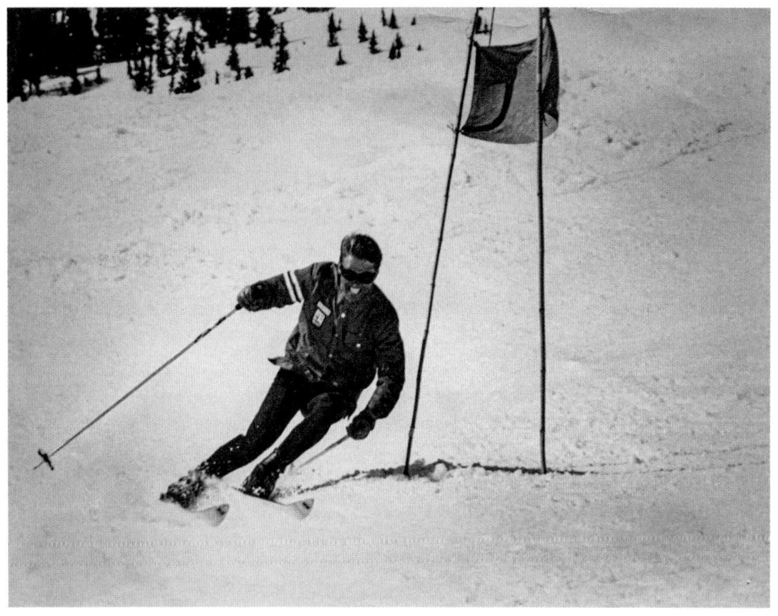

Schneidig unterwegs: 1970 bei einem Skirennen in Jackson Hole

Zettel mit dem Zeitplan aus, jede Stunde kam ein neuer Gast. »Pepi war ein angenehmer Boss, ein ruhiger Typ, der wirklich etwas konnte und darstellte – und seine Skier waren 2,15 Meter lang«, erinnert sich Habeler. »Die Zeit in Jackson war bärig, aber richtig sharp.« An einem der kältesten Plätze im Westen Amerikas waren minus 29 Grad keine Seltenheit. Der Schnee knirschte vor Kälte, und jedem Atemzug konnte er zusehen, wie er sich in der eiskalten Luft verflüchtigte. »Ein paar Mal habe ich mir auch die Zehen leicht angefroren.« Seine Zehen steckten in Wollsocken und den etwas zu kleinen Rennschuhen der legendären Traudl Hecher. Die Tirolerin, eine Freundin von Peter, zählte in den 60er-Jahren zu den weltbesten Skifahrerinnen. Sie gab ihm ihre ausrangierten Schuhe als Abschiedsgeschenk mit.

Daheim im Zillertal war im Winter 1966/67 noch nicht mal der erste Schnee gefallen, da konnte Ella Habeler schon ihre Heizkosten decken. Am Ende der ersten Skisaison kam ihr Sohn nach vier Monaten mit 60.000 Schilling nach Hause. Ein voller Erfolg.

Der schönste Nebeneffekt für Peter Habeler war die Möglichkeit, das Tor zur amerikanischen Bergsteigerei aufzustoßen. »Da gab's richtig starke Kletterer. Der Pepi kannte sie und erzählte mir von ihnen.« Rund um Jackson Hole unternahmen viele von ihnen schwere Klettertouren, wenn's an den Felsen im Yosemite zu heiß oder zu kalt war. Tom Frost, Yvon Chouinard, Chuck Pratt, Royal Robbins – um nur wenige zu nennen. »Das waren alles Sirs, und die haben viele der Erstbegehungen an den Big Walls gemacht. Die haben bald schon gesehen, dass wir auch keine Wappler sind, und haben uns unter ihre Fittiche genommen.«

Habeler wusste aber auch: Vom Nichtstun kommt nichts. Neben der Ranch stand ein Stall, in dem er in seiner freien Zeit an den Holztramen herumkletterte. »Ich habe im Winter versucht, mich für das Frühjahr vorzubereiten. Das Yosemite hatte schon gelockt. Und wenn du dort unvorbereitet hinkommst, hebst du vom Wandfuß nicht ab.«

In Jackson Hole gab es auch eine Bergsteigerschule. Doch Glenn Exum, der Besitzer, öffnete Peter Habeler nie die Türe, auch nicht nach Anklopfen von Pepi Stiegler. »Ich glaube, Glenn hat in mir einen Konkurrenten gesehen. Er war älter als ich, gerne auf Expeditionen, und ich war ja noch ein Jungspund.« Obwohl es ihn sehr gereizt hätte, einen Sommer lang im Grand-Teton-Nationalpark als Guide zu führen, ging's für ihn zurück ins Zillertal.

Die ersten Kontakte mit nordamerikanischen Felsen ließen aber nicht mehr lange auf sich warten. 1968 war er selbst im

Grand Teton unterwegs und unternahm mit Rick Horn – Mitglied der Ski Patrol, den er im Skigebiet von Jackson Hole kennenlernte – zwei Erstbegehungen. Im nächsten Jahr flog Peter direkt im Anschluss an seine Südamerika-Expedition zum Klettern in die Rocky Mountains. Mit dem Amerikaner George Lowe verband ihn dort ein Seil. Dieses kam in der Ostwand des Mount Moran gerade rechtzeitig: Erst kletterten sie ohne Strick, bis es George doch lieber war, ihn auszupacken und sich einzubinden. Wenige Minuten später brach eine Schuppe aus, und er stürzte. Schockmoment. Beide wussten, was das ohne Seil bedeutet hätte. Im Frühling 1970 reiste Peter Habeler schließlich das erste Mal ins Yosemite Valley, als einer der ersten europäischen Kletterer. Dabei wäre der Plan ein ganz anderer gewesen.

Es lag eine Einladung vom deutschen Expeditionsleiter Karl Maria Herrligkofer am Tisch: an der Sigi-Löw-Gedächtnisexpedition zum Nanga Parbat teilzunehmen, die unbestiegene Rupalwand als Ziel. Seine erste Chance für einen Achttausender! Mit von der Partie auch seine engen Bergpartner Reinhold Messner und Sepp Mayerl. Doch wie Sepp, der es vorzog, mit einer Klettergilde aus Innsbruck zum Lhotse Shar aufzubrechen, sagte auch Peter kurzfristig ab, noch in den USA. Daraufhin wurde für Reinholds Bruder Günther ein Platz frei. Peter kam ein eitriger Backenzahn vorzeitig in die Quere – und der kam ihm auch nicht ungelegen. »Die 5.000 Deutschen Mark, die Herrligkofer von jedem Teilnehmer verlangte, konnte ich einfach nicht aufbringen. Das war mir zu viel Geld.«

Als Trost für die verpasste Chance plante er nach einer weiteren getanen Skisaison eine Fahrt nach Kalifornien ins Yosemite Valley – natürlich nicht ohne Zwischenstopp in Las Vegas und einem weiteren zum Klettern am Tahquitz. Im Yosemite angekommen wusste er sofort, dass diese riesigen Granitwände viel mehr waren als nur ein Trostpflaster. »Ein Wahnsinn, da bist du sprachlos, wenn du unter diesen fast 1000 Meter hohen Wänden stehst.« An die schwere und spezielle Risskletterei gewöhnte er sich schnell. Sobald er einen Riss greifen könne, sei er glücklich, schildert Peter: »Da schlupf ich rein, wutzle mich rauf – und ein gutes Schuhwerk hatten wir ja.« Zum Warmklettern im Big-Wall-Eldorado unternahm er einige Routen am Fuße des El Capitans. Im Yosemite lernte er auch rasch das Who is Who der damaligen Szene kennen und kletterte mit Yvon Chouinard, einem kreativen Vordenker seiner Zeit, ein anderes Mal mit Royal Robbins, einem »der besten Kletterer, den die Amerikaner haben – einmalig bei Reibungsstellen«, steht in Peters Tourenbuch. Robbins wagte sich als Erster an die »Salathé« am El Capitan und eröffnete in Europa die »American Direct« an der Petit Dru in Chamonix. Einer der besten und innovativsten Kletterer war für Peter aber Yvon Chouinard, der 1973 die Bergsportmarke Patagonia gründete. Weil für die Big-Wall-Kletterei so große Mengen an Ausrüstung benötigt wurden, legte sich Chouinard gleich nach

Die Bongs und Haken von Yvon Chouinard hat Peter bis heute aufbewahrt.

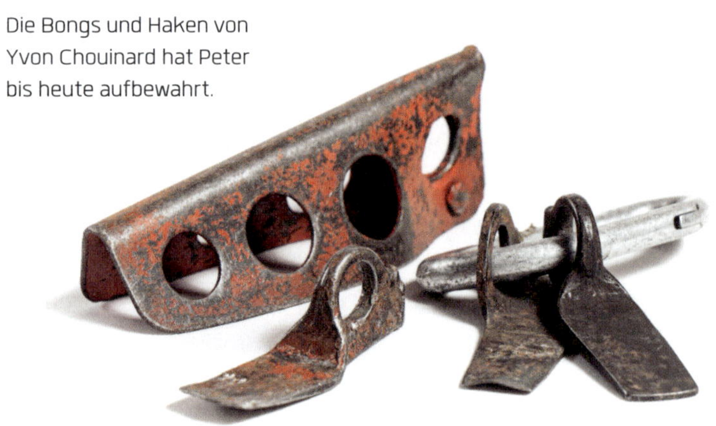

seinem Highschool-Abschluss Werkzeug zu, mit dem er selbst Material schmiedete und später auch verkaufte. »Er war einer der Ersten, der Rurps und Bongs herstellte«, erzählt Habeler. Rurps waren winzige Haken für seichte Risse – gut zum Aufrichten beim technischen Klettern, jedoch mit absolutem Sturzverbot. Und Bongs? »Das war ein Fliegerblech, ein dickes Aluminium, das durchlöchert war. Das haben sie zusammengebogen und vorsichtig in Risse reingeschlagen. Eine Schlinge drüber – das hat gehalten wie der Teufel.« Quasi ein Nachfolgemodell des Holzkeils. Das alles hat Habeler natürlich erst in Amerika kennengelernt – und sich bis heute aufgehoben in seinem Keller.

Es war auch Yvon Chouinard, der Peter Habeler im Yosemite mit dem Briten Doug Scott bekannt machte und den beiden vorschlug, sich zusammenzutun. Doug wusste, dass der drahtige Österreicher im Jahr zuvor mit Reinhold Messner schwierige Andengipfel gemeistert hatte. Umgekehrt wusste Peter um die Stärken des Briten, sogar das extrem ausladende Dolomitendach an der Westlichen Zinne war dieser schon durchstiegen. Was Habeler damals noch nicht wissen konnte: dass Doug Scott noch einer der erfolgreichsten Höhenbergsteiger aller Zeiten werden sollte, dem schwierigste und prestigeträchtige Erstbegehungen gelingen würden, unter anderem jene der Südwestwand des Mount Everest oder des Ogre in Pakistan.

Die erste größere Unternehmung im Yosemite führte Habeler und Scott zur Westwand des Leaning Tower – eine äußerst anstrengende Tour, mehr als 300 Meter hoch und so stark überhängend, dass sie fast nur technisch zu lösen war. Die Erstbegehung dauerte 20 Tage. »Die Stellen A4 hatten es wirklich in sich«, erinnert sich Habeler. Manche Haken wackelten in ihren Löchern,

Sicherungen waren knifflig anzubringen und die Trittleitern die einzige Möglichkeit, um überhaupt Höhe zu gewinnen. Das neu zusammengewürfelte Duo kam mit einem einzigen Biwak durch die Wand. Doug Scott schrieb in seinem Buch *Up And About*: »Ich war beeindruckt von Peters Selbstvertrauen. Wir einigten uns darauf, ein paar Tage zu warten und dann die »Salathé«-Wall am El Capitan in Angriff zu nehmen.«

Die »Salathé« am El Capitan, dem Wahrzeichen des Big-Walls-Klettern in den USA. 1000 Meter senkrechter bis überhängender Granit, 38 Seillängen, mit den angeblich schwierigsten Freikletterstellen im ganzen Tal. Sie zählte gerade erst zehn Begehungen, noch keine von Nichtamerikanern. Insgesamt steckten nur fünf Haken in der ganzen Tour – neben den extremen Schwierigkeiten für viele ein überzeugender Punkt, hier nicht einzusteigen. »Im oberen Teil des El Cap ist zum größten Teil technisches Klettern angesagt«, sagt Peter, und das fordere zusätzlich: mehr Zeit und noch mehr Nerven. Ehe sie einstiegen, war Royal Robbins – der Erstbesteiger der »Salathé« – höchstpersönlich mit den beiden Europäern an den Wandfuß gegangen und hatte ihnen die kniffligsten Stellen beschrieben. Genaue Routenzeichnungen und Topos gab es damals nicht. »Die Amis sagten uns genau: what to do, how to do. Sie waren unglaublich hilfsbereit«, schwärmt Habeler noch heute.

Yosemite war aber nicht nur der Inbegriff von Big Walls, sondern auch von Big Partys. »Ich hab bei den wilden Feiern im Camp 4 aber nie so mitgetan«, hält Habeler fest. Doug Scott erhielt tiefere Einblicke in die berauschende Hippie-Szene – wenngleich nicht ganz freiwillig. Was geschah, schildert Doug Scott in seinem Buch genau: Erschöpft nach einer Tour mit einem anderen Partner nahm er von einer jungen Frau die Korbflasche mit Apfelwein gerne an. Dieser war gewürzt – wie er wenig später erfahren sollte – mit LSD. Als sich seine Wahrnehmung veränderte und er daraufhin panisch wurde, versuchten ihn seine Kletterkollegen zu beruhigen: »Du hast einen LSD-Trip, und alles, was du tun kannst, ist, dich zu entspannen und mitzumachen.« Doug Scott beschreibt es detailreich: wie die Luft in Farben leuchtete, er seine Arme auf und ab bewegte und wie ein Zauberer bunte Luftströme erzeugte. Der El Capitan war in seinen Augen nur noch ein überdimensionales ägyptisches Fresko. Darauf: bemalte Männer mit Blumentopfhüten, eckigen Gesichtern und pharaonischen Bärten.

Irgendwann muss Scott sich wohl daran erinnert haben, dass für den nächsten Tag die Begehung der »Salathé« mit Habeler vereinbart war. Sein Kumpel Dennis fuhr mit ihm zum Zeltplatz, wo Habeler gerade einen Eintopf zubereitete. Als Peter ihm ein paar Löffel davon auf einer Scheibe Brot reichte, war Scott sehr angetan von diesem Happen. Er drehte das Brot in seiner Hand herum, um die Vielfalt der Zutaten genauer zu inspizieren. Alles fiel auf den Boden. Dennis erklärte dem irritierten Peter die Lage. Es sei wohl am besten, ihre Klettertour um einen Tag zu verschieben. Habeler erinnert sich: »Das war zach. Er war völlig außer Gefecht und sah psychedelic colors. Ich war froh, dass mir nie jemand etwas ins Trinken geschmissen hat. Als es ihm dann wieder besser ging, hat ihm zum Glück nichts mehr gefehlt.«

Zwei Tage später packten Peter Habeler und Doug Scott ihre Ausrüstung inklusive 60 Haken, darunter Bongs und Rurps, Nuts und Bolts, Lebensmittel für fünf Tage und 20 Liter Wasser in einen riesigen Seesack, der ungefähr 45 Kilogramm wog. Beide wussten, dass die »Salathé« härter und höher als alles war,

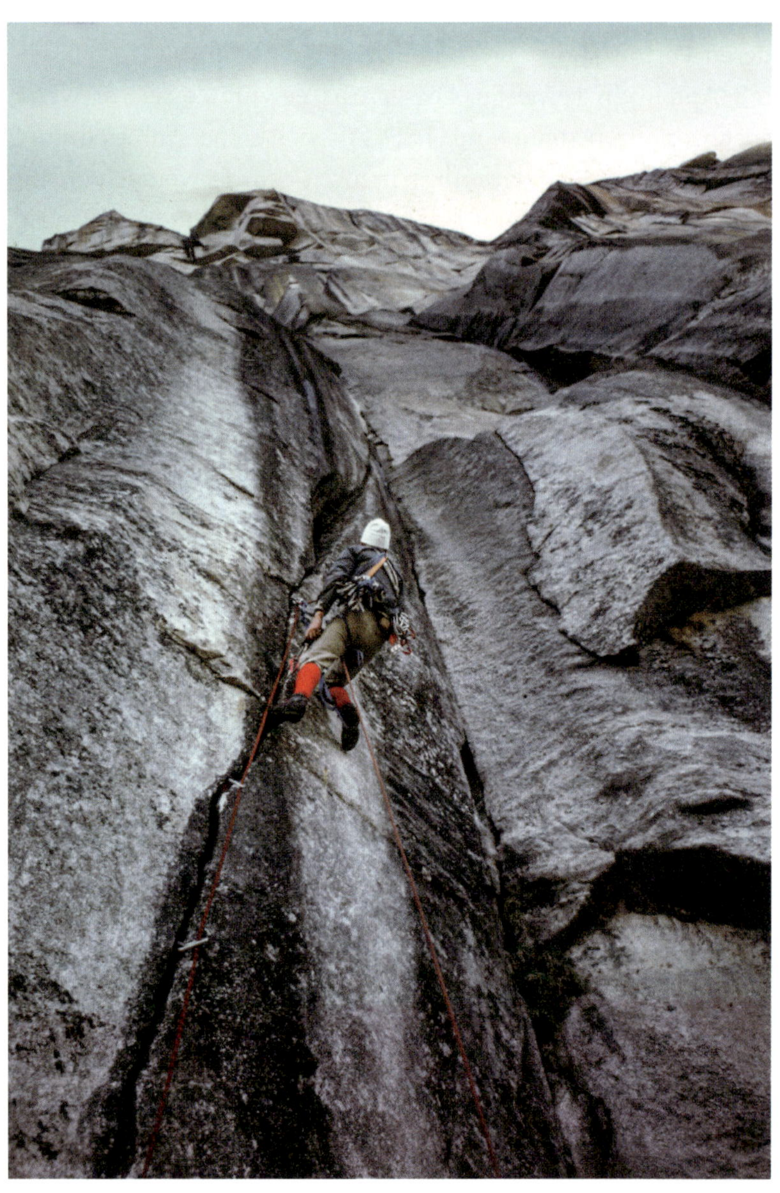

oben: Ein Meer aus Granit: Peter im unteren Teil der »Salathé« am El Capitan
rechts: Peter beim Piazen durch einen langen, schweren Riss in der Route

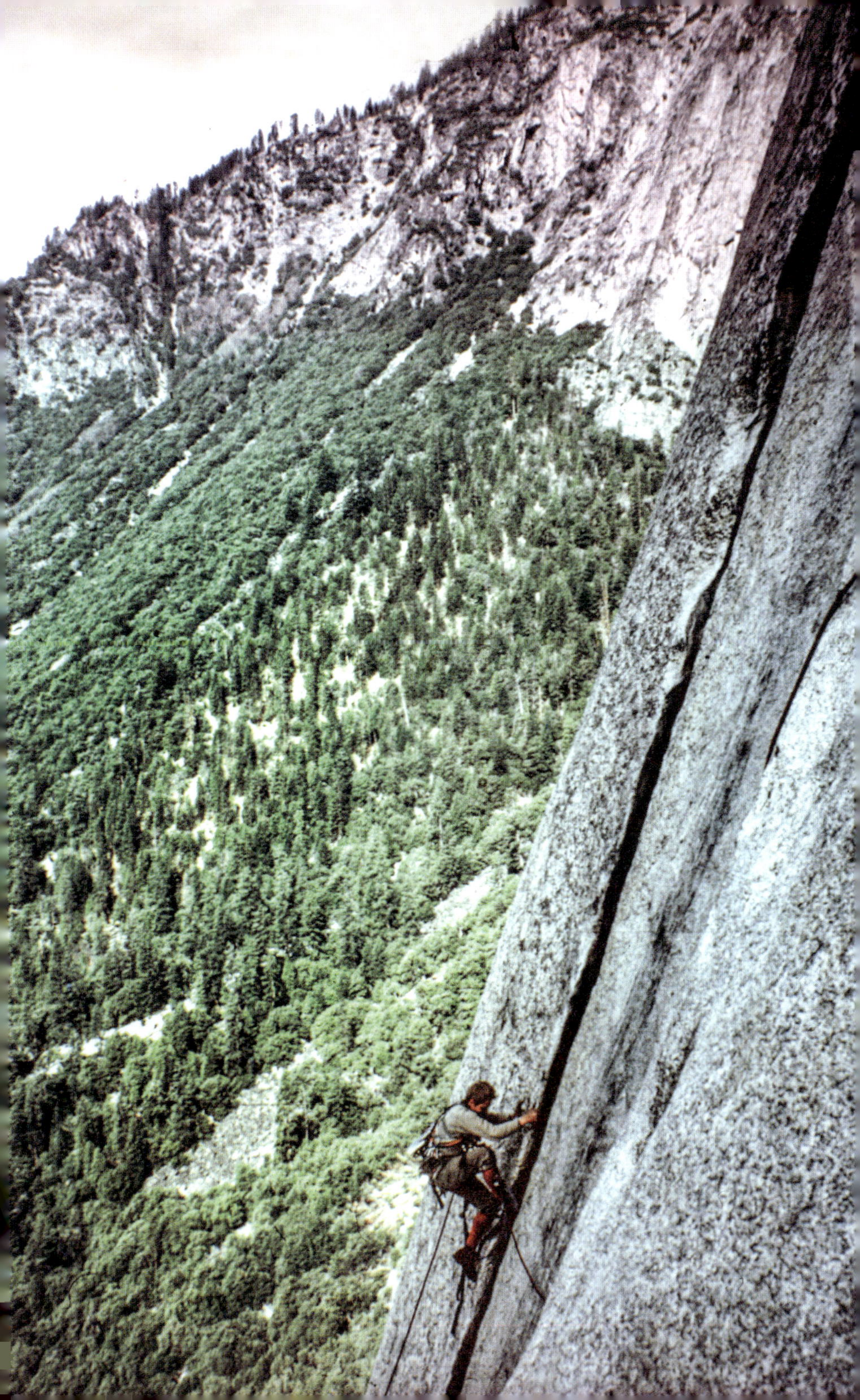

was jeder für sich zuvor geklettert war. Diese Big-Wall-Kletterei war etwas ganz Neues für Habeler. Und dieses Neue reizte ihn.

Es ist wohl ein ungeschriebenes Naturgesetz, dass man sich mindestens einen Kopf kleiner fühlt, wenn man erst einmal unter einer dermaßen riesigen Wand steht. »Peter und ich kamen zunächst nicht gut miteinander aus«, erinnert sich Scott in seinem Buch, »wahrscheinlich, weil wir beide unsere Ängste vor diesem gewaltigen Unterfangen aufeinander projizierten.« Doch je höher sie kamen, desto näher rückten sie zusammen. Die Chemie wurde besser. »Peter war überhaupt nicht extrovertiert und schon gar nicht extravagant. In vielerlei Hinsicht ähnelte er Royal Robbins, besonders in der wohlüberlegten Art, wie er kletterte und alles in Kauf nahm, ohne sich zu beschweren.« Bis es darum ging, den Haulbag nachzuholen … »Peter fand es sehr frustrierend, das Flaschenzugsystem zu bedienen, weil er selbst ja so leicht war. Und weil er so leicht und dazu ein brillanter Kletterer war, war er sehr schnell, viel schneller als ich.«

Anfangs übernahm Habeler über weite Strecken das scharfe Seilende. Was möglich war, kletterte er frei – bis zum US-Grad 5.9, was in den Alpen etwa dem oberen 6. Schwierigkeitsgrad entspricht. »Ich bin frei nie Schwereres gegangen als die Seillänge nach dem großen Pendelquergang. Wer da fliegt, für den ist Feierabend, weil er mit voller Wucht an die Verschneidungswand fährt«, erzählt Habeler. Doug Scott war der Mann für die technischen Seillängen in der überhängenden Headwall. »Er war ein exzellenter Schlosser. Insgesamt haben wir aber gar nicht so wahnsinnig viel Material reingedroschen – es war ja immer das Problem für den Seilzweiten, das Zeug wieder herauszuschlagen. Man hat an den amerikanischen Big Walls ja versucht, nichts zurückzulassen. Aber die Stände, die mussten passen.«

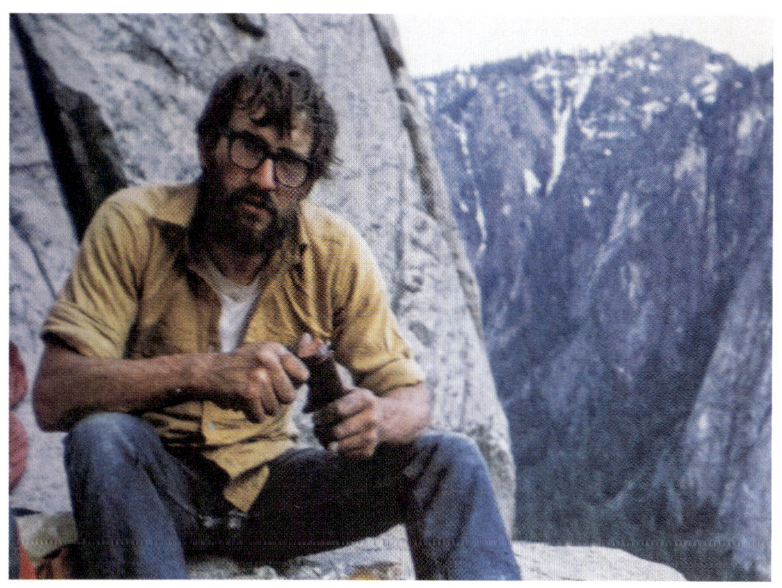

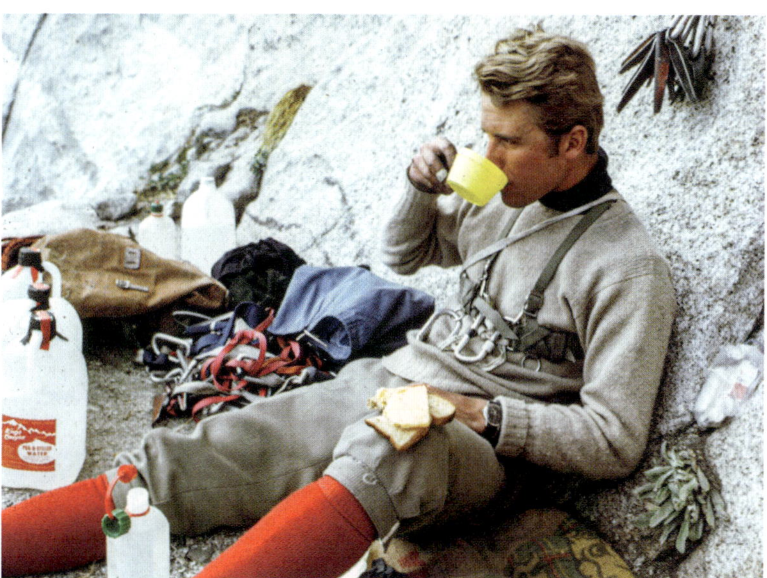

Jausenpause: Doug Scott und Peter in einem ihrer ersten Biwaks

Während die Route nach oben hin immer steiler wurde, wurde zumindest der Haulbag immer leichter, weil sie daraus aßen und tranken. »Das hat die Schlepperei erleichtert und das Hängenbleiben des Sacks reduziert«, erläutert Peter. In ihrem zweiten Biwak auf dem El Cap Spire fühlte sich Doug Scott so richtig angekommen. Er hätte sich keinen besseren Partner wünschen können, schreibt er in seinem Buch: »Eine Welle der Zufriedenheit fegte durch meinen müden Geist und Körper, als ich in einer felsigen Mulde lag, zu den Wolken aufblickte, die über den Nachthimmel zogen, und spürte, wie das Blut um meine abgenutzten Fingerspitzen sickerte.«

Die Abnutzung ihrer Hände wurde Seillänge für Seillänge unerträglicher. Den dritten Biwakplatz mussten sie sich entlang einer hauchdünnen Schuppe erkämpfen. Und dann entpuppte sich der ersehnte Schlafplatz als Enttäuschung. Scott spannte sich aus den Seilen einen Kokon – und hing wie in einer Hängematte über der Klippe. Habeler bereitete kurz vor der Dunkelheit noch die nächste Seillänge bis knapp unter das große Dach vor.

Aus dem Tourenbuch:

Ein Haken geht – und ich mit ihm. Ich hänge frei in der Luft und hantle mich am Seil hinauf. Das Biwak ist unangenehm, wir sind aber beide so müde, dass wir etwas schlafen.

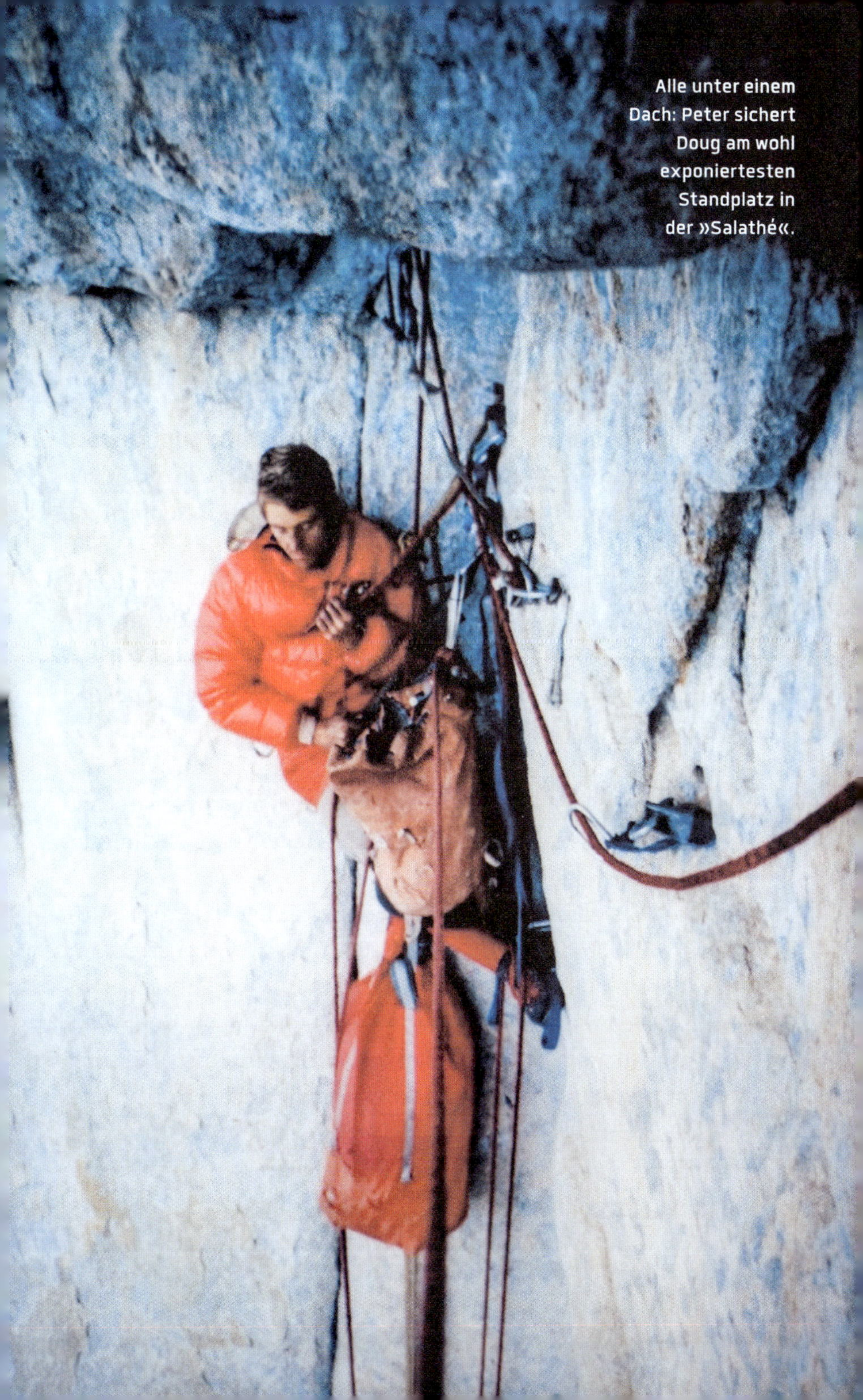

Alle unter einem Dach: Peter sichert Doug am wohl exponiertesten Standplatz in der »Salathé«.

Am Morgen des vierten Tages wussten beide: »Heute müssen wir den Gipfel erreichen.« Proviant und Wasser neigten sich dem Ende zu. Während Habeler unter dem Dach an windigen Winkelhaken und Bongs hing, die in wenig vertrauenerweckenden Placements steckten, wurde Scott beim Weiterklettern mit jeder soliden Sicherung wohler. Unter ihm tat sich eine Tiefe auf, wie er sie noch nie erlebt hatte. »Im Dach sah ich bald senkrecht auf die Bäume hinunter, jetzt 750 Meter unter mir. Ich war noch nie so exponiert gewesen und fand es trotz all der vorherigen Überhänge, die ich in Großbritannien und den Dolomiten geklettert bin, ziemlich beängstigend.« Er überwältigte das Dach, und Peter schlich durch den nächsten Riss. Es sei ihm ein Rätsel gewesen, dass er sich nach drei Biwaks besser fühlte als am Anfang der Tour, erzählt Peter. »Langsam hatten wir diese Nagelei und das überhängende Gelände aber satt und wollten so schnell wie möglich ein Ende herbeiführen.« Am späten Nachmittag des vierten Tages stiegen sie aus der Wand und gingen in den Wald hinein wie Seeleute, die nach Wochen am Ozean an Land gingen. Im Abstieg mussten sie noch ein viertes Biwak in Kauf nehmen. Sie hatten sich verirrt.

Die Freundschaft zu Doug Scott riss nach der »Salathé« nicht mehr ab. Der Brite wurde 2011 für sein Lebenswerk mit dem Piolet d'Or ausgezeichnet, dem »Oscar der Bergsteigerszene«. Alleine in die hohen Berge Asiens unternahm Doug Scott 45 Expeditionen. Dabei stand er auf 40 Gipfeln – fast alle waren entweder Erstbesteigungen, Erstbegehungen neuer Routen oder erste Durchstiege im Alpinstil. Der Erfolg am 7285 Meter hohen Ogre – der Name bedeutet »Menschenfresser« – mit seinem Freund Chris Bonington war mit einem tagelangen Abstiegsmartyrium verbunden, da sich Scott beide Beine brach und sich mithilfe seiner Partner zurück ins Basislager kämpfte. Danach bissen sich 20 Expeditionen am Ogre die Zähne aus. Erst 2001 war ein zweites Team erfolgreich – eines rund um Alexander Huber. Habeler schätzt an Doug Scott auch sein karitatives Engagement. Er setzte sich mit Hilfsprojekten stark für die Träger und die Bevölkerung am Fuße der weltgrößten Berge ein. Fast alle Jahre trafen sie einander wieder – bis 2020. Doug Scott starb im Alter von 79 Jahren.

Die Jahre in Amerika prägten nicht nur Habelers Kletterei zwischen Kaiser und Karwendel, sondern auch seine Sprache. Liebend gerne verwendet er heute noch Anglizismen mit einer Selbstverständlichkeit, wie sie selbst Englischlehrer erblassen ließe. Den größten Impact bei der Kletterei brachten die importierten soliden Stahlhaken von Yvon Chouinard und seine »Yosemite-Patschen«. Dies waren die ersten Reibungskletterschuhe, die Habeler besaß. Und mit denen er unterwegs im Wilden Kaiser erst ein paar spöttische Kommentare diverser Seilpartner erntete: »Habeler, gehst jetzt tanzen?« Er nahm das Gerede gelassen hin. »Ich war in den folgenden Jahren in der Kletterform meines Lebens: Ich hatte sehr viel von amerikanischen Bergsteigern und beim Big-Wall-Klettern gelernt. Und dazu noch viel mehr Kraft, Sicherheit und Unbekümmertheit gewonnen. Das und die neuartige Ausrüstung eröffneten für mich neue Perspektiven.«

Einen Menschen gab es aber, der damals schon erahnen konnte, wo dieser Tanz hinführen würde.

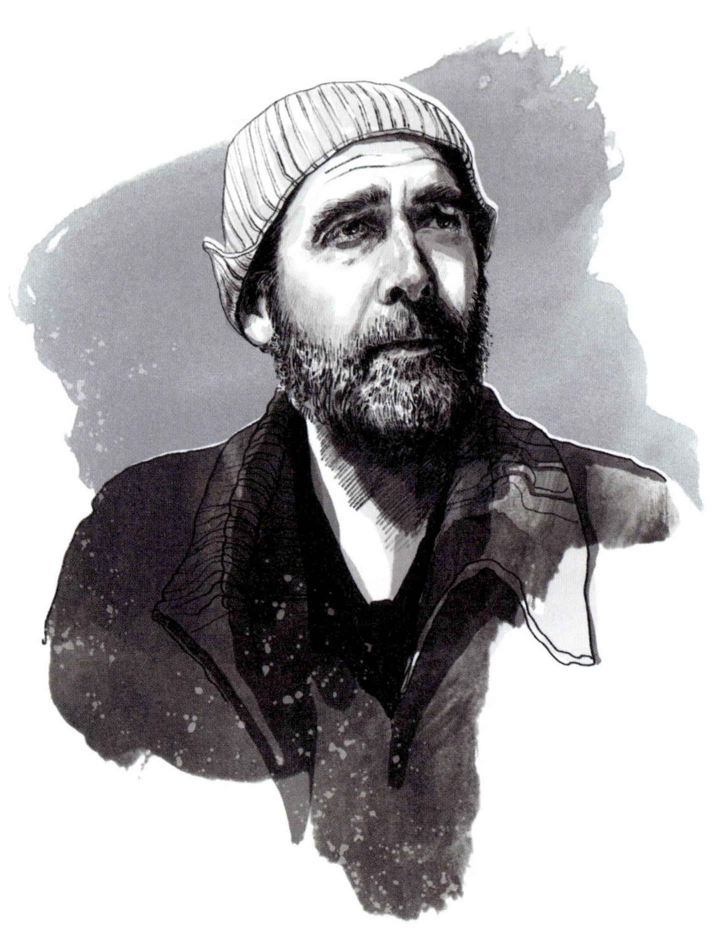

Mathias Rebitsch

Das Vorbild mit der großen Vorahnung

Die Entstehung einer Vision

Eine Big Wall an unbeantworteter Post schob Hias Rebitsch mit Leichtigkeit beiseite, damit wieder Platz war für seine fast vergessene Leidenschaft: das Klettern. Und den Antwortbrief an Peter Habeler. Kaum jemand zeigte sich so begeistert von Peters Erzählungen über die »USA-Superwände«, so nannte er sie, wie Hias. Ganz hatte man eine solch extreme Big-Wall-Kletterei eines Österreichers ja nicht für möglich gehalten. Mit »man« meinte Rebitsch vor allem Fritz Wiessner, der als Kind vom Elbsandsteingebirge und als Freikletterer schwierigster Routen nach Amerika ausgewandert war. Wiessner vertrat laut Rebitsch die Meinung, dass die USA-Spitzenkletterer rund um Royal Robbins »durch modernste und spezielle Trainingsmethoden so hochgezüchtet seien, dass ihr technisches Können und ihre Härte von unseren Felsgehern einfach nicht erreicht werden könne.« Das wurmte Rebitsch, weil man auch zu seiner Zeit die Exoten immer für besser gehalten habe, schrieb er. Er wollte wissen, wie die Wahrheit aussah. Umso mehr freute es ihn, dass Habeler so etwas wie die Probe aufs Exempel statuierte. Rebitsch schrieb weiter in diesem Brief vom 31. Mai 1970: »Dich und Reinhold halte ich ja für unsere allerbesten Geher – Weltspitzenklasse. So freue ich mich narrisch über deine Erfolge und deine weiteren Feststellungen, die nun endlich einmal einen gültigen Maßstab darstellen. Hoffentlich erfährt Wiessner von deinen Begehungen.«

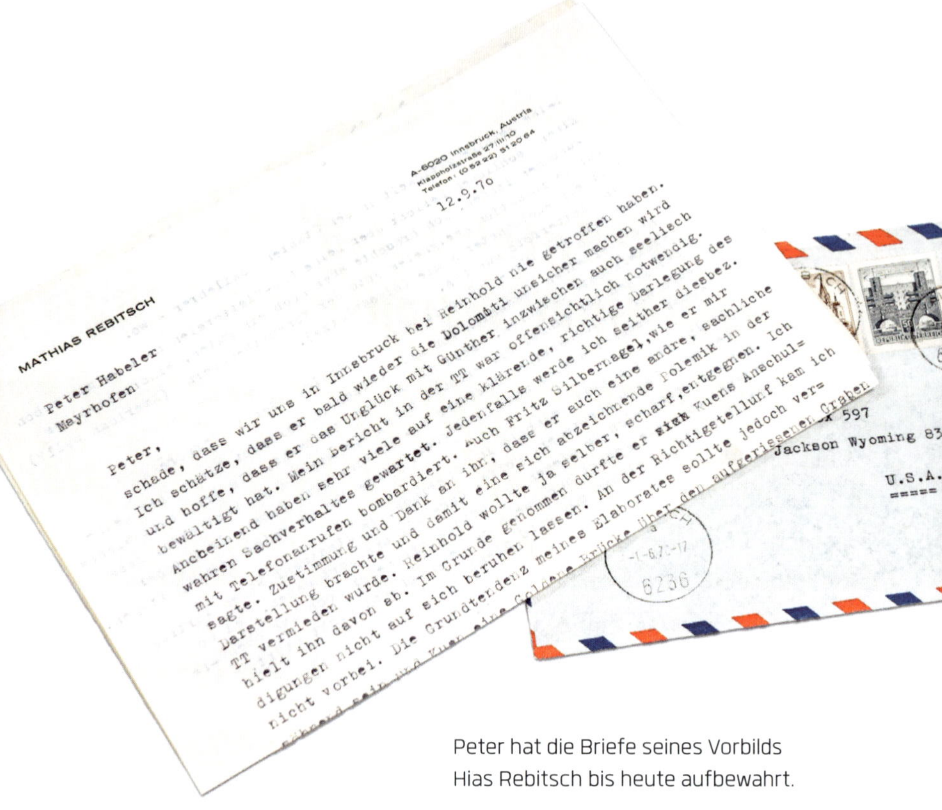

MATHIAS REBITSCH

A-6020 Innsbruck, Austria
Klappholzstraße 27/III/10
Telefon: (0 52 22) 31 20 64

12.9.70

Peter Habeler
Meyrhofen

Peter,

schade, dass wir uns in Innsbruck bei Reinhold nie getroffen haben. Ich schätze, dass er bald wieder die **Dolomiti** unsicher machen wird und hoffe, dass er das Unglück mit Günther inzwischen auch seelisch bewältigt hat. Mein Bericht in der TT war offensichtlich notwendig. Anscheinend haben sehr viele auf eine klärende, richtige Darlegung des wahren Sachverhaltes **gewartet**. Jedenfalls werde ich seither diesbez. mit Telefonanrufen bombardiert. Auch Fritz Silbernagel, wie er mir sagte. Zustimmung und Dank an ihn, dass er auch eine andre, sachliche Darstellung brachte und damit eine sich abzeichnende Polemik in der TT vermieden wurde. Reinhold wollte ja selber, scharf, entgegnen. Ich hielt ihn davon ab. Im Grunde genommen durfte er ~~sich~~ Kuens Anschul=digungen nicht auf sich beruhen lassen. An der Richtigstellung kam ich nicht vorbei. Die Grundtendenz meines Elaborates sollte jedoch ver= … Brücke über den aufgerissenen Graben

Peter hat die Briefe seines Vorbilds Hias Rebitsch bis heute aufbewahrt.

Als Rebitsch diese zwei Seiten auf seiner Schreibmaschine in der Klappholzstraße in Innsbruck tippte, hatte er bereits 58 Jahre mit Klettern, Krieg und Krankheiten erlebt. In den 1930ern und 40ern galt er selbst als Pionier der Freikletterei und hinterließ viele Neutouren im Rofan, im Wilden Kaiser und Karwendel. Rebitsch erreichte in dieser Zeit bereits den siebten Schwierigkeitsgrad – den es offiziell erst seit 1977 gibt. Selbst durch die ehrfürchtige Laliderer-Nordwand suchte er sich neue Wege. Habeler schätzt seine Erstbegehungen. Als einen von Dutzenden Tourenbuch-Einträgen über Rebitschs Routen schrieb Habeler diese Zeilen über den »Rebitschweg« auf der Nordseite im Rofanstock nieder. Er war dort im Juni 1968 zusammen mit Andi Schlick unterwegs gewesen und hellauf begeistert.

Aus dem Tourenbuch:

Wieder eine von Hias V+ Touren, die heute mit VI bewertet würde. Sehr interessante Führe mit einigen saftigen Freikletterstellen. Rebitsch war wohl ein kleines Klettergenie und ich bewundere seine Touren.

»Wenn ich auch jahrelang kaum über Haken und Griffe gesprochen hab, ich häng doch wie eh und je an der Kletterei. Zu schade, dass ich da nicht mehr mittun kann«, schrieb Hias weiter in seinem Brief an Peter. »Nach dem Krieg, als ich schon gegen die Vierzig ging, aber noch immer in Hochform war (Fleischbankpfeiler), hauten mich ein Beinbruch und eine Wirbelsäulenfraktur, mit bleibenden Folgen, um. Dazwischen Schädelbruch (Motorrad), Rippenbrüche, Nierensteinoperation usw. – immer vor der Abreise zu einer Expedition.« Dazu kamen über zehn Jahre hinweg schmerzhafte Gelenksentzündungen. Zeitweilig konnte er nicht einmal mehr gehen und schreiben. Auf Anraten eines Doktors ließ sich Rebitsch 13 Zähne reißen als vermutliche Urheber der Beschwerden. Diese verschwanden daraufhin fast komplett. »Hätt ich doch die Zahnderln schon 1965 ziehen lassen«, schrieb er, »so wurden es fünf verlorene Jahre, die entscheidenden in meinem Leben. Ich war wie innerlich vergiftet.«

»Schluss mit der Jeremiade«, fuhr er fort, »so viel hab ich noch nie darüber geschrieben oder gesprochen. Hab es immer für mich behalten.«

Der Ursprung dieser besonderen Brieffreundschaft liegt am Fuße der Rofanspitze-Ostwand, drei Jahre zuvor. Habeler, damals 25 Jahre alt, saß am Wandfuß, als sich ihm zwei ältere

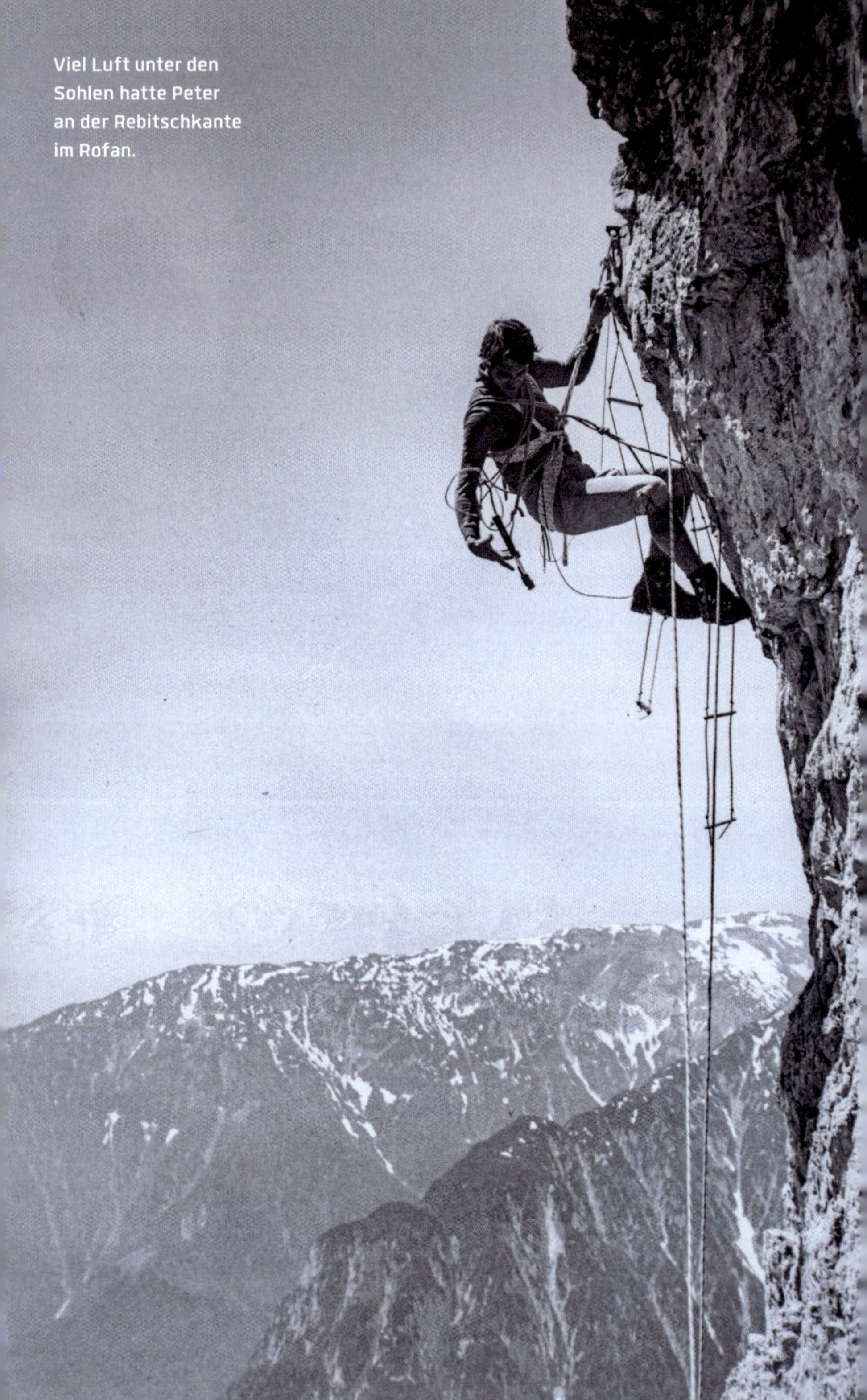

Viel Luft unter den Sohlen hatte Peter an der Rebitschkante im Rofan.

Herren näherten. »Du bisch der Habeler«, sprach einer von ihnen. »Und du bisch der Hias«, erwiderte Habeler erfreut. Nach kurzer Plauderei – Peter mochte gleich die Art, wie Hias hintergründige, humorige Geschichten erzählte und mit etwas Zynismus verfeinerte – beschlossen die beiden, gemeinsam ins »Ostwandl« einzusteigen, ein schöner Anstieg mit ein paar Dreier-Stellen. Rudi Olbrich aus Schwaz, Rebitschs bester Freund, wanderte einstweilen weiter und gönnte ihnen den Felskontakt. Rebitsch kam immer wieder zurück ins Rofangebirge, wo seine Kletterei ihren Anfang genommen hatte. Kletterausrüstung hatte er mittlerweile keine mehr dabei. Hias band das Seil einfach um den Bauch, behielt seine weißen Tennisschuhe an, woraufhin sich Peter geniert hätte, sein eigenes Schuhwerk auf die neuen Kletterpatschen zu wechseln – und los ging's. Ohne Moment der Unsicherheit, behänd, wie es nicht nur für sein Alter außergewöhnlich war: Habeler hatte eine Riesenfreude, Rebitsch zuzuschauen. »Wer in meiner Generation hatte schon dieses Glück, einmal mit Hias Rebitsch am Fels unterwegs zu sein?«, sinnierte er leise, als sie nach einer guten Stunde oberhalb des Ausstiegs im Gras Platz nahmen. Rebitsch fragte laut: »Sag Peda, ist dir nix aufgefallen wegen meine Tennispatschen?« Da bemerkte Habeler erst, was er meinte: Der Gummi seiner Sohlen hatte sich während des Kletterns völlig abgelöst. »Da war ich doppelt froh, dass ich meine neuen Kletterschuhe im Rucksack gelassen hab.«

Sein Entdeckergeist trieb Mathias Rebitsch schon früh über die Tiroler Landesgrenzen hinaus. Einen hohen Bekanntheitsgrad erlangte der damals 26-Jährige mit einem Versuch, der nicht in einem Durchstieg, sondern auf andere Weise ein erfolgreiches Ende fand: ein Rückzug aus der Eiger-Nordwand, 1937 noch eine Sensation. Zusammen mit Ludwig Vörg war Rebitsch bereits über das »Todesbiwak« hinausgeklettert. Ein dramatischer Wettersturz zwang sie zur Umkehr. Nach mehr als 100 Stunden kamen die beiden als erste Seilschaft wieder lebend aus der Mordswand zurück.

Ein paar Tage vor diesem Versuch waren sie schon einmal aufgebrochen. Am Wandfuß fanden sie einen leblosen Körper, jenen von Andreas Hinterstoißer. Anstatt in die Nordwand einzusteigen, bargen sie den Leichnam. »Das hatte Hias schon sehr nachdenklich gemacht«, erzählt Habeler. Für ihn stellt Rebitschs Versuch ein wichtiges Puzzlestück für den Erfolg der Erstdurchsteigung dar, die Anderl Heckmair, Ludwig Vörg, Heinrich Harrer und Fritz Kasparek ein Jahr später gelang. Rebitsch selbst war nicht dabei. Stattdessen nahm er die Möglichkeit einer Expedition zum Nanga Parbat wahr. Dort kam er bis zum Silbersattel auf 7400 Meter hinauf.

Es sollte nicht unerwähnt bleiben, so unumstritten seine Verdienste im Alpinismus auch waren: Politisch war Mathias Rebitsch deutlich national eingestellt, 1932 wurde er Mitglied der NSDAP. »Schon in jungen Jahren beschäftigte sich Hias Rebitsch mit Politik und geriet fast zwangsläufig in den Strudel der damaligen innenpolitischen Auseinandersetzungen«, schrieb Wolfgang Rebitsch, Hias' Neffe, im Vorwort des Buches *Der Berg ist nicht alles*. Sein Onkel trat während der Schulzeit dem deutschnationalen Real Alpen Club bei und sei gegen die radikale NS-Ideologie nicht immun gewesen. Man müsse davon ausgehen, dass einige aufgemalte Hakenkreuze an unzugänglichen Felswänden das Werk Rebitschs waren. Laut seinem Neffen eckte der unabhängige Geist Rebitschs aber auch im Nationalsozialis-

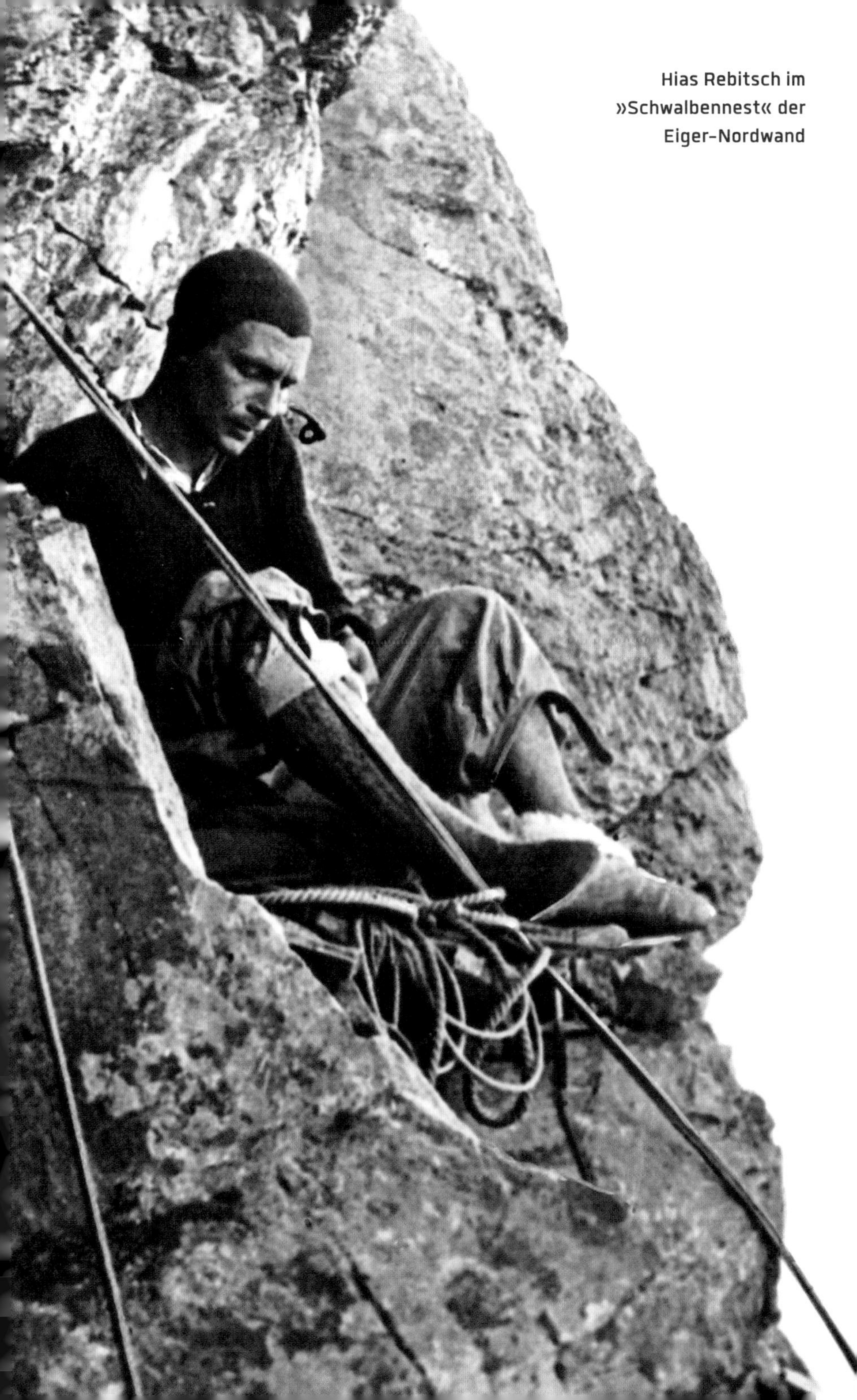

Hias Rebitsch im
»Schwalbennest« der
Eiger-Nordwand

mus an: Schon bei den Anschlussfeiern 1938 habe ein SS-Führer Hias Rebitsch wegen kritischer Äußerungen verhaften wollen.

In einem Wehrmachtszug im Zweiten Weltkrieg kam Rebitsch nach Skandinavien. Er war der Gebirgsdivision an der Eismeerfront unter Fritz Ebster zugeteilt, dem späteren Alpenvereinskartografen. Ein Lungenschuss hätte Rebitsch im Krieg beinahe das Leben gekostet. Gestorben ist er allerdings erst mit 79 Jahren in Innsbruck.

Bei politischen Diskussionen spürten seine Wegbegleiter bis an sein Lebensende einen kritischen Geist. In Briefen an seine Freunde finden sich auch zahlreiche Anmerkungen, in denen Rebitsch seine tiefe Besorgnis über die Bedrohung durch den Kalten Krieg äußerte. Er dachte mögliche Auswege an und sah Deutschland schon als Schlachtfeld eines »heißen« Krieges, den er befürchtete.

Von den Niederungen der Machtpolitik wanderten Rebitschs Gedanken nach dem Zweiten Weltkrieg viel lieber wieder in höhere Sphären, er begann, Frühgeschichte an der Universität Innsbruck zu studieren. Besonders zogen ihn unerklärliche Phänomene an. Eine Expedition führte ihn in den Karakorum zum Volk der Hunza, um mehr über die bemerkenswerte Gesundheit der Bewohner des Hunzatals zu erfahren. Einmal reiste er zu den geheimnisvollen Nazca-Linien in Peru. Vor allem aber interessierten Rebitsch die rätselhaften Inkabauten auf hohen Andengipfeln. Spätestens dort wurde er zu einem anerkannten Forscher und Höhenarchäologen.

Rebitsch bewies, dass bereits Jahrhunderte vor dem Alpinismus Indios als Sonnenanbeter auf über 6000 Meter hohe

Andengipfel vorstießen. Er fand Artefakte und beschrieb seine Forschungsreise in seinem Buch *Die silbernen Götter des Cerro Gallan.* »Es ist ein sehr kräfteverschleißendes und nervlich zermürbendes Sich-Hinaufraufen über das fortwährend unter den Füßen abrutschende, lockere Lavageröll der Steilflanken – ohne Träger, mit Rucksäcken, die 25 Kilogramm wogen, manchmal auch mehr.« Die Ausgrabungsarbeiten brachten ihn hart an die Grenze des Zusammenbruchs: Höhenkrank kämpfte er gegen Kälte und Stürme. »Dagegen verblassen die Anforderungen an seelischer und auch physischer Kraft, die bei extremsten Klettereien in der Eigernordwand, am Nanga Parbat und im Karakorum an mich gestellt worden sind.«

1958 und 1961 unternahm Rebitsch seine Forschungsreisen zum Llullaillaco, dem mit 6739 Metern höchsten unvergletscherten Gipfel der Welt – inmitten der Atacamawüste gelegen zwischen Chile und Argentinien. Rebitsch war sich sicher, Opferplätze und bedeutende Kultstätten entdeckt zu haben, und entwickelte die Theorie, dass in diesen Höhen Menschenopfer in eigenen Sonnenkultstätten dargebracht wurden. 1999 fand schließlich ein Expeditionsteam der American Geographic Society nur wenige Meter von Rebitschs Ausgrabungsstellen entfernt drei gut erhaltene, tiefgefrorene Kindermumien mit zahlreichen Grabbeigaben. Rebitsch war ganz nahe am krönenden Abschluss seiner Forschungen gewesen.

Rebitsch selbst war es immer lieber, wenn er kein Aufsehen um seine Person hatte. Nie war er ein guter Vermarkter gewesen und ging lächelnd über Gerüchte hinweg, er hätte in den andinen Höhen Inkaschätze geborgen und für sich behalten. Ein

Erbteil von seinen Eltern am Sägewerk in Brixlegg sicherte ihm das Auskommen, ergänzt um die Honorare von Zeitungsartikeln und Vortragsreisen. Über Peters Leistungen an den amerikanischen Big Walls beispielsweise berichtete er in der Tiroler Tageszeitung.

Rebitsch bedauerte es in seinem Brief, dass Peter nicht an der Nanga-Parbat-Expedition 1970 teilnahm, die zu diesem Zeitpunkt noch im Gange war. »Wenn es bloß wegen der Finanzierung war, da hätte ich für dich vielleicht schon entsprechende Kanäle gefunden«, schrieb er. »In eigener Sache bin ich diesbezüglich eine völlige Niete und hab Hemmungen. Für andere wäre ich aber ein ›gerissener Hund‹.« Gelegen hätte es neben dem Geld auch an einer Beziehung, warum eine Expedition in den Himalaja noch länger auf sich warten ließ. »Nach Amerika wollte ich auch unsere Wohnung einrichten«, denkt Habeler zurück. Es war ja immer noch die kleine selbe Wohnung, in die er mit 16 Jahren gezogen war.

Peter Habeler fand mit Hias Rebitsch nicht nur einen Freund, sondern auch einen Fürsprecher. Hias konnte es sich nicht verkneifen, ihn dem bekannten Expeditionsleiter Norman G. Dyrenfurth vorzuschlagen. In der Planung der Mount-Everest-Südwand-Expedition bat Dyrenfurth beim Alpenvereins-Referat für Expeditionswesen um Unterstützung – eine Funktion, die Rebitsch bekleidete. In der Antwort auf Dyrenfurths Ansuchen machte Hias auf Peter und Reinhold aufmerksam, »zwei überragende Bergsteiger, die zur absoluten Weltspitzenklasse gehören und von einer unglaublich weitgehenden Unempfindlichkeit gegen die Einwirkung der Höhenkrankheit sind«. Sie würden »unsere dem Können nach beste und härteste Seilschaft« bilden, schrieb Rebitsch, und er verwies auf die 1300 Meter hohe Eis-Ostwand des Yerupaja (6635 Meter), die sie im Vorjahr »in unwahrscheinlich kurzer Zeit durchstiegen, im Auf- und Abstieg, in einem Zuge, als ob sie in den Ostalpen kletterten«.

Noch eines fügte Rebitsch an: »Sie werden lächeln, wenn ich sage, dass ich es unter Umständen für möglich halte, dass Habeler und Messner den Everest ohne Sauerstoffgeräte ersteigen würden!? Jedenfalls aber könnten die beiden durch ihre überragende Leistungsfähigkeit besonders beim Gipfelangriff entscheidend zum Gelingen beitragen.«

Das war 1970 und damit acht Jahre, bevor Messner und Habeler gemeinsam zur Mount-Everest-Expedition aufbrechen würden. Ob das damals wirklich schon Thema gewesen sein kann? »Wenn man in den Alpen über die Achttausender sprach, dachte man eben, was das Ultimative wäre. Und das war ›Everest ohne Sauerstoff‹«, sagt Habeler. »Rebitsch hat uns gekannt und beobachtet. Er wusste, dass wir frech und schnell waren und Neues wagten. Er hat mich einfach gelesen.« Wenn es ihm einer wie Hias Rebitsch schwarz auf weiß zutraute, dann konnte er auch selbst beginnen, daran zu glauben.

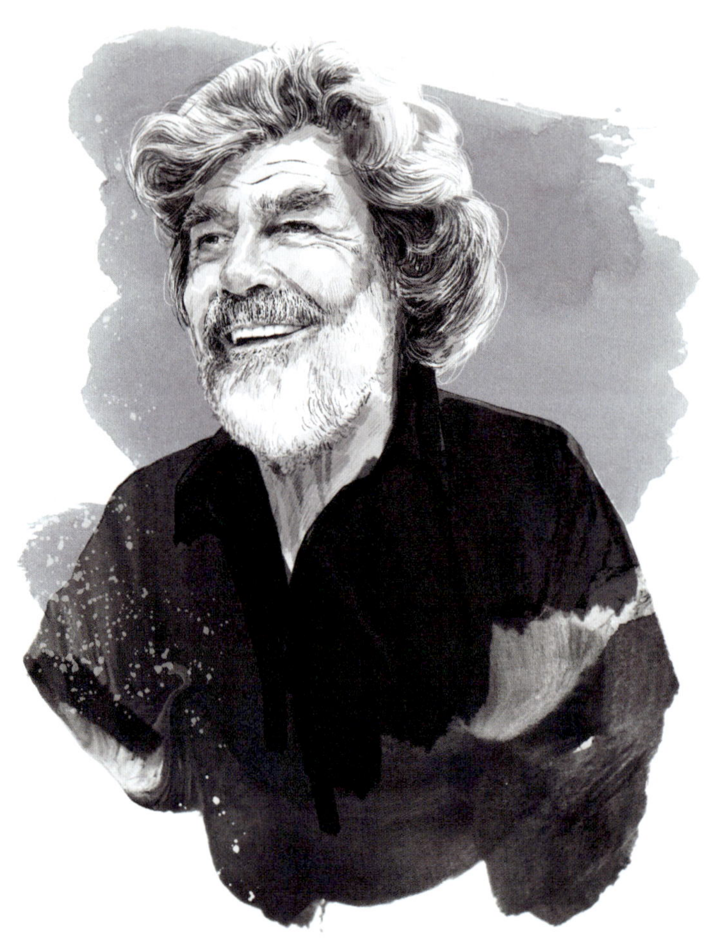

Reinhold Messner

Der Grenzgänger, mit dem es kein »Unmöglich« gab

Zwei zwischen Genie und Wahnsinn

Selbst die bemerkenswertesten Geschichten fangen manchmal mit einem unbemerkten Fehler an. In seinem Tourenbuch notierte Peter Habeler einen gewissen »Reiner Messner«, als sich ihre Wege bei Cortina d'Ampezzo erstmals kreuzten. Zwei Wochen später aber war er schon der Reinhold. Am 7. März 1966 war die Premiere ihrer Seilpartnerschaft eine ordentliche Feuertaufe: der verwegene Versuch der Bonatti-Route in der Matterhorn-Nordwand. Wo sonst als in solchen Extremsituationen könnte man einen Menschen besser kennenlernen? Schon bald wurde Reinhold Messner jener Partner, der in Habelers Tourenbüchern besonders viel Raum erhielt. Nicht, weil sie ab nun jeden freien Tag mit gemeinsamen vertikalen Abenteuern gefüllt hätten. Nicht, weil sich hier ähnliche Charaktere getroffen hätten. Zwischen ihren Wohnorten lag immerhin der Alpenhauptkamm und zwischen ihren Zugängen Welten. Hier Mayrhofen im Zillertal und ein Pragmatiker, dort Villnöß in Südtirol und ein Philosoph. Vielmehr trafen sich hier zwei, die gemeinsam so viel mehr verwirklichen konnten, als damals überhaupt denkbar war. Jeder Einzelne extrem und begnadet – aber eins plus eins ergab bei diesen beiden viel mehr als zwei. Jeder wusste für sich: Das wird nicht mein Partner für alle mögliche Touren, sondern der für die unmöglichen. Horst Fankhauser, der bis dahin sehr oft das Seil mit Habeler teilte, konnte schon nach den ersten »Dates« beobachten: Da hat's gefunkt. »Ab diesem Zeitpunkt haben sich unsere Wege mehr oder weniger getrennt. Da haben sich einfach die zwei Rennpferde gefunden«, erzählt der Zillertaler, den es schon bald ins Stubaital ziehen sollte.

1966 ist somit auch das »Geburtsjahr« zweier Brüder, die nicht unbedingt das Interesse am privaten Leben des anderen verband, dafür aber umso mehr das Seil und eine spannungsgeladene Vorstellung vom Klettern. Für die Medien waren sie schon bald die »terrible twins«. Sie hätten den »kalkulierten Irrwitz zum Prinzip ihres Bergsteigens erhoben«, so *Der Spiegel*. Je dünner die Luft, umso dicker wurden die Schlagzeilen. Dass der Versuch der Bonatti-Route am Matterhorn die allererste Tour der »schrecklichen Zwillinge« gewesen war, zeigte schon: In ihren Köpfen wird nicht klein gedacht. Dort kann Großes entstehen.

»Der Reinhold hat immer schon größer gedacht, im wahrsten Wortsinn höher und weiter«, sagt Habeler. »Das tun nicht alle Leute«, fügt er an, auch er selbst habe das nicht immer getan. Am Berg zwar schon, aber nicht im Leben. Der Lebenslauf von Reinhold Messner ist einer, den Habeler hoch anerkennt – denn eigentlich seien das sieben Leben – sagt Peter –, die er gekonnt in eines gepackt hat: als Bergsteiger und Abenteurer, als Vortragender und Impulsgeber, als Buch- und Filmemacher, als Bergbauer und Selbstversorger, als Politiker, als Museumsgestalter und als Schlossherr. »Und ich habe nur ein Leben – als Bergsteiger«, merkt Habeler an. »Reinhold traut sich einfach an scheinbar Unmögliches heran.« Das habe er sich auch Anfang des Jahres 2022 gedacht, als sie wieder einmal bei einer Ehrung zusammenkamen. »Immer noch hat er Pläne und wird einfach nicht müde«, sagt Habeler. Messner war in Begleitung seiner um 35 Jahre jüngeren Ehefrau Diane. Auf seine kecke Anmerkung,

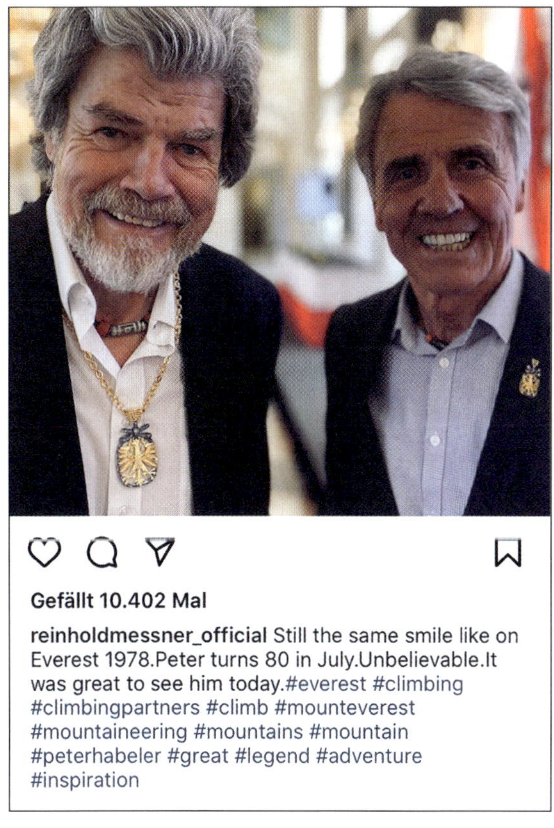

Das Gipfelfoto von damals, ein Instagram-Bild von heute

dass junge Frauen anders ticken, antwortete Habeler mit einem breiten Grinsen: »Wem sagst du das, ich weiß das schon länger.«

Die gegenseitige Hochachtung ist geblieben, auch wenn sich ihre Wege nach dem Mount Everest als Seilpartner trennten. Ihre gemeinsamen Erlebnisse verbinden sie noch heute stark – zu wichtig die Rolle, die jeder im Leben des anderen spielte. »Ohne Peter«, sagte Messner einmal in einem Interview, »wäre ich nicht geworden, was ich geworden bin.«

Wann Habeler das erste Mal bemerkt hatte, dass mit Messner bisher für unmöglich Gehaltenes möglich sein könnte? »Spätestens am Yerupaja in Südamerika«, denkt Peter zurück. 1969 lud sie Otti Wiedmann zu einer Jubiläums-Expedition des Alpenvereins Innsbruck ein: einer Reise zu den Sechstausendern in den Anden. Reinhold Messner sprang drei Tage vor Abflug für Kurt Schoißwohl ein, der als Lehrer nicht vom Unterricht freigestellt wurde. Messner hingegen fackelte nicht lange und ließ seine Mechanik-Prüfung an der Universität von Padua sausen. In den Anden sollte er viel mehr fürs Leben lernen. Habeler, damals 27 Jahre alt, und Messner, 25, sammelten ihre ersten Expeditionserfahrungen. Sie tauchten ein in eine neue Dimension des Bergsteigens, wo sie nicht nur für Tage, sondern Wochen unterwegs waren, in einer anderen Kultur, auf einem anderen Kontinent, auf höheren Gipfeln, in noch steileren Flanken. Ihr Expeditionsziel: die Ostwand des Yerupaja Grande, eine der steilsten Eiswände in der Cordillera Huayhuash.

Habeler und Messner durchstiegen die 1300 Meter hohe Ostwand in Gipfelfalllinie nach Tagen der Vorbereitung in einem einzigen ambitionierten Aufstieg. Von Mitternacht bis Mitternacht waren sie unterwegs. Den Anspruch auf den 6635 Meter hohen Gipfel des Yerupaja verwarfen sie nur wenige Meter darunter. Der Gipfelaufbau von links entpuppte sich als senkrechter Schutt und schwimmender Schnee, und für die rechte lösbare Variante

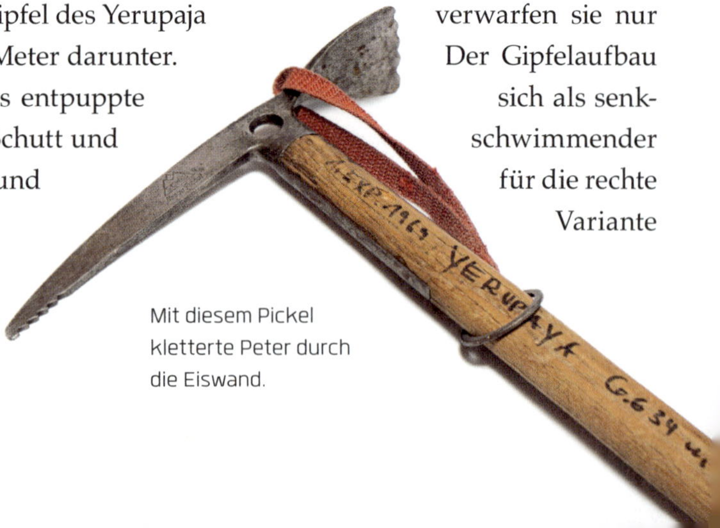

Mit diesem Pickel kletterte Peter durch die Eiswand.

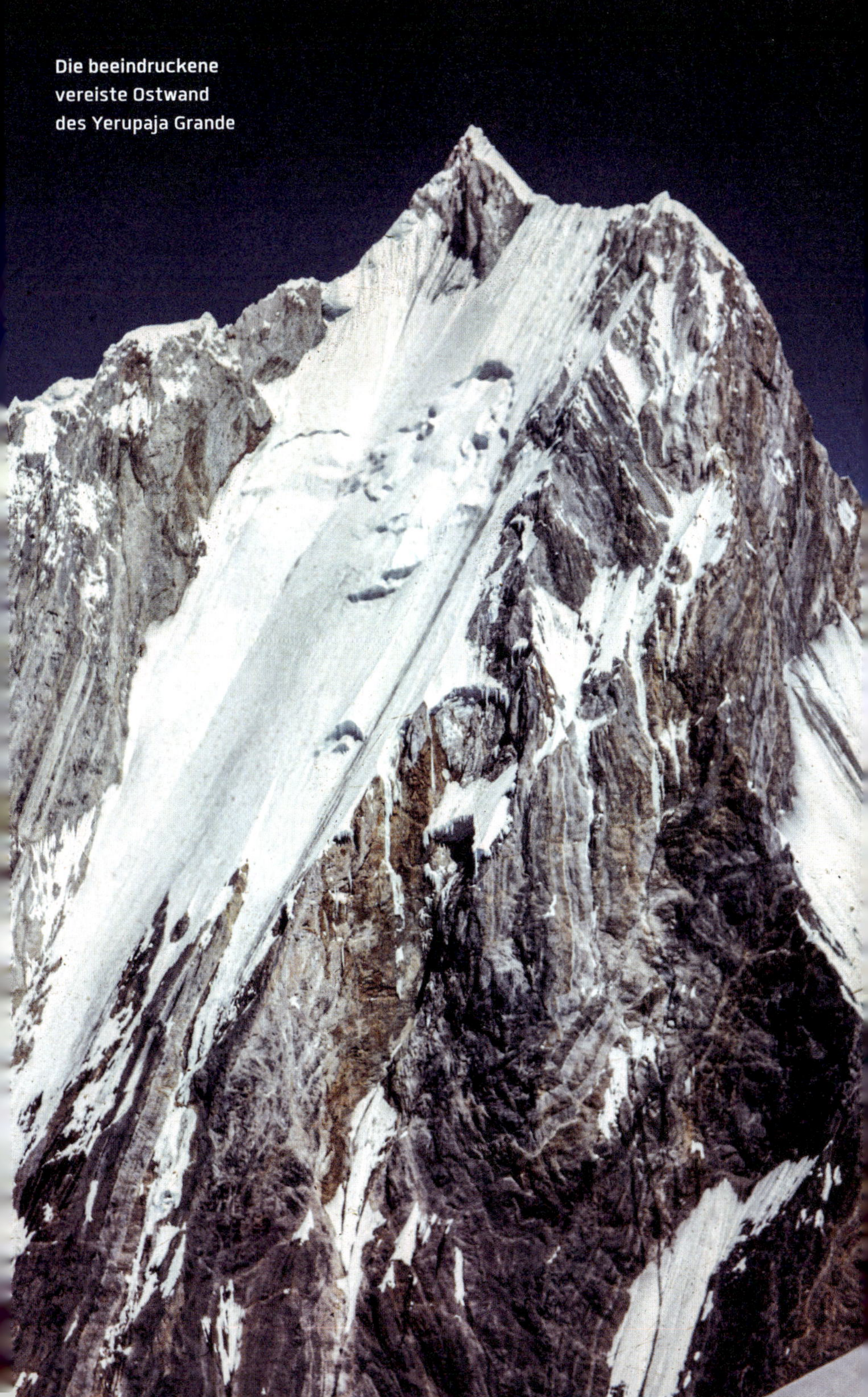

Die beeindruckene
vereiste Ostwand
des Yerupaja Grande

reichte die Zeit nicht mehr aus. Hinter ihrem straffen Zeitplan steckte Kalkül: Wenn sie die Sonne in der Wand zu früh erwischte – und das geschieht in Ostwänden sehr früh –, würden sie einem Beschuss von Eisbrocken und Steinen schutzlos ausgeliefert sein. Als die Nachmittagssonne hinter dem Pfeiler verschwand, begannen sie mit ihrem Abstieg über die steile Eisflanke. Immer ruhiger wurde es in der Wand mit den sinkenden Temperaturen. Wenige Tage später erreichten der Blasl-Sepp und Egon Wurm den Gipfel des Yerupaja Grande. Sie waren mit mehreren Biwaks über den schwierigen Südostpfeiler aufgestiegen. »Das war das Extremste und Gefährlichste, was ich in meinem Leben unternommen hab«, sagte Mayerl später, angefrorene Zehen inklusive.

Als »light and fast« würde man heute bezeichnen, was Peter Habeler und Reinhold Messner schon damals zur Perfektion brachten. Sie wurden zu Meistern der Reduktion. Ihre Ausrüstung, ihre Gedanken, ihr Umfeld, all die beeinflussbaren Faktoren beschränkten sie auf ein Minimum und kamen damit viel schneller voran als alle vor ihnen und die meisten nach ihnen. »Wenn ich ganz wenige Male in meinem Leben mehr als 20 Kilogramm getragen habe, war das viel«, erinnert sich Peter, »sogar die polnischen Frauen hatten immer schwerere Rucksäcke als wir.« Was aber machte sie so souverän? Die wichtigste »Ausrüstung« für ihre schnellen Schritte ins Ungewisse sei das blinde Vertrauen zueinander gewesen, ist Peter überzeugt: »Immer, wenn Reinhold vorgestiegen ist, konnte ich mich ausrasten und mich hundertprozentig auf ihn verlassen. Ich hab einfach gewusst: Den Reinhold haut es nicht herunter«, beschreibt Peter. Ein Wechselspiel: So konnte er in der nächsten Seillänge wieder erholt und gleichzeitig befreit drauflosklettern, weil er auch wusste, dass ihn Reinhold im Falle eines Sturzes halten würde. Bei aller Leichtigkeit im Rucksack durfte im Deckelfach aber eines nicht fehlen: eine Portion Frechheit. »Man muss nicht immer alles wissen«, sagt Habeler. »Man muss sich auch nicht immer alles vorstellen können. Manchmal muss man sich einfach etwas trauen.«

Die Seilschaft mit Messner war über viele Jahre so etwas wie seine Idealvorstellung. »Natürlich verschlossen wir nicht die Augen vor den Gefahren, aber wir wussten einfach, was wir konnten.« So konnte manchmal schon ein einziges Lächeln Wunder wirken. Das beschreibt Messner in seinem Buch *Die Freiheit, aufzubrechen, wohin ich will* an einer Stelle in der Dhaulagiri-Südwand: »Das Lächeln Peters gab mir Mut. Ich war ihm für jedes Wort dankbar. Wenn ich am brüchigen, vereisten Fels in der steilen Wand nach einem Weiterweg suchte, schaute ich zu ihm. So, als ob ich eine Bestätigung für diesen Irrsinn brauchte.«

Für Reinhold sei Peter auch einer, der den Berg nicht verkompliziere, sondern die Essenz des einfachen Bergsteigens verkörpere. Was der Zillertaler am Berg schon gar nicht mag, ist »etwas zerreden«. Deswegen war er nie ein Freund von großen Expeditionen, die Entscheidungen verlangsamen und Unternehmen kompliziert machen. »Es bilden sich dann Grüppchen, weil es verschiedene Interessen gibt. Der eine sagt: Machen wir so. Der andere sagt: Machen wir nicht so. Der dritte will heim, und der vierte weiß gar nicht, was er will. Das Beste ist und bleibt das Zweierteam, die Kleinstexpedition ist für mich das Maß der Dinge«, unterstreicht Habeler. Man dürfe auch eines nicht vergessen: »Der Neid ist ein Luder. Der Neid, dass ein anderer etwas besser machen könnte. Bei großen Mannschaften hat's aus diesem Grund immer wieder Krach gegeben.«

In den heimischen Bergen zog Habeler deswegen auch immer wieder gerne alleine los und war selbst am Fels nicht ungern Solist. Vor allem im Karwendel und im Wilden Kaiser unternahm er viele Solobegehungen. Dabei sicherte er sich selbst in schwierigen Passagen und kletterte die Seillängen – je nach Methode – zwei- oder dreimal. Eines seiner kühnsten Solos führte ihn zum Schmuck-Kamin in die Fleischbank-Ostwand, die damals wohl schwierigste und gefürchtetste Freikletterroute im Wilden Kaiser laut Habeler. Geschärft hat das auch seinen Instinkt. Des Öfteren beschreibt Reinhold Peters geniale Ader, was das Klettern und Bergsteigen betrifft: »Weil er sehr früh damit angefangen hat, auch im Alleingang und selbstständig, und dann hinausgewachsen ist in die Welt.« Den ersten Schritt hinaus in die Welt hatten sie gemeinsam gemacht – am Yerupaja Grande.

Nach der erfolgreichen Südamerika-Expedition trudelten mit der Post bald die nächsten Expeditions-Einladungen ein, zuerst jene auf den Nanga Parbat. Messner nahm sie an, Habeler nicht. Es sollte bis 1975 dauern, bis sie wieder gemeinsam zu einer Expedition aufbrechen würden. In der Zwischenzeit wurde es jedoch keineswegs still um ihre Seilschaft. Am lautesten aufhorchen, sodass es selbst Nichtbergsteiger hören konnten, ließen Messner und Habeler am Eiger. Sie nahmen seiner Nordwand etwas von ihrem Mythos, weil sie als erste Seilschaft in nur einem Tag hindurchstiegen. »Es war ein Spaziergang, obwohl die Ausstiegsrisse völlig vereist waren«, schrieb Messner in seinem Buch *Über Leben*. Mit ihrem »Spaziergang« verbuchten sie den ersten »Speedrekord« in der Heckmair-Route für sich. Die Vorgeschichte war allerdings eine etwas längere.

Seit den gemeinsamen Tagen am Walkerpfeiler hatte sie in ihren Köpfen herumgespukt, seit acht Jahren. Immer wieder tauchte der Name in den Gesprächen auf, die sie führten, und in den Briefen, die sie wechselten: die Eiger-Nordwand. Der erste ernsthafte Versuch sollte schon vor dem Einstieg enden. Nennen wir es: Kommunikationsfehler. Reinhold ließ Peter die Nachricht »Treffpunkt Grindelwald Grund Eiger« zustellen. Beide brausten unabhängig voneinander nach Grindelwald. Das Telegramm, mit dem sie damals hauptsächlich kommunizierten, das Briefträger ins Haus trugen und das teurer wurde, umso mehr Wörter man verwendete, interpretierte jeder anders. Während Messner an der Talstation der Jungfraubahn – sie heißt »Grindelwald Grund« und führt zum Ausgangspunkt auf die Kleine Scheidegg – wartete, irrte Peter zur gleichen Zeit in Grindelwald umher. Die Mitteilung, als Grund für eine Fahrt nach Grindelwald den Eiger anzugeben, fand er zwar überflüssig, doch den Bahnhof »Grindelwald Grund« kannte er nicht. Am frühen Abend traten sie die Heimreise an – jeder für sich. Dem Eiger gleich wieder den Rücken zu kehren, fiel Habeler beim ersten Antreten allerdings nicht schwer. »Mir war's ganz recht, dass ich wieder heimfahren durfte. Als ich ums Eck kam und dann stand da auf einmal knappe 2000 Meter hoch dieser Berg, bin ich so richtig erschrocken«, erinnert er sich.

Im Sommer 1974 kamen sie dem Eiger schon näher – und zwar gleich dreimal. Beim ersten Versuch, diesmal reisten sie besser gemeinsam an, war Peters Schockstarre verflogen. »Natürlich war ich gespannt wie eine Feder. Sobald man aber einsteigt, hat Angst keinen Platz mehr, man muss funktionieren«, sagt er. Sie funktionierten sogar so gut, um beim Schwierigen Riss zu erkennen, dass an diesem Tag eine Umkehr die bessere

Entscheidung war. Nach einem vorangegangenen Wettersturz war die Wand entweder vereist oder von Wasserfällen überspült. Nach einer Dreiviertelstunde standen sie wieder unten am Einstieg. Vom Tag und der Motivation noch immer sehr viel übrig, kutschierten sie gleich weiter nach Zermatt. Am nächsten Tag durchstiegen sie die Matterhorn-Nordwand über die klassische Schmid-Route – auch hier dann wieder ein halber Tag übrig trotz mieser Verhältnisse und einem Gewitter am Gipfel. »Nur mit Reinhold lässt sich so etwas machen«, stand danach in Peters alpinem Diarium.

Eine Woche später standen sie erneut auf der Kleinen Scheidegg, die Rucksäcke gepackt, Wetter und Laune gut – noch gut. Um fünf Uhr früh begann es zu regnen. Wieder reisten sie ab, mittlerweile kannten sie den Weg.

Eine Woche später stand wie aus heiterem Himmel Reinhold Messner auf der Berliner Hütte in den Zillertaler Alpen. Dort war Habeler mit seinen englischen Gästen stationiert. Messner war gekommen, um ihn persönlich abzuholen – anders hatte er ihn nicht erreicht. »Das Wetter war gut, so kam er innerhalb kürzester Zeit von Villnöß auf die Hütte. Da hab ich blöd geschaut.« Seine Gäste wurden geschwind auf die anderen Bergführer wie Toni Volgger aufgeteilt, und schon waren die beiden weg.

Erstes Eisfeld, zweites Eisfeld, Todesbiwak, Götterquergang, Spinne, Gipfeleisfeld – der Weg sollte klar sein, selbst wenn alles, was sie zur Orientierung in dieser über 1800 Meter hohen Wand hatten, nur eine Ansichtskarte mit einer Routenskizze war. Ein Back-up von Schlafsack und Kocher hatten sie nicht dabei. Sie wussten, dass sie an einem Tag durchkommen würden, sagt Habeler: »Ein Vierer-Gelände mit ein paar Fünfer-Stellen – das war keine Frage! Wenn du leicht bist, bist du schnell.« Ihr Tempo stellte die größte Sicherheitsreserve in dieser mordsmäßigen Wand dar. Am Eiger schlägt das Wetter oft binnen Stunden um – nur eine schnelle Seilschaft könnte einer Katastrophe nach unten oder oben entrinnen. Zudem wird der gefürchtete Steinschlag dann am gefährlichsten, wenn am frühen Nachmittag die Sonne in die Gipfelwand scheint – müssten sie also einfach wieder heraus sein um diese Zeit.

An seinen Beinen trug Habeler eine Knickerbocker-Hose, dazu rote Strümpfe, die ihm Hermi Lottersberger regelmäßig strickte, diesmal aber hatte sie eine ganz grobe Wolle erwischt. Und dazu Steigeisen, »die ersten wirklich guten«. Die waren von seinem amerikanischen Freund Yvon Chouinard aus stabilem Stahl gebaut, mit zwölf Zacken und dem Schuh exakt angepasst.

Für Messner und Habeler lief es wie am Schnürchen. Zumindest fast. In der Nordwand überholten sie drei Seilschaften, darunter eine aus Kufstein und eine polnische, bei der sich ein Kletterer das Bein brach. Sie vergewisserten sich, dass Hilfe bereits unterwegs war, und rasten weiter, als sie den Schweizer Rettungshubschrauber zur Taubergung anrattern hörten. »Ich bin dann schuld gewesen, dass wir nicht in sieben Stunden durch die Wand kamen«, merkt Habeler an, und seine Mundwinkel wandern mit einem Seufzer nach außen, so als wäre ihm das gerade eben passiert. Nach dem Schwierigen Riss bastelte er einen Standplatz. Er sieht heute noch genau die drei Haken über sich, die er gleich Reinhold zeigte mit den Worten: »Schau, da geht's rauf!« Dabei wäre es nach links in Richtung Hinterstoisser-Quergang gegangen. »Das war ein furchtbarer Verhauer, ich hab ihn reingejagt. Der Reinhold hat super gearbeitet, aber das hat uns eineinhalb Stunden gekostet.«

Um 15 Uhr saßen sie am Gipfel, der noch immer in Sonnenlicht getaucht war. Um 17 Uhr kamen sie zurück zur Kleinen Scheidegg, wo sie bereits mit Spannung erwartet wurden. Tagsüber weilten hier prominente Zuschauer aus Hollywood, die umso gebannter mit dem Fernglas in die Nordwand blickten, weil ihr junger Bergführer namens David Knowles als Stuntdouble erst zwei Tage zuvor tödlich von einem Steinschlag getroffen wurde. Regisseur Clint Eastwood überlegte daraufhin, den Dreh für *The Eiger Sanction* (deutscher Titel: *Im Auftrag des Drachen*) abzusagen. Seine Crew, zu der auch der schottische Alpinist Dougal Haston gehörte, überredete ihn, weiter zu filmen. Das Team nahm die ersten Nordwand-Begeher dieser Saison an ihrem freien Drehtag erleichtert in Empfang. Heidi von Almen, die Besitzerin des Hotels Bellevue des Alpes, servierte ihnen ein Zürcher Geschnetzeltes. Doch vorher schlüpfte Habeler aus seinen kratzenden Socken und machte sich fesch für den Abend am Kamin. »Für die Heidi Brühl«, merkt er mit einem spitzbübischen Grinsen an. Die Berge mag Habeler gerne, aber die Frauen, die mag er mindestens genauso sehr. Fast noch mehr als die attraktive Schauspielerin bewunderte er an diesem Abend aber Dougal Haston. In sich trug der stille Schotte eine rebellische Art, nicht nur was das Bergsteigen betraf. Mit der Annapurna-Südwand durchstieg Haston als Erster eine große Himalaja-Wand. Die Südwestwand am Mount Everest knackte er zusammen mit Doug Scott. Einer der besten Bergsteiger seiner Zeit, wenn nicht sogar der beste, hielt Messner fest.

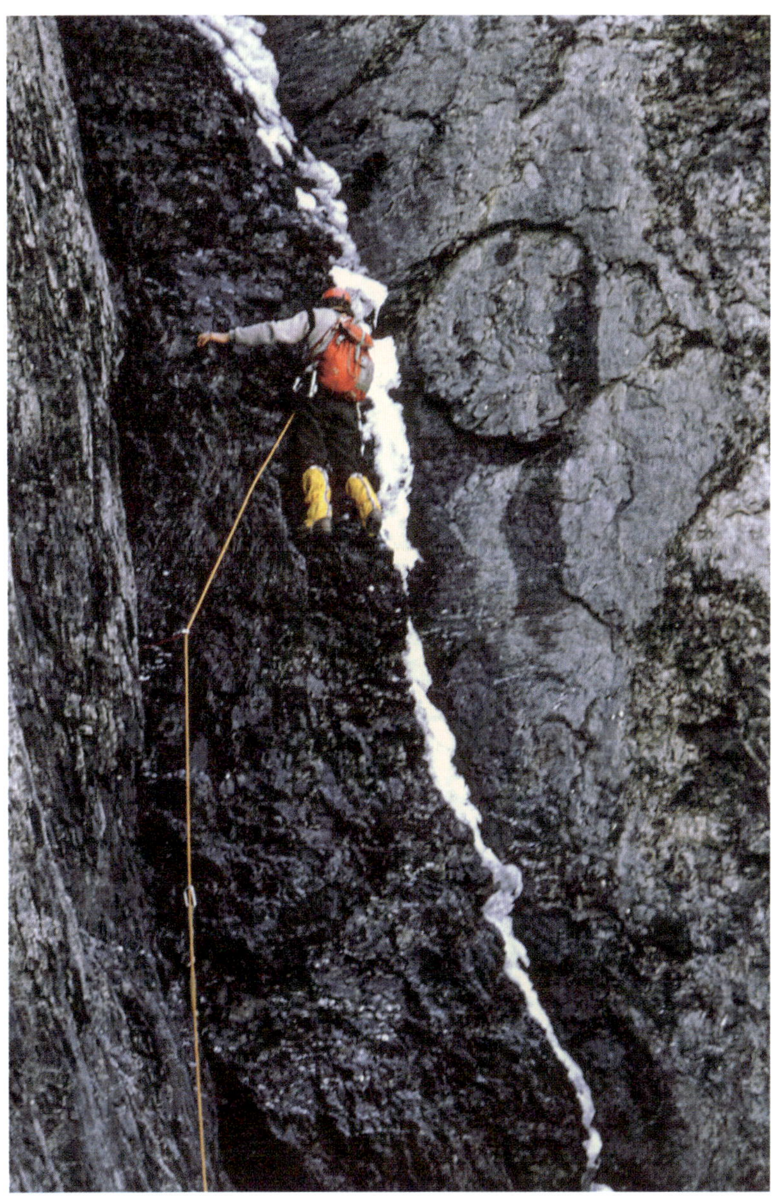

Reinhold Messner bei ihrer Rekordbegehung der Eiger-Nordwand

Aus dem Tourenbuch:

1800 Meter Wandhöhe in knappen zehn Stunden – so schnell wird diese Zeit wohl nicht erreicht werden. Auf der Kleinen Scheidegg haben uns Norman Dyrenfurth, D. Haston und die gesamte Crew des Filmes *Eiger Sanction* mit Clint Eastwood an der Spitze tagsüber beobachtet, alle sind rührend um uns besorgt.

Heidi von Almen, die Besitzerin des Hotels, lädt uns zum Abendessen ein. Ein wunderschöner Ausklang eines Erfolges, der wohl für unmöglich galt (kurze Zeit der Begehung), den man uns gönnte und der nur mit dem Partner, dem ich mich wie einem Bruder zugetan fühle, gelang. Es ist wohl unwichtig, ob wir nun schnell oder langsam waren, aber als Seilschaft mit Reinhold gibt es kein Unmöglich.

Messners und Habelers Rekord am Eiger sollte noch lange unerreicht bleiben. Eine schnellere Seilschafts-Zeit wurde erst 2004 von Stephan Siegrist und Ueli Steck bekannt, die in neun Stunden durch die Wand sausten und gleich auch noch die Nordwände der Jungfrau und des Mönchs durchstiegen.

Ihren unvergleichlichen Stil würden Messner und Habeler im darauffolgenden Jahr auf einem anderen Kontinent in neue Sphären übertragen. 1975 gelang ihnen in der pakistanischen Gasherbrum-Gruppe am Hidden Peak etwas, das man bis dahin nur aus den heimischen Bergen kannte: Sie bestiegen den Achttausender im Alpinstil. »Was ich vorhatte, war nicht nur neu, es war vermessen«, schrieb Messner – die treibende Kraft hinter dieser Idee – in einem seiner Bücher. Zu zweit, ohne große Expedition im Hintergrund, ohne vorher Fixseile und Depots zu installieren, ohne Hochträger, dafür aber gleich über eine neue

Route auf den Hidden Peak, der bis dahin überhaupt erst ein einziges Mal bestiegen worden war. Peter kann sich noch gut erinnern: »Reinhold hatte die ganze Expedition auf einem DIN-A4-Zettel organisiert.« Noch heute sieht er ihn genau vor sich sitzen mit einem Kugelschreiber, die ungefähren Kosten notierend, die Dauer, das Training. »Das vergesse ich mein Lebtag nicht, dazu brauchst du ein wahnsinnig gutes Hirn. Für mich war's leicht, ich musste es nur lesen.«

Erstaunlich an dieser Einfachheit war nicht nur das, was auf dem Zettel stand, sondern auch das, was gar nicht erst mitkam zum Gasherbrum I: keine schweren Sauerstoffflaschen, keine großen Zelte für die Hochlager, kein Proviant für eine ganze Mannschaft. Nur das Allernötigste, was man auf über 8000 Meter selbst schleppen kann. Eine Inspiration war wieder einmal Walter Bonatti gewesen, der 1958 den 7932 Meter hohen Gasherbrum IV in einer Zweierseilschaft mit Carlo Mauri erstbestiegen hatte. Dass man auf einem Achttausender zu viert erfolgreich sein kann, hatten 1957 Marcus Schmuck, Hermann Buhl, Fritz Wintersteller und Kurt Diemberger am Broad Peak bewiesen. Aber wie würde das nur zu zweit laufen? Mit nur 200 Kilo Expeditionsgepäck, gerade mal einem Zehntel dessen, was von Schmucks Expedition am Broad Peak im Westalpenstil eingesetzt worden war, kamen Messner und Habeler zum Hidden Peak. Dahinter steckte aber nicht nur Idealismus, sondern auch ein pragmatischer Gedanke: Mit kleinem Gepäck wurden auch die Kosten kleiner, der Anmarsch einfacher – nur eben die Besteigung anspruchsvoller, aber das machte ihnen ja nichts aus.

Beim 100 Kilometer weiten Anmarsch von Askole bis ins Basislager des Gasherbrums unterstützten sie acht Träger. Auf einem Weg, der damals kaum existierte. Erst wenige Menschen hatten sich in dieses unwirtliche Eck der Erde bewegt, wo zwischen 8000 Meter hohen Gipfeln und ewigem Eis kein Leben mehr bestehen kann. Zwei dieser Beine gehörten zu Wanda Rutkiewicz, der polnischen Grande Dame im Höhenbergsteigen, die sie später noch treffen würden. Die wenigen Steigspuren führten entlang des reißenden Braldu-Flusses. »Da kommt der ganze Dreck vom Konkordiaplatz raus, da geht's wild zu. Wenn du reinfliegst, bist du weg«, sagt Habeler und hört den Fluss noch immer in seinen Ohren donnern. Der Gruppe marschierte er voraus, immer wieder stellte er Steinmänner auf. An einer Stelle aber verweigerten die Träger das Weitergehen und machten kehrt. »Ich hab geschrien wie ein Wilder, dass sie nicht so einfach umdrehen können«, erinnert sich Habeler. Erst als Messner mit finsterem Gesicht den Pickel zückte, gingen sie weiter. In Urduko schlug die kleine Mannschaft ihre Zelte auf, teilte die Lasten besser auf, und bei aufgeklartem Himmel ging's weiter ins Basislager auf 5000 Metern. Die Träger marschierten zurück zu ihren Familien, ihr militärischer Verbindungsoffizier Captain Khalid blieb mit ihnen am Ende der Welt zurück. Wenn der hochrangige Major, der bereitwillig auch ein Mädchen für alles war, nicht gekocht hatte, waren sie bei Wanda und ihrer Frauenexpedition zu Gast, die auf dieser Expedition den 7946 Meter hohen Gasherbrum III erstbestieg. Auch eine steirische Mannschaft mit Hans Schell, Robert Schauer und Herbert Zefferer hauste in der Nähe ihres Lagers, sie hatten den Hidden Peak über den Weg der Erstbesteiger im Visier. »Peter und ich planten unseren Aufstieg bis ins Detail. Die Kunst bestand darin, alles Überflüssige wegzulassen und nur das Notwendigste mitzunehmen«, erzählt Messner in seinem Buch, »jede Schlamperei in der Vorbereitung konnte zum Tod führen, ein Druck im Schuh zu Erfrierungen.« So habe Peter

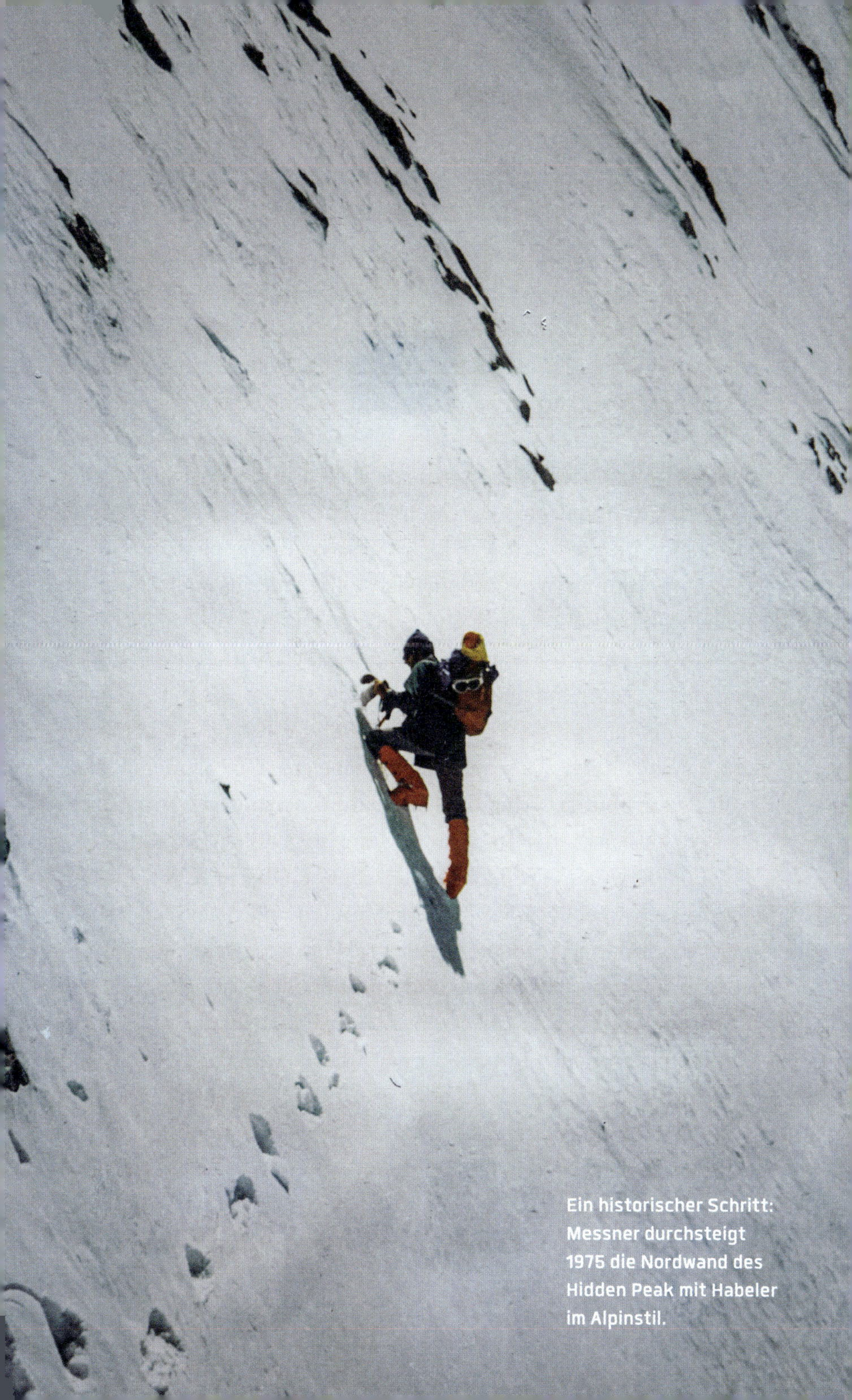

Ein historischer Schritt: Messner durchsteigt 1975 die Nordwand des Hidden Peak mit Habeler im Alpinstil.

noch im Basislager seine Innenschuhe mit dem Taschenmesser korrigiert.

Der Karakorum wusste wohl, wie er Lust auf mehr machen konnte: Bei Windstille und Sonnenschein erreichte Peter schließlich den Gipfel seines ersten Achttausenders, den er mit Reinhold freudig teilte. Der Weg dorthin war elegant und erstklassig: Direkt am Fuße der Nordwestwand, die erst am Gipfel endet, errichteten sie ein Lager. Über 2000 Meter war die Wand so steil, dass sie nur an wenigen Stellen ihren Rucksack sicher ablegen konnten. Auf 7100 Meter machten sie ein Zwischenlager für eine Nacht. »Uns war klar, dass wir in dieser Flanke nicht sichern konnten, wir mussten sie seilfrei durchsteigen«, erzählt Habeler. Dadurch ersparten sie sich zumindest das Gewicht der Seile – nur ein 20-Meter-Strick kam für den Notfall mit.

Nach dem Gipfel stiegen sie gleich wieder die ganzen 2000 Höhenmeter mit dem Gesicht zur Wand hinunter bis ins Lager 1. Seinem Rucksack ermöglichte Habeler einen Schnellabstieg: Er ließ ihn einfach über die Flanke hinuntersausen – zum Schrecken Messners, der im ersten Moment glaubte, Habeler käme geflogen. Unten am flachen Gletscher schulterte er wieder den unversehrt gebliebenen Rucksack, und am nächsten Tag stiegen sie ab ins Basislager. Dort wurden sie vom polnischen Team freudig mit Wodka empfangen und traditionellem Rum-Kuchen verwöhnt. Vier Tage, zwei Personen, ein Achttausender, null Hochträger – ein neues Kapitel an den höchsten Bergen dieser Welt wurde geschrieben. Danach lag es für die beiden sehr nahe, diese Geschichte fortzusetzen. Reinhold Messner schlug für 1977 den Dhaulagiri vor.

Doch erst wollte Habeler nur eines: nach Hause zu seiner Frau Regina. Zwei Jahre zuvor hatten sie geheiratet. Als sie 1977 schließlich zum Dhaulagiri aufbrachen, war sie im dritten Monat schwanger. »Regina hatte mir das verheimlicht. Sie wollte nicht, dass ich ihretwegen auf die Dhaulagiri-Expedition verzichtete«, erzählt Habeler. Sein und Messners Erfolg am Hidden Peak hatte auch eine Begleiterscheinung: steigende Berühmtheit. Ein Fernsehsender schickte ein Kamerateam rund um Eric Jones und Leo Dickinson zum Dhaulagiri mit, um einen Film über ihre Besteigung zu drehen.

Der Dhaulagiri, der »Weiße Berg«, ist ein freistehender Achttausender im Himalaja in Nepal. Seine 4000 Meter hohe Südwand leuchtet bis weit ins indische Tiefland. Doch dunkle Wolken umhüllten den Berg immer wieder auf dieser Expedition. Reinhold Messner hatte ein Viererteam zusammengestellt, dem neben Habeler auch Otto Wiedemann aus Bayern, der jüngste der vier und in großer Höhe noch ohne Erfahrung, und Mike Covington, ein motivierter Hippietyp aus Colorado, angehörten. Den kühnen Plan, die gewaltige Dhaulagiri-Südwand als Erste zu durchsteigen, brachen sie ab, als sie bald erkennen mussten, dass die Wand nicht zu bezwingen war. Zu viel der Neuschnee, zu groß die Lawinen, zu heftig der Stein- und Eisschlag – und zu unharmonisch das Team. Sie kamen über 6100 Meter nicht hinaus. Für eine Wand mit der unvorstellbaren Dimension einer Dhaulagiri-Südwand musste einfach alles optimal passen. Hier passte nur wenig. »Ich bin nicht mehr gewillt, mein Leben für einen Berg einzusetzen. Mehr denn je freue ich mich auf zu Hause, auf meine Frau, die unglaublich viel Verständnis gerade kurz vor der Abreise zu erkennen gegeben hat«, lautet einer von Peters Tagebucheinträgen. Man kann ihm vieles nachsagen, allerdings nicht, dass er ein blinder Draufgänger gewesen wäre.

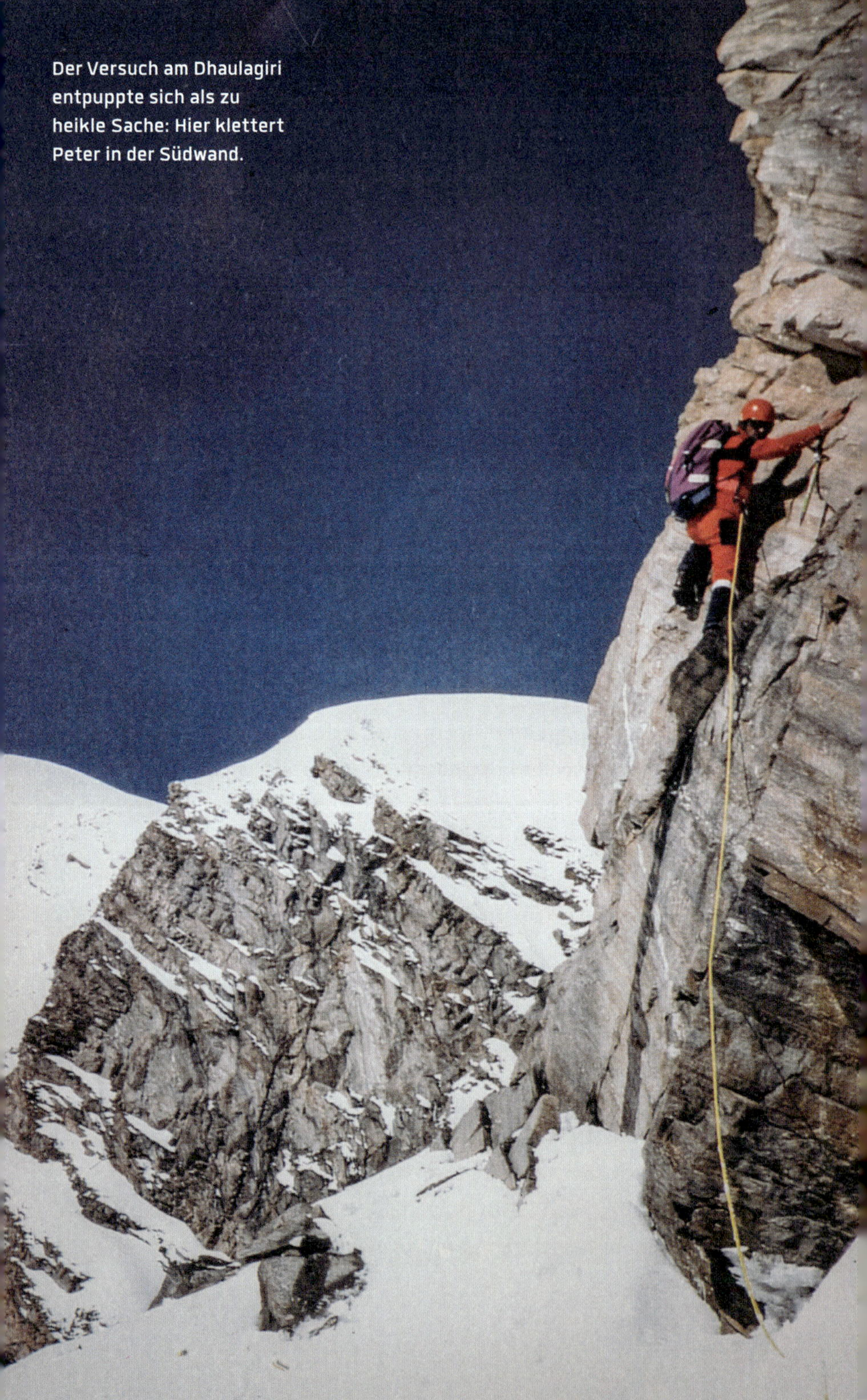

Der Versuch am Dhaulagiri entpuppte sich als zu heikle Sache: Hier klettert Peter in der Südwand.

Die erste Durchsteigung der Südwand ließ noch viele Jahre auf sich warten. Tomaz Humar schaffte sie 24 Jahre später in einem unbeschreiblichen Alleingang, wobei er nach fast einer Woche in der Südwand auf der Höhe von 7200 Metern ausweichen musste, eine überhängende Querrippe versperrte den Weiterweg. Messner spricht gerne vom Glück seiner frühen Geburt, weil er noch manche weißen Flecke auf der Landkarte vorfinden konnte. Die vollständige Direttissima auf der Südseite des Dhaulagiris vom Wandfuß bis zum 8167 Meter hohen Gipfel wäre noch immer zu haben.

Während Habeler nach dem gescheiterten Versuch nur noch nach Hause zu seiner Frau wollte, die bald einen Sohn erwartete, holte sich Reinhold Messner noch ein Trostpflaster am unbestiegenen Nachbargipfel des Dhaulagiri, dem 6380 Meter hohen Manapathi. Danach fuhr er weiter nach Kathmandu. Messner wollte etwas ausprobieren. Gut akklimatisiert stieg er zum legendären Piloten Emil Wick in eine Pilatus-Porter-Maschine. Der Schweizer, der über viele Jahre bei Royal Nepal Airlines Piloten ausbildete, überhöhte damit die 8848 Meter des Mount Everest. Entgegen vieler Warnungen setzte Messner keine Sauerstoffmaske auf. Sein Bewusstsein würde er in dieser Höhe verlieren, hatte man ihm prophezeit. Dem war nicht so. Stattdessen hatte er ein neues Bewusstsein gewonnen: »Es« geht.

Nach ihren gemeinsamen Klettereien in den Alpen, in Südamerika, am Hidden Peak und den lehrreichen Erfahrungen am Dhaulagiri gab es im Verständnis von Reinhold Messner und Peter Habeler nur einen logischen nächsten Schritt: Der Welt zu beweisen, dass ihr höchster Punkt alleine aus menschlicher Kraft zu erreichen war.

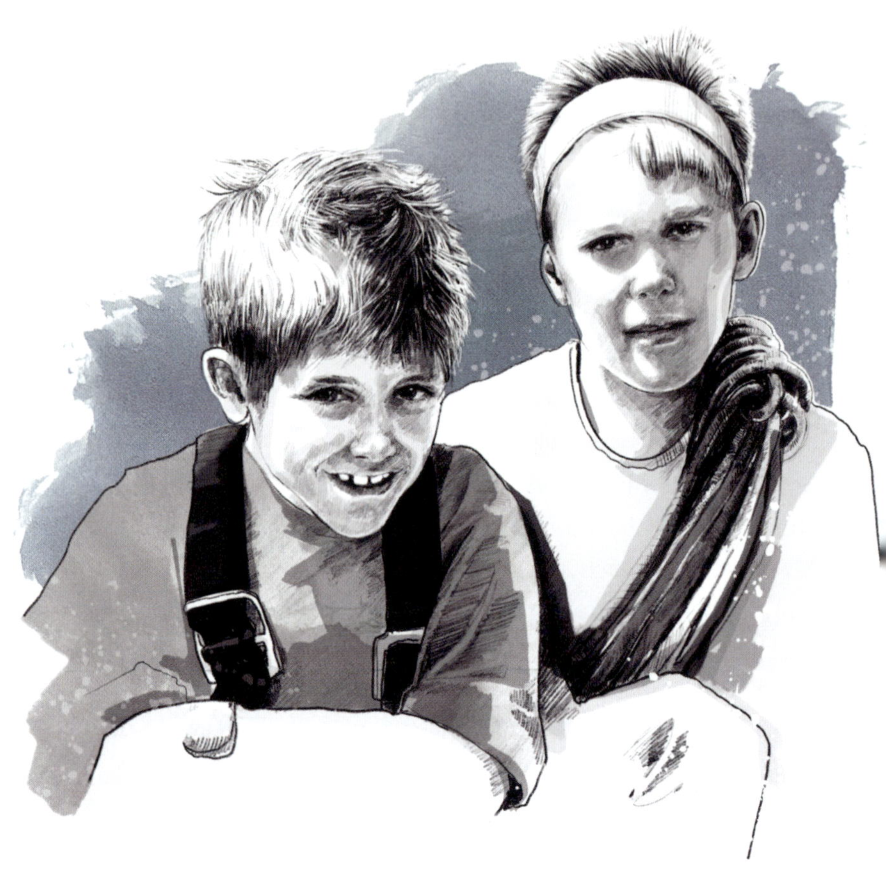

Alexander und Christian Habeler

Die Söhne zwischen Licht und Schatten

Auf dem Gipfel des Unmöglichen

Erst sechs Monate war Christian Habeler alt, als sein Papa in der kleinen Wohnung im Zillertal seine große Expeditionstasche packte und zum Mount Everest aufbrach – zu jung, um diesen Abschied ins Ungewisse bewusst wahrzunehmen. Wie schwierig die Situation für seine Mutter und damit für die ganze Familie war, weiß er heute aber sehr genau. »Man muss sich ja vorstellen«, erzählt er 44 Jahre später, »alle sagten, das funktioniert nicht. Und Peter hat gesagt: Ich tu es trotzdem, ich probiere das jetzt.«

Stand der Wissenschaft war: Den Mount Everest ohne Zuhilfenahme von künstlichem Sauerstoff zu besteigen, sei nicht möglich. Für die Experten gab es nur drei realistische Szenarien: Im besten schafften es Reinhold Messner und Peter Habeler nicht hinauf. Im zweiten würden sie aus dem luftleeren Raum mit Hirnschäden zurückkehren. Im dritten Fall kamen sie gar nicht mehr herunter. Die »Todeszone« beginnt auf ungefähr 7500 Meter. Ab dieser Höhe kann der menschliche Körper nicht mehr regenerieren, Gehirn- und Gewebezellen sterben ab. Je weiter hinauf, desto drastischer wirkt sich das aus, dazu steigt das Risiko für Thrombosen, Lungenödeme, Hirnschläge und Augenblutungen. Mediziner sagten: Erst verliere man die Kontrolle über sein Denken, dann über sein Sprachzentrum, und schließlich falle man ins Koma. Am Gipfel auf 8848 Meter – die

Sauerstoffdichte beträgt dort nur noch ein Drittel zu der auf Meeresniveau – würde es somit nicht nur um ein letztes großes Abenteuer der Menschheitsgeschichte, sondern auch ums nackte Überleben in dicken Daunenanzügen gehen. »Wenn du ein guter Familienvater bist«, bekennt Peter Habeler unumwunden, »müsstest du daheimbleiben.« Seinen utopischen Traum stellte er aber über das junge Familienglück. Er blieb nicht daheim.

Als sich Peter am Flughafen in München von seiner Ehefrau Regina unter haltlosen Tränen verabschiedete, wurde auch er von Gefühlen übermannt. Erkannte er doch endlich, wie belastend das für sie war und wie sehr er seine junge Familie während der vergangenen Monate vernachlässigt hatte, weil er fast ausschließlich sein ehrgeiziges Training im Kopf gehabt hatte. Mit schlechtem Gewissen kritzelte er gleich im Flugzeug auf ein Briefpapier, wie sehr er sie liebe und dass er ganz gewiss bald gesund zurückkehren würde. Meistens glaubte Peter ja fest daran, dass sein Experiment mit ihrer perfekten Fitness und beachtlichen Höhenerfahrung machbar sei. Manchmal aber waren die Unwissenheit, die Sorgen von Familie und Freunden, die Unkenrufe von Neidern und der Öffentlichkeit nur schwer zu ertragen. »Wenn kaum einer daran glaubt, dass das, was man vorhat, überhaupt menschenmöglich ist«, sagt Peter, »dann muss man entweder wahnsinnig sein, um es trotzdem zu wagen, oder man muss etwas vom Geist aller großen Eroberer und Entdecker in sich tragen.«

Je älter Christian Habeler wurde, umso mehr wurde ihm bewusst, wie schwierig der Spagat war, den sein Vater schaffen wollte: einerseits eine Familie zu gründen und für sie da zu sein, und andererseits seine Freiheiten und Grenzgänge am Berg auszuleben und nebenbei noch Geld als Bergführer zu verdienen.

Eine Zerreißprobe für alle Beteiligten. Die Familie lernte langsam, auch ohne ihren Papa zu funktionieren, weil er oft nicht zu Hause war. Christian erinnert sich: »Du wusstest ja nie: Musst du das Leben dann ohnehin alleine bestreiten, weil er gar nicht mehr zurückkommen wird?« Sein vier Jahre jüngerer Bruder Alexander hatte vor einer späteren Expedition die Haustüre zugesperrt und sich mit dem Schlüssel versteckt. Die Buben hofften, ihren Papa so am Wegfahren hindern zu können. Vergeblich.

Die Gewissheit, wieder gesund nach Hause zu kommen, gab es für Peter Habeler und Reinhold Messner bei ihrem Projekt Everest »by fair means« keine. Es gab nur wenige Menschen, die an sie glaubten, und es gab die beiden Engländer George Mallory und Andrew Irvine. Die beiden drangen bereits 1924 bis weit über 8500 Meter am Everest vor, ohne zusätzlichen Sauerstoff zu verwenden. Zurück kamen sie zwar nie mehr, aber ihr damaliger Vorstoß mit spartanischer Ausrüstung ohne Akklimatisierungstaktik ließ Habeler hoffen. Und auch zwei Ärzte ließen hoffen: der Tiroler Chirurg Raimund Margreiter, der 1983 die erste Herztransplantation in Österreich durchführte, und der Vorarlberger Internist und Höhenmediziner Oswald »Bulle« Oelz, der zu Forschungszwecken in Summe ein halbes Jahr seines Lebens auf der höchstgelegenen Hütte der Alpen verbrachte, der Capanna Margherita auf 4554 Metern. Auch an Selbstexperimenten in extremer Höhe mangelte es ihm nicht. »Alle gescheiten Leute haben gesagt, das sei unmöglich«, erinnert sich Oelz, sich selbst nicht zu diesen zählend. »Ich war ziemlich sicher, dass es geht. Wenn auch knapp.«

Margreiter und Oelz waren die Ärzte der Expedition, die der Innsbrucker Wolfgang Nairz für den Österreichischen Alpenverein zusammenstellte. Dieser schlossen sich auch Reinhold

Messner und Peter Habeler an – die Mission Everest wäre für sie sonst gar nicht zu stemmen gewesen. Nairz hatte bereits 1972 um eine Genehmigung für die Everest-Besteigung angesucht, bewilligt wurde sie erst sechs Jahre danach. Die Truppe tauchte zu einer Zeit in den Himalaja ein, als pro Saison nur ein Permit pro Route genehmigt wurde und es noch viele Meilensteine zu erklettern gab: Bis dahin waren erst gut 50 Menschen auf der Sagarmatha, wie sie die Nepali nennen – die Stirn des Himmels –, gewesen. Darunter noch keine Österreicher und auch noch niemand ohne künstlichen Sauerstoff. Es standen noch etliche Alleingänge auf die Achttausender aus, und noch kein Mensch hatte auf den höchsten Punkten aller 14 Achttausender gestanden. Das öffentliche Interesse war dementsprechend groß. So konnte Nairz, der Meteorologie und Glaziologie studiert hatte und beim Alpenverein als Alpinreferent angestellt war, das gut zwei Millionen Schilling schwere Projekt auf mehrere Beine stellen. 50.000 Schilling musste jedes Mitglied selbst für die Expedition aufbringen. Drei Viertel der Kosten finanzierten sie von extern. Die Tiroler Landesregierung steuerte öffentliche Gelder bei, Banken und die Industrie sponserten das Unternehmen, es wurden an die 4000 Grußkarten verschickt und Spenden von privaten Gönnern und Förderern gesammelt. Große Teile der Expeditionskosten übernahmen Medien. Die *Kronen Zeitung* und der ORF ließen jeweils 200.000 Schilling springen, die *Bunte Illustrierte* bezahlte die Hälfte. Der ORF bekam zweimal pro Woche Bildmaterial für ihre Berichterstattung in den Hauptnachrichten zugesandt. »Zwischen sieben und zehn Tagen hat die Zustellung immer gedauert. Nach zwei Sendungen haben die Leute aber geglaubt, es ist live«, erzählt Wolfgang Nairz. Durch die langen Wege zwischen Sender und Empfänger hieß »live« nur eben eine gute Woche zeitversetzt. So etwas gab es bis dahin noch nie in der Geschichte des Expeditionsbergsteigens. Mit Briefen an die Liebsten zu Hause sowie Tonband- und Filmkassetten lief ein Bote in einem Tag vom Basislager zu einem kleinen Flugplatz nahe Namche Bazar. Der Pilot Emil Wick flog den Postsack weiter nach Kathmandu, dort übernahm ihn die Himalaja-Chronistin Elisabeth Hawley und schickte das Material mit einem Flugzeug auf schnellstem Weg nach Wien zum ORF. Auf gleichem Weg kamen Nachrichten retour. »Das war unsere ganze Kommunikation mit der Außenwelt«, erinnert sich Wolfgang Nairz, »und unser Wetterbericht war der Höhenmesser – mit einem Blick zum Himmel.«

Das Team rund um Nairz hatte als oberstes Ziel die erste österreichische Besteigung des Mount Everests. Es war ein starkes Team, das sich mit schweren Sauerstoffflaschen am 3. Mai 1978 tatsächlich diesen Traum erfüllte: Der Grazer Robert Schauer war damals erst 24 Jahre alt und bereits ein vielversprechender junger Alpinist, wie er mit insgesamt fünf Achttausendern und der Shining Wall des Gasherbrum IV noch mehrfach unterstreichen sollte. Horst Bergmann, ein Autospenglermeister aus Innsbruck, war ein sehr vielseitiger Mann. Immer wenn sich ein technisches Gebrechen auftat, löste er es. Er nahm auch seine Kamera mit bis auf den Everestgipfel und filmte dort. Zwei Jahre davor war er mit Nairz und ihren Drachen vom 7485 Meter hohen Noshaq in Afghanistan geflogen. Bergmann und Nairz hatten auch auf dieser Expedition ihre Fluggeräte dabei. Die schweren Drachen blieben angesichts der Verhältnisse aber im Basislager, und so wurde es nichts mit dem erhofften Flug vom Südsattel. Bis zum Everestgipfel begleitet wurden die drei Österreicher auch noch vom Sherpa-Führer Ang Phu.

Der Mount Everest habe sein Leben verändert, erzählt Nairz, so wie er auch das Leben der anderen Expeditionsteilnehmer verändert hatte. »Jeder, der wollte, konnte davon profitieren. Nachdem die Verträge mit Fernsehen und TV erfüllt waren, war jeder frei, etwas für sich herauszuholen. Es war ja anders als bei den streng geführten Herrligkoffer-Expeditionen, bei denen quasi jedes Foto dem Herrligkoffer gehörte.« Auch andere Mitglieder der Expedition erreichten mithilfe von künstlichem Sauerstoff noch den Gipfel: Dem Tiroler Franz Oppurg gelang wenige Tage später der erste Alleingang – drei Jahre später starb er in seinen heimischen Bergen. Oswald Oelz war nicht nur Arzt, sondern auch hervorragender Bergsteiger und erklomm am 11. Mai die letzten Meter zum Everestgipfel, Hand in Hand mit dem Deutschen Reinhard Karl, der als Fotojournalist für das Magazin *Bunte* dabei war. Der Gipfel war gar nicht geplant gewesen, geglückt war er Reinhard Karl trotzdem – und nun feierte man auch in Deutschland einen ersten Erfolg am höchsten Berg der Welt. »Ich denke so viel an diese Zeit zurück«, erzählt Oelz mit seiner kehligen Stimme, die halb auf einen schweizerdeutschen und halb auf einen Vorarlberger Dialekt hindeutet. »Die Qualen, die man erlitten hat, sind vergessen. Der Traum aber bleibt. Wir waren unglaublich privilegiert, in der besten aller Zeiten im Himalaja unterwegs sein zu dürfen. Die Hälfte von uns hat immerhin bis heute überlebt, und an die anderen denken wir mit Freundschaft und in Trauer zurück.«

Messner und Habeler waren als Team im Team unterwegs. Für ihren Versuch, ohne zusätzlichen Sauerstoff aufzusteigen, bekamen sie gewisse Sonderrechte zugesprochen. So durften sie sich ihre Zeit am Berg frei einteilen und dennoch die ganze

Infrastruktur, die Zelte, die Verpflegung, die Leitern durch den Khumbu-Eisbruch und die Seile in der Lhotse-Flanke mitbenützen. Die beiden wurden von der Zeitschrift *GEO* und einer privaten englischen Fernsehanstalt separat finanziell unterstützt. Der britische Sender schickte das Kamerateam Leo Dickinson und Eric Jones mit, um so viel wie möglich von ihrer von Mythen umrankten Gipfelbesteigung zu filmen.

Im Basislager teilte sich Habeler kein Zelt mehr mit Messner, jeder hatte aus Gründen der Bequemlichkeit sein eigenes flatterndes Dach. Schlafen konnte Habeler aber nicht in der ersten Nacht am Fuße des Everests. Er hörte den lauten Atem des Berges. Das Tosen und Rauschen eines Sturmes, der wie eine starke Brandung an eine Steilküste peitschte, das klägliche Krachen und Ächzen des Khumbu-Eisfalls, der stets in Bewegung ist und in den nächsten Tagen einen der Sherpas für immer unter seinen Trümmern begraben würde. »In dieser ersten Nacht überkam mich die Angst in der Abgeschlossenheit meines Zeltes«, erinnert sich Habeler. Im Angesicht dieser Naturgewalt fühlte er sich so klein wie noch nie zuvor. Gleich am nächsten Morgen hängte er Fotos von seiner Liebsten und seinem Sohn an die Zeltstange. Schon fühlte er sich geborgener. Peter dachte oft an sie, vor allem, wenn er zum Stillsitzen verdonnert war. Als die Sonne herauskam, wich der Angst erstmals so etwas wie Vorfreude.

Bei ihren ersten Aufstiegen zum Akklimatisieren und Lastentransportieren zog sich Habeler allerdings eine üble Lebensmittelvergiftung zu. Im Lager 3, oberhalb der versicherten Lhotse-Flanke, würgte er sich die Seele aus dem Leib, nachdem er gefrorene Ölsardinen aus der Dose verzehrt hatte. Zu Tode ermattet stieg Habeler ab, während Messner bei gutem Wetter noch weiterging. In der Nacht, die Messner in einem winzigen

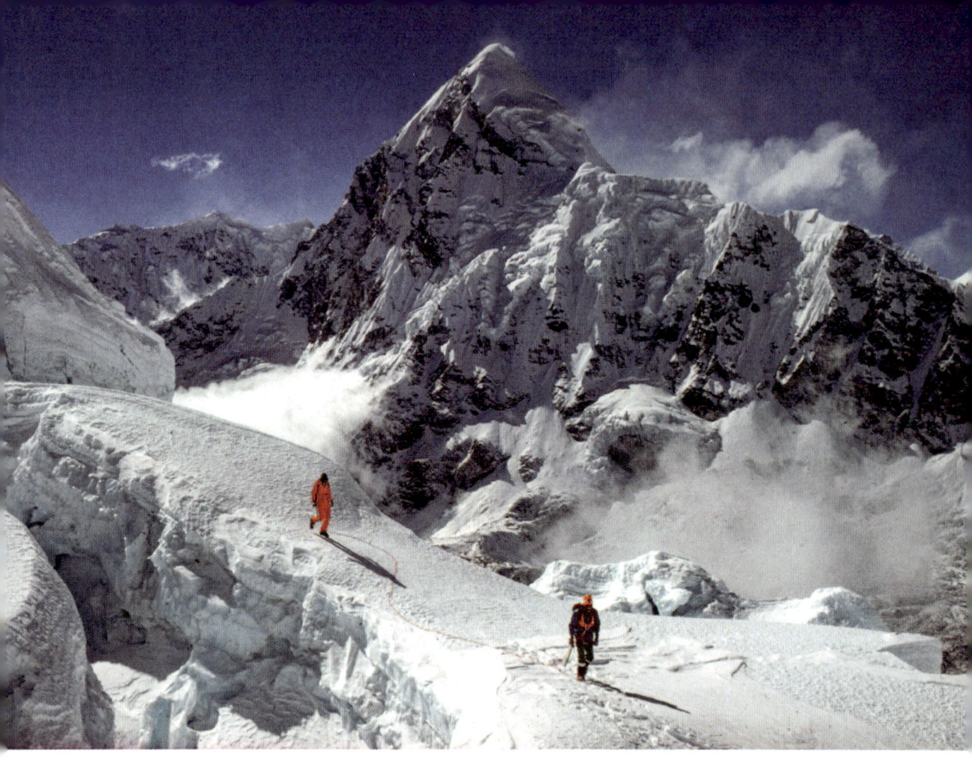

Peter (rechts) und Reinhold unterwegs am Everest, im Hintergrund der Pumori

Zelt auf dem Südsattel auf 7900 Meter verbrachte, zog ein bösartiger Sturm über ihn und zwei der Sherpas, Migma und Ang Dorje, herein. Zwei Tage lang waren sie im heulenden Wind gefangen. Messner bemühte sich mit allen Mitteln, die Sherpas am Leben zu halten, und kämpfte auch um sein eigenes. »Ich bin in diesen Stunden um Jahre gealtert«, schrieb Messner später.

Die erschütternden Nächte auf dem Südsattel stärkten jedoch die Entschlossenheit des Südtirolers. Im Gegenzug lagen Habelers Nerven immer blanker. Während ihn die Magenverstimmung für ein paar Tage außer Gefecht setzte, lag er in seinem Zelt und las einen Brief von Regina, der ihn im Basislager erreicht hatte. Bei jeder falschen Bewegung rieselte das gefrorene Kondenswasser von den Innenwänden herab auf das Papier und die Zeilen, die ihn berührten: »Wir denken ganz, ganz fest an dich, und jeden Tag zünde ich unsere Hochzeitskerze an, damit wir durch dieses Licht vereint sein mögen.«

Peters Zweifel wurden immer größer. Das beobachtete auch Oswald Oelz. »Peter war einerseits ein unbekümmerter, wahnsinnig guter Bergsteiger. Auf der anderen Seite hat er sich Sorgen gemacht um seine junge Familie. Er wollte sie unter keinen Umständen alleine zurücklassen.« Anders war die Grundstimmung bei Reinhold, der sich wenige Monate davor von seiner ersten Ehefrau scheiden lassen hatte. Er fühlte sich nur sich selbst verpflichtet. »Reinhold hat zum Everest ungeheuerliches Selbstvertrauen mitgebracht«, erinnert sich Oelz, »und das hat sich auf Peter übertragen: Diese gewaltige Energie hat ihn mit raufgezogen. Die beiden waren das perfekte Team, zwei Bergsteiger-Genies, die sich gegenseitig aufgeschaukelt haben. Wenn der eine nicht mehr wollte, hat der andere gezogen – und umgekehrt. Eine einmalige Kombination.«

Der 2. Mai war der Tag, an dem Motivation und Stärke ein neues Hoch erreichten. Die beiden verließen das Basislager in so fantastischer Form wie an keinem anderen Tag dieser Expedition zuvor. »Ich glaube, erst jetzt war ich richtig akklimatisiert, und das Wetter war herrlich«, notierte Habeler. Sie stiegen gleich auf bis ins Lager 2 auf 6400 Metern. Dort überschlugen sich im Funk bald die Stimmen: Nairz meldete den Gipfelerfolg gemeinsam mit Schauer und Bergmann. Habeler und Messner brüllten freudig zurück ins Mikrofon. Das waren auch gute Vorzeichen für ihren eigenen Gipfelsturm. Sie warteten im Lager 2 auf das erfolgreiche Team. Als ihm Robert Schauer, der so weit wie nur irgendwie möglich ohne Sauerstoffmaske hinaufsteigen wollte, erklärte, dass es ab dem Lager 4 nicht mehr ging, war das ein neuer Tiefschlag für Habeler. Er habe nach wenigen Schritten das Gefühl gehabt, ersticken zu müssen, berichtete Schauer. »Unmöglich ohne Sauerstoff«, bestätigten auch die anderen. Da war er wieder, der Zweifel, heftiger als je zuvor.

Nach dem Gespräch mit Robert schlich Peter still in sein Zelt. In seinem Kopf spukte wieder dieses Bild eines Sherpas umher, der nach einem Schlaganfall auf einer Trage heruntergezogen worden war. Peter legte die Fotos von Regina und dem kleinen Christian vor sich hin und hielt stumme Zwiegespräche mit ihnen. Der Vater erinnert sich gut an seinen inneren Zwiespalt: »Unter keinen Umständen wollte ich ›deppert‹ herunterkommen, sondern gesund und munter. Ich wollte, dass wir den Christian aufpäppeln, er war ja noch ein Baby. Und ich wollte, dass wir aus der kleinen Wohnung kamen, wo wir keinen Platz hatten.« Angst vor dem Tod empfand er damals nicht – seine Befürchtungen kreisten vielmehr um seine geistige und körperliche Gesundheit. Würde er den Verstand verlieren? Bewusstlos werden? Sich Zehen oder Finger abfrieren? Dann müsste er seinen Beruf als Bergführer aufgeben und sah die Zukunft seiner Familie erst recht vernichtet. Regina hatte beim Abschied noch zu ihm gesagt: Der größte Erfolg für sie wäre, wenn er wieder gesund heimkäme. »Vielleicht wäre es wirklich mutiger gewesen, umzukehren und mich um meiner Familie willen des Gespötts der Öffentlichkeit auszusetzen«, resümierte Peter zwischenzeitlich.

Schließlich kam ihm eine Idee. Er ging ans Funkgerät, rief ins Basislager und verlangte Bulle Oelz. Habeler gestand, es nun doch nicht ohne Sauerstoffgerät versuchen zu wollen, um das Risiko zu minimieren, und bat ihn, sich mit ihm zu einer Zweierseilschaft zusammenzutun. Doch Oelz hatte es bereits Franz Oppurg und Josl Knoll versprochen und gab ihm einen Korb. Im Basislager wurde gelästert, wie Habeler so ein Vorhaben erst an die große Glocke hing, und es dann nicht einmal versuchte. Oelz verstand Habelers Bedenken aber sehr gut. »Das wäre ja vernünftig gewesen«, erinnert er sich und merkt in aller Ruhe und Verschmitztheit an: »Aber Vernunft ist ja glücklicherweise nicht immer vorhanden, sonst wären die großen Dinge der Menschheit nicht passiert.«

Die Abfuhr und vor allem diese Lästerei waren wie ein Bienenstich, den Habeler brauchte. »Mich hat eine brennende Wut gepackt«, erzählt er. »Ich wollte wie geplant mit Reinhold ohne Sauerstoffflasche aufsteigen und es den anderen beweisen.« In seinem Inneren wallte Zorn auf, der ihn nur noch weitertrieb. All seine anderen Bedenken waren plötzlich wie weggefegt. Eine Trotzreaktion mit dynamischer Wirkung. Auch Reinhold bemerkte diese Veränderung: Habeler sei fast wie ein Pferd vor einem Rennen gewesen, sagte er danach.

Das Duo hatte nur dabei, was es wirklich brauchte: ihre maßgeschneiderten Daunenanzüge, Habeler den blauen, Messner den roten, mehrere Paar aus Schafwolle gewalkte Schladminger Fäustlinge, Steigeisen, Pickel, ein kurzes Stück Seil, eine Ersatzbrille und etwas zu trinken. Jeder von ihnen trug Prototypen der ersten Hartschalenschuhe, die ihnen die Firma Kastinger aus Seewalchen maßgefertigt hatte. Diese waren mit dem Schaumstoff Alveolit gefüttert und viel leichter als die traditionellen Doppellederstiefel der damaligen Zeit, von denen ein einziger gut zwei Kilogramm wog. Messner bekam vom englischen TV-Team noch eine winzige Videokamera und steckte ein Tonbandgerät in die Tasche, um den Aufstieg zu dokumentieren.

Während Eric Jones noch schlief, verließen die beiden um 5.15 Uhr bei minus 38 Grad das Zelt auf 8000 Meter. Nach vier Stunden erreichten sie schon Lager 5 auf 8500 Meter. Jeder

Schritt war eine Qual. Die Fußspuren von Nairz, Schauer und Bergmann waren gerade noch sichtbar – und sie beschlossen, nach ein paar Schlucken Tee weiterzugehen. »Das Bergsteigen in extremer Höhe hat überhaupt nichts mit dem Bergsteigen zu tun, das man normalerweise kennt«, sagt Habeler. Es sei ein Grenzgang zwischen Wirklichkeit und Unwirklichkeit. Man kriecht mehr, als man geht. Man wird so unendlich müde, dass man sich nur mit äußerstem Willen überhaupt wachhalten kann. Jede Bewegung wird zur Schwerstarbeit. Das Gehirn sei dort oben, sagte Messner, so, als wäre es mit Watte gefüllt. Das Denken, das Wollen, das Entscheiden – alles ginge nur sehr langsam. Darüber hinaus spielte die dünne Luft mit ihren Sinnen. Habeler erzählt, er habe das Gefühl gehabt, außerhalb seiner selbst zu sein und eine Maschine zu beobachten, die sich auf den Gipfel zubewegt.

Um 13.15 Uhr ging es nicht mehr höher. Messner und Habeler erreichten den Gipfel des Unmöglichen. Man schrieb den 8. Mai 1978, ein historischer Tag in der Alpingeschichte. In Messners wackeligen Aufnahmen zittert Habeler vor Freude. Sein Bart und die Fäustlinge mit Eis überzogen. »Wir umarmten uns, stammelten und heulten und lachten zugleich«, weiß Habeler noch genau. »Endlich war ich oben, endlich musste ich nicht mehr weiterklettern.« Die Euphorie war jedoch nur von kurzer Dauer. Ein paar seiner Finger kribbelten, und er befürchtete, es könnte der Vorläufer von etwas Ernsterem sein. Inmitten der gespenstischen Empfindungen in der Höhe drängte ihn sein Verstand zum schnellen Abstieg. Messner blieb noch eine Viertelstunde länger am Gipfel, während Habeler mit dem Abstieg begann. »Ich hatte das Gefühl, ersticken zu müssen. Schnell kamen auch Sorgen hinzu: Wie kommen wir über den Hillary Step runter, an dem wir uns nicht sichern konnten? Wird das Wetter

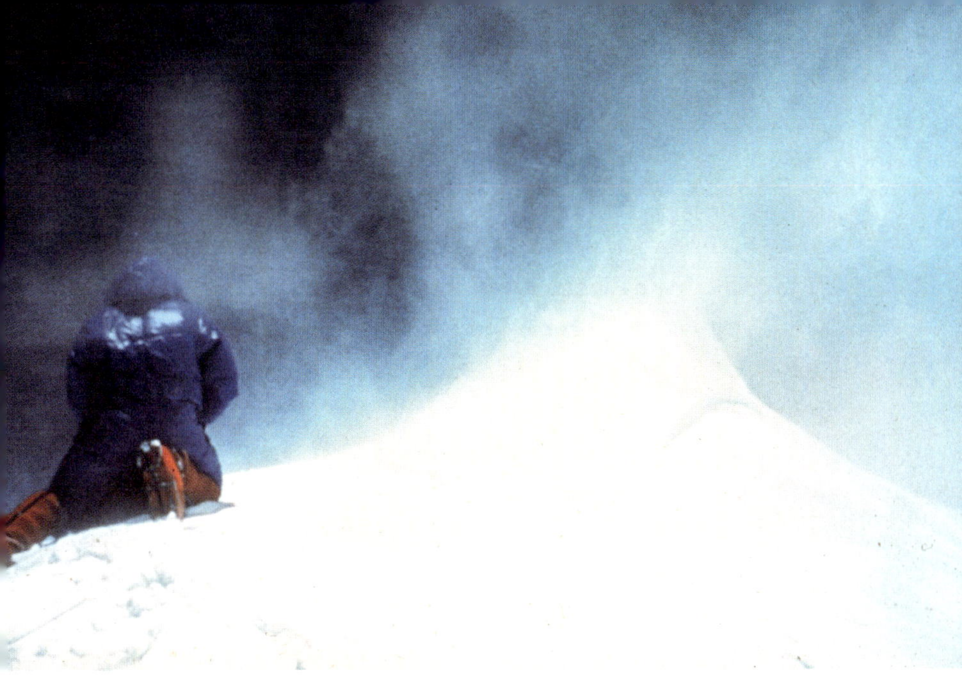

8. Mai 1978: Peter Habeler im Gipfelsturm am Mount Everest, knapp vor dem Südgipfel

halten?« Nachdem er unter größter Anstrengung zum Südgipfel des Everest gekrochen war, spielte ihm sein Instinkt doch einen Streich. Habeler wollte einfach nur so schnell wie möglich aus der Todeszone. Habeler setzte sich auf seinen Hintern, zog die Beine an und begann eine abenteuerliche Rutschfahrt, wie er sie zu Hause in den Alpen so oft zu tun pflegte. Irgendwann aber verlor er die Kontrolle dabei, es löste sich ein Schneebrett und riss ihm Steigeisen und Pickel davon. Eric Jones, der von unten die Fortschritte des Teams mit seiner Kamera verfolgte, war sich sicher: Der ist tot. Aber eine Stunde nach dem Gipfel konnte er sich vom Gegenteil überzeugen. Peter glich zwar einem Leichnam, doch fiel ihm leibhaftig mit Tränen in den Augen in die Arme. Unten im Essenszelt wurde nach dem freudigen Funkspruch nepalesischer »Khukri-Rum« gekippt. Zwei Tage später waren auch Messner – zwischenzeitlich schneeblind – und Habeler wieder im Basislager. Dort schrieb Peter in einem langem Brief an seinen Freund Ernst Spieß: »Wir haben keine groben körperlichen und, was noch wichtiger ist, keinen geistigen Schaden davongetragen. Es wird auch später nichts mehr kommen, sagen unsere Ärzte. Ich weiß nicht, wo ich beginnen soll zu erzählen, einiges wirst du aus der *Kronen Zeitung* erfahren haben, alles stimmte sicher nicht …«

22. Mai 1978, zurück am Flughafen in München. Wieder flossen Tränen – der Erleichterung. Sehnsüchtig wartete auf Peter Habeler nicht nur Regina, sondern auch eine Schar an Journalisten und Fotografen. Reporterfragen prasselten auf sie nieder, und Blitzlichter flammten auf, während die Mayrhofner Musikkapelle einen freudigen Empfang spielte. In weltweiten Medien wurden Messner und Habeler mit Kolumbus verglichen oder mit Scott und Amundsen. Andere sahen Parallelen mit den Mondfahrern. Die Besteigung des Mount Everest ohne zusätzlichen Sauerstoff gilt als Pionierleistung in der menschlichen Historie, die nicht nur den Alpinismus verändert hat, sondern auch unser Wissen über die Grenzen der menschlichen Physiologie.

Ein Kind aber brauche keine Legende, sagt Christian Habeler, es brauche einen Papa. »Das stellt man sich von außen immer so toll und glorreich vor, aber von diesen Errungenschaften hast du als Kind nichts, du verstehst sie auch gar nicht.« Beim Triumphzug durch die Gemeinde war der kleine Christian auch dabei, ohne wirklich zu wissen, was da überhaupt gespielt wurde. Er erinnert sich aber noch gut an einen Tag in der Volksschule, als die Lehrerin einen Eintrag über den Heimatort vorlas. Bei der Passage, dass Mayrhofen über die Grenzen hinaus bekannt sei durch den Extrembergsteiger Peter Habeler, saß er in der Klasse

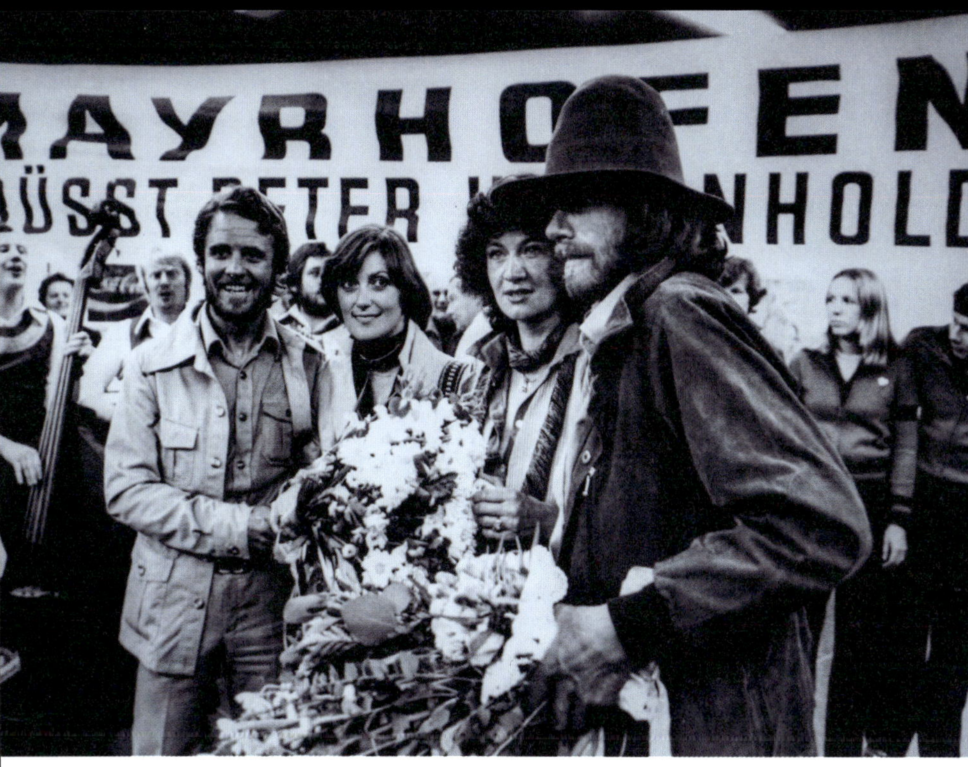

Peter und Reinhold wurden am Flughafen München feierlich empfangen.

und wollte am liebsten unter seinem Stuhl verschwinden. Ob sein Papa auch den Yeti gesehen habe? Solche Scherze konnte er leichter wegstecken, als der Sohn einer Legende zu sein.

Die Sherpas damals zweifelten noch länger an ihrer sauberen Besteigung, darunter auch Tenzing Norgay, der 25 Jahre zuvor den Mount Everest mit Sir Edmund Hillary – und schweren Sauerstoffgeräten – erstbestiegen hatte. Schließlich wurde ein Dogma gebrochen. Die Interventionen reichten bis zum nepalesischen Ministerium für Tourismus hinauf. Dies könne man nicht so stehen lassen, waren sich die Sherpas einig. Hillary war hingegen anderer Meinung. Er hatte immer daran geglaubt, dass der Everest eines Tages ohne zusätzlichen Sauerstoff bezwungen werden würde. Schon wenige Tage nach dieser alpinen Großtat drückte Sir Hillary dem siegreichen Habeler die Hände. Bei Peters Rückmarsch vom Everest-Basecamp trafen sie einander zufällig in Khunde, wo der mittlerweile 58 Jahre alte Hillary ein Krankenhaus errichten lassen hatte und es besuchte. Hillarys Gratulation kam für Habeler einem Ritterschlag gleich. »Erst jetzt dämmerte mir, was wir erreicht hatten.« Selbst würde sich Habeler nicht als Pionier bezeichnen. »Es ist uns einfach etwas gelungen, was anderen genauso gelungen wäre, wenn sie sich getraut hätten«, sagt er heute. Ja, sie hatten sich viel zugetraut.

Bald schon hieß es, Messner und Habeler seien irgendwie speziell in ihrer Fähigkeit, Sauerstoff aufzunehmen. Das hatte Oswald Oelz besonders interessiert. »Ich habe sie ausführlich studiert, habe sie in Unterdruckkammern bis auf simulierte 8000 Meter untersucht, ihnen Muskelgewebe entnommen, sie auf dem Laufband laufen lassen – bis sie hinuntergefallen sind. Dann habe ich die Ergebnisse mit anderen Bergsteigern verglichen. Das war eine sehr erfolgreiche Studie«, erzählt Oelz, »aber auch die langweiligste, die ich je gemacht hatte.« Warum? »Bei den beiden war alles völlig normal. Mit anderen Worten: Grenzen zu verschieben, ist nicht so sehr eine Frage der besseren Sauerstoffaufnahme, sondern der Motivation und Taktik.«

Noch im selben Jahr 1978, in der Herbstsaison, erreichte der Deutsche Hans Engl den Everestgipfel ohne zusätzlichen Sauerstoff. Sich am höchsten Berg der Welt gänzlich ohne Maske in die dünne Luft vorzuwagen, bleibt bis heute der Ausnahmefall. Bis 2020 zählte der Mount Everest nur 216 solcher erfolgreicher Gipfelbesteigungen, 14 davon endeten allerdings im Abstieg mit dem Tod. Im Rekordjahr 2019 schafften es insgesamt 398 zahlende Everest-Besucher bis auf den Gipfel – nur drei von ihnen ohne zusätzlichen Sauerstoff. Diese Zahlen gehen aus der *Himalayan*

Database hervor, die Elisabeth Hawley über viele Jahrzehnte detailliert führte. Dort hielt sie auch die Zweifel der Sherpas fest: Es sei nicht praktikabel, nicht wissenschaftlich, nicht logisch, dass sie das innerhalb der genannten Zeit ohne Sauerstoffflasche schaffen hätten können, sagten sie. »Miss Hawley hat in ihren Notizen aber auch immer wieder erwähnt, dass die Sherpas nicht wussten, wie stark Messner und Habeler wirklich waren. Sie hat ihnen das sehr wohl zugetraut«, erzählt Billi Bierling. Die Deutsche ist selbst eine erfahrene Höhenbergsteigerin und führt heute dieses historische Himalaja-Verzeichnis weiter.

Der Erfolg am Mount Everest öffnete für Peter Habeler nicht nur Türen, er öffnete ganze Tore. Was ihn dahinter alles erwarten würde, das war in dieser Dimension nicht absehbar – schon gar nicht für ihn selbst. Gleich nach seiner Rückkehr wurde er mit Anfragen für ein Buch überrumpelt, das er schließlich gemeinsam mit einem Ghostwriter verwirklichte. Viel wichtiger, als gleich wieder zur nächsten Expedition aufzubrechen, war ihm nämlich, etwas für seine Familie zu schaffen. »Die Achttausender waren erst einmal weit, weit weg für mich. Sie haben mich gar nicht mehr interessiert«, erinnert sich Habeler. Lebten sie zu dritt doch noch immer auf 30 Quadratmetern. »Kaum Platz zum Rühren, unser ganzes Leben spielte sich auf vier mal vier Metern ab. Wir hatten nur ein winziges Bad und ein kleines Schlafzimmer. In der Küche hatte ich mein Büro, und die Ordner standen im Keller«, erzählt er. Mit den Verkaufserlösen des Buches konnte er das Einfamilienhaus finanzieren, mit dessen Bau er 1977 begonnen hatte. Die Baustelle befand sich am aussichtsreichen Sonnenhang in Finkenberg auf 1000 Metern Seehöhe – vis-à-vis der Ahornspitze, die ihn im winterlichen Weiß so sehr an den Mount Everest erinnert. Habeler verwurzelte sich gerne in seiner Heimat und gründete 1980 die Alpinschule Zillertal, die er 1993 zur Ski- und Alpinschule Mount Everest erweiterte. »Ich habe sehr vom Everest profitiert, da ist einiges richtig gut gelaufen«, erzählt Habeler. Auch als Bergführer war er gut gebucht, zu seinen Stammgästen zählten bald der Bundespräsident und mehrere Kanzler Österreichs. Seine Ehefrau Regina trug im Büro wesentlich dazu bei, dass das Geschäft florierte, sie koordinierte alle Termine und kümmerte sich alleine um die beiden Söhne und den Haushalt, wenn Peter ausgeflogen war. Vorträge brachten Habeler um die halbe Welt, in kleine Städte und in große Konzerne. Oft hatte er 10 bis 15 Termine am Stück, war wochenlang auf Tour. Zumindest Zeit für kleinere Expeditionen, 1980 nach Alaska zum Mount McKinley und 1981 zurück nach Peru zum Yerupaja, schaufelte sich Peter frei. Auch wenn kaum Zeit war, so viel Zeit musste einfach sein.

Sein Erfolg am Everest hatte somit auch Schattenseiten: Hinter jeder neuen Tür, mit jeder Anfrage entfernte sich Peter weiter von seiner Familie, für die er eigentlich da sein wollte. Bergführen, Vortragsreisen, Expeditionen – »das war dann natürlich extrem. Ich war immer nur kurz zu Hause, wechselte geschwind die Wäsche, fuhr dann schon wieder weg«, gesteht Peter: »Irgendwann ergibt das leider Schwierigkeiten. Das geht der Frau auf den Geist, und die Kinder leiden darunter.« Das Skifahren lernten Christian und Alexander nicht bei ihrem Papa, sondern in der Skischule bei den angestellten Lehrern. Gemeinsam auf Bergtouren ging es zwar manchmal, aber fast immer nur gemeinsam mit zahlenden Gästen.

Berühmte Väter sind wie hohe Berge: Sie werfen lange Schatten. Habelers Söhnen wurde oft eine gewisse Erwartungshaltung entgegengebracht. »Ah, das ist ja euer Papa – seid ihr auch so extrem, macht ihr das auch?« »Muss ich denn Briefträger werden, wenn mein Vater Briefträger ist?«, fragte sich Christian dann und kannte irgendwann nur noch eine Antwort: »Nein, ein Narrischer ist genug in der Familie.« Damit war das Thema erledigt. Für ihn war schnell klar, dass er seinen eigenen Weg gehen wollte – ein Weg aus dem Schatten, hin zur Sonne. Schon bald absolvierte er seine erste Saison als Skilehrer in Australien. Das Skifahren war und ist seine Leidenschaft.

In früheren Sommern kamen die Burschen immer auch zu den Kinderklettercamps ihres Vaters mit. Obwohl sie irgendwann lieber ins Freibad anstatt zu den Felsen gegangen wären, sind damit schöne Erinnerungen verbunden. An einem stürmischen Abend – sie schliefen immer draußen in Zelten – vertschüssten sich alle Kinder hinein ins Warme, bis auf Alex. »Ich habe einfach weitergeschlafen«, erzählt er, »und am nächsten Morgen bin ich neben Papa aufgewacht, er hat sich zu mir gelegt.«

Nähe zu seinem Vater konnte der »Lixl« auch auf den Vortragsreisen tanken. Hin und wieder begleitete er ihn auf den langen Autofahrten, von Stuttgart, Köln nach Düsseldorf, einmal auch im Flugzeug nach New York. »Zeit alleine nur mit Papa zu verbringen, habe ich genossen«, erzählt er. In den Vortragssälen half Alexander dann mit, die Projektoren und die Leinwand aufzubauen für die große Show. Oft saßen 800 oder sogar 1000 Menschen im Saal, die seinem Papa auf der Bühne lauschten und tosend applaudierten. Gänsehautmomente für Alex. Manchmal bediente der Junior auch die Diaprojektoren, eine komplexe Angelegenheit. »Einmal hatte ich mich vertan. Aber der Papa ging in aller Ruhe zurück, regelte es und sagte: ›Lixl, das passt gut, das kann passieren.‹«

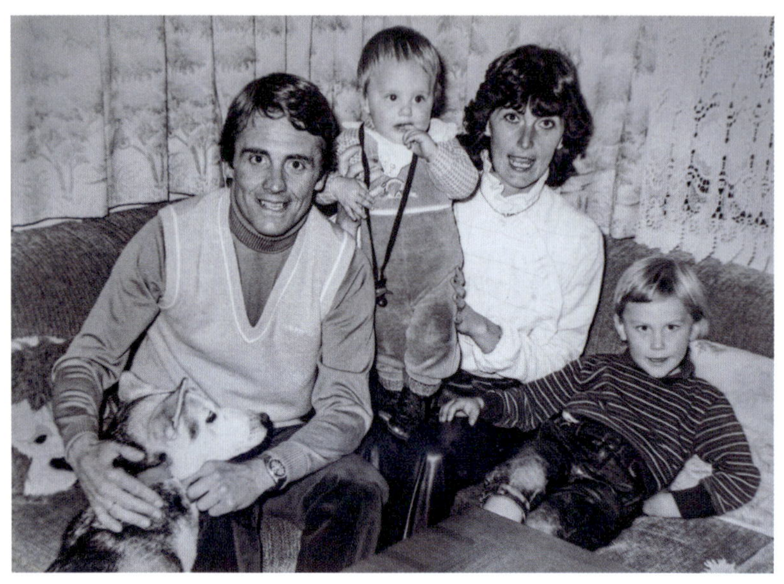

Oktober 1982 daheim bei seiner Familie im Zillertal

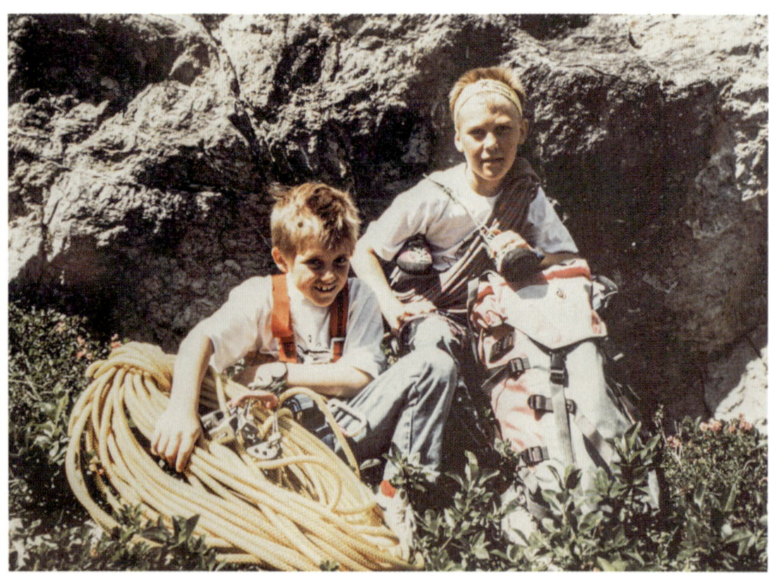

Die Jungs, Alex (links) und Christian, beim Klettercamp ihres Vaters

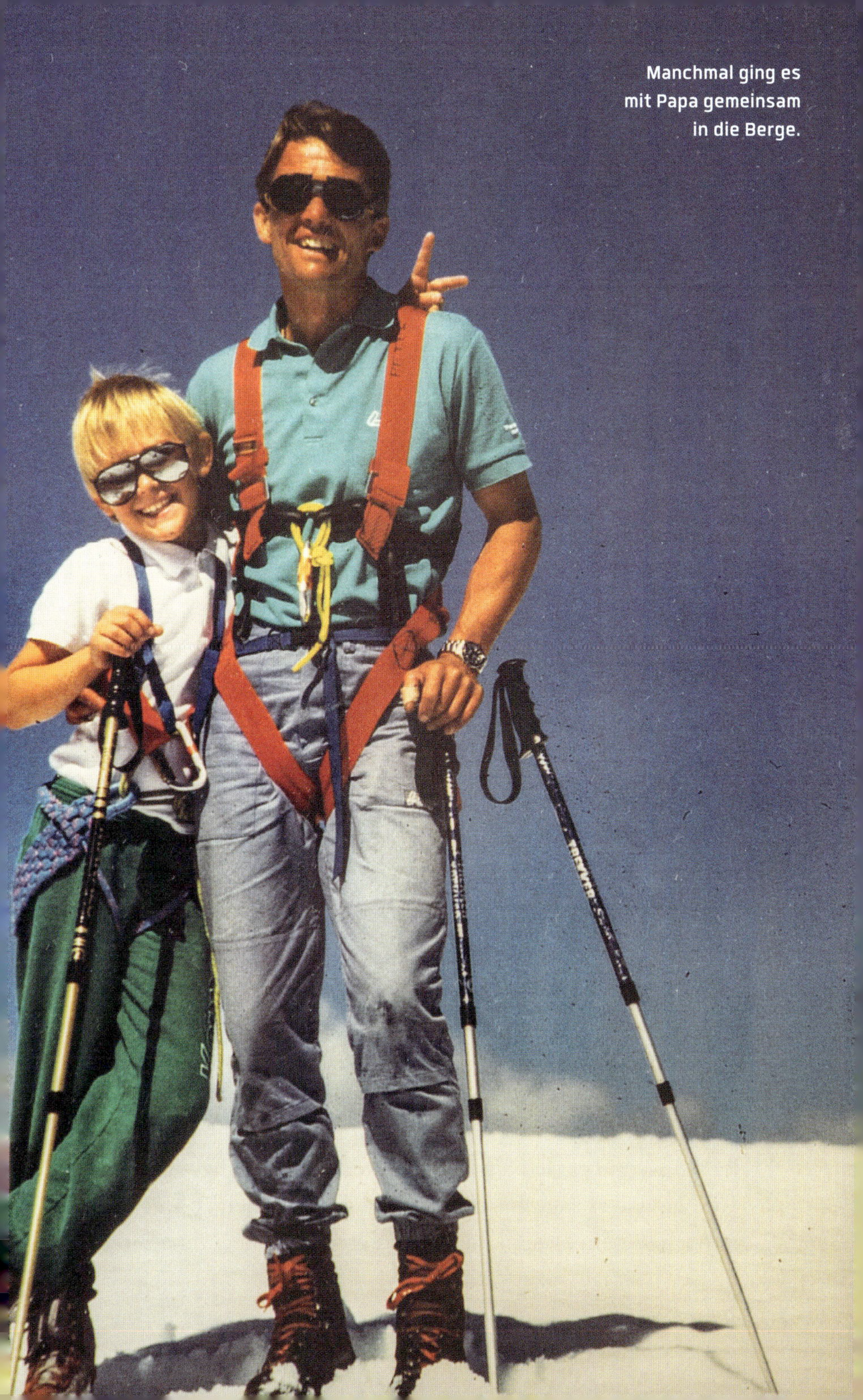

Manchmal ging es
mit Papa gemeinsam
in die Berge.

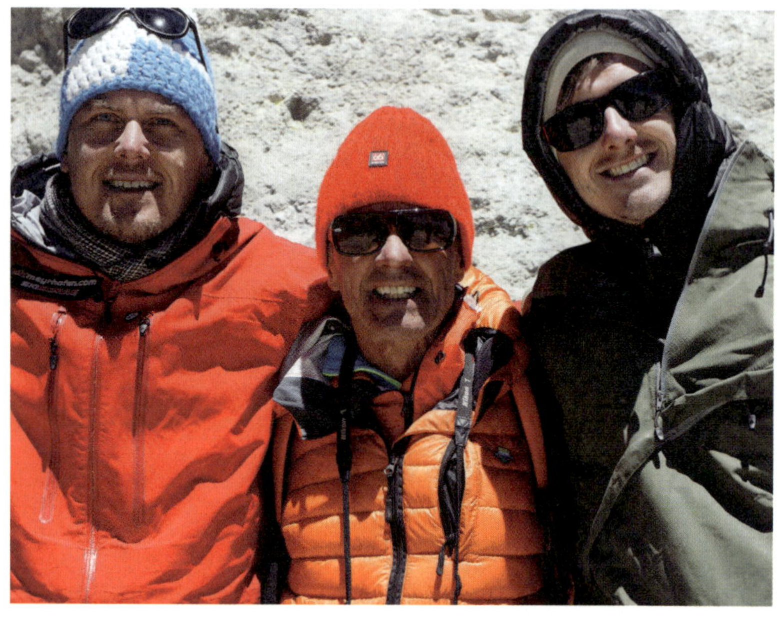

Christian, Peter und Alexander auf gemeinsamer Reise im Iran, 2014

Mit 16 ging Alexander für eineinhalb Jahre in die USA zu einem Freund seines Vaters, der in Boulder, Colorado, einen Bergsportladen führte. Dort entdeckte Alex das Wildwasserpaddeln und Telemarkskifahren für sich. Zurück in den Alpen reizte er als Speedflieger mit dem Gleitschirm kleinste Spielräume aus und unternahm Tauchgänge in bis zu 70 Meter Tiefe des Achensees. Mit der Geburt seiner Zwillingssöhne schraubte er das sportliche Risiko gegen Null – er möchte nichts herausfordern, betont Alex. Genauso gerne geht er seinem handwerklichen Talent nach. Nachdem er in Innsbruck ein Bergsportgeschäft geführt hatte, machte er sich als Handwerker selbstständig – und Kopfwerker, wie er sagt. Er fertigt unter anderem Bergsport-Produkte nach seinem Design an, näht Rucksäcke. Dabei reizt ihn eine puristische Herangehensweise: »Wie weit kann ich etwas minimieren, ohne die Funktion zu beeinträchtigen?« Eine Frage, die sich auch sein Papa oft stellte.

Als im Raum stand, dass Christian von seinem Vater die Skischule übernehmen könne, erbat er sich eine Bedenkzeit. Er war in der Zwischenzeit staatlich geprüfter Skilehrer geworden, doch ihre Vorgeschichte machte es ihm nicht leicht, sofort aufzuspringen. 2006 übernahm er schließlich das Unternehmen und benannte es in Skischule Habeler um. »Er hat sich auf eigene Beine gestellt«, sagt Peter, »das finde ich toll.« Den Fokus legt Christian auf Privatunterricht, um jedem Gast möglichst viel mitgeben zu können. Stolz ist Peter auf Christian aber nicht nur, wie er die Skischule weiterführt, sondern auch wie er mit seinen eigenen Kindern umgeht. »Mich fasziniert die Achtsamkeit gegenüber seiner Familie. Christian ist viel mehr Familienmensch, als ich es je gewesen bin«, sagt Peter, »das ist schön zu beobachten.«

Ein harmonisches Familienleben zu führen – dies sollte der einzige Traumberg sein, der Peter selbst versagt geblieben ist. Ihre Gräben seien mittlerweile aber zugeschüttet und Gras drüber gewachsen, bekräftigt Christian. Gemeinsam bereisten sie 2014 den Iran und bestiegen den Damawand – ein Höhepunkt in der Vater-Sohn-Beziehung, schildert Alexander: »Ich bin dankbar, dass wir mit ihm in diese komplett fremde Kultur eintauchen durften.« Was er von seinem Vater gelernt hat? »Seinen eigenen Weg zu gehen. Es war nicht immer leicht, und er war oft nicht präsent. Die meiste Zeit aber war er ein guter Papa«, sagt Alex und merkt noch eines an: »Ein Vater kann nie die ganze Zeit ein guter Vater sein.«

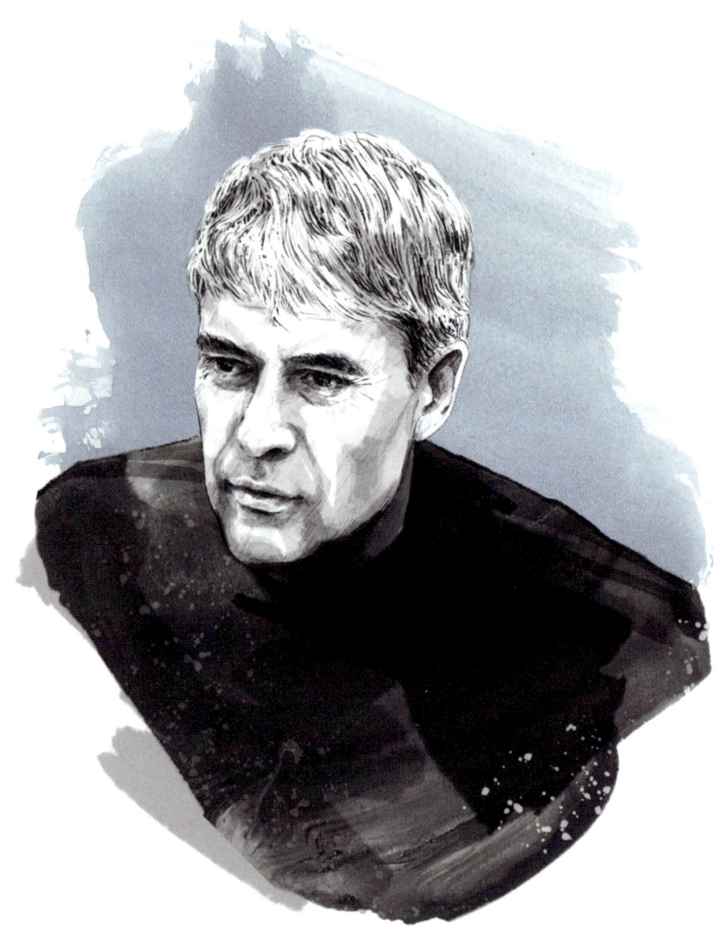

Herbert Woopen

Der Pfarrer, der ihn als Schutzengel begleitete

Eine Verbindung zum Himmel

Als Gast fuhr er mit Peter Habeler zum Klettern in die Dolomiten, als Freund kam er zurück: Herbert Woopen, ein Pfarrer aus Aachen, der 1929 pünktlich an Weihnachten zur Welt kam. Wenn Peter seine Vortragsreisen für viele Wochen nach Deutschland führten, besuchte er ihn gerne in Nordrhein-Westfalen – und manchmal kam Herbert auch nach Finkenberg zur Familie Habeler auf Besuch.

»Es ist etwas Wunderbares, solche Menschen kennen zu dürfen«, vermerkte Peter in seinem Tourenbuch, als es mit Herbert im Juli 1973 zum herrlichen Granit an die Nordkante des Piz Badile ging. Von der Sasc-Furä-Hütte marschierten sie vor der Morgendämmerung los und blickten schon vom Dreitausendergipfel, bevor unten in den Dörfern überhaupt die Kirchenglocken neun Uhr läuteten. Dort oben genossen sie den himmlischen Ausblick über das Bergell, das sich auf wilde und malerische Weise an die Grenze zwischen Italien und der Schweiz schmiegt. Während Herbert im Abstieg auf dem Rifugio Gianetti wartete, um seinen Knien den langen Rückmarsch in die Schweiz zu ersparen, lief Peter alleine über zwei Pässe zurück. Oh je! Der gelbe Toyota war im Bondasca-Tal inmitten der hinzukommenden Fahrzeuge völlig zugeparkt. Zum Glück hat so ein Bergführer immer ein Seil im Rucksack und eine pfiffige Idee im Kopf – dank helfender Hände konnte Peter das Auto auch bald wieder befreien. Im italienischen Val Masino holte er Herbert ab, er war inzwischen von der Hütte abgestiegen, und das Auto wurde zu ihrem Rifugio. Mehr Luxus brauchten sie nicht für die Nacht. Schon am nächsten Morgen starteten sie los zur fotogenen Fiamma, die wie eine versteinerte Flamme oberhalb des Albigna-Stausees zum Himmel ragt. Es waren Ausflüge wie diese, die ihre Verbindung über die Jahre immer tiefer werden ließ. »Seinen größten Wunsch, die Badile-Nordostwand, habe ich ihm leider nicht erfüllen können«, erzählt Peter, etwas wehmütig. Nah dran waren sie schon, als sie in der Cassin-Route auf eine Schweizer Seilschaft aufliefen und Peter an ihnen vorbeikletterte. »Das hat einem Schweizer aber gar nicht gepasst. Er hat dem Herbert mit seinem Hammer, den er am Gurt hängen hatte, leicht auf den Helm geklopft, um seinen Unmut kundzutun.« Der Schrecken war groß, vor allem aber der Spaß verflogen. »Ach Peter, lass uns umdrehen«, rief Herbert. »Eine vergiftete Atmosphäre am Berg haben wir beide nicht gebraucht, und zwar nie«, hält Peter fest. Sie drehten wieder um.

Herbert Woopen unterrichtete auch Religion am Rhein-Maas-Gymnasium in Aachen, besonders nahe fühlte er sich Gott in den Bergen. Lange Zeit war er Gast von Bergführer Kuno Rainer gewesen, dem Seilgefährten des legendären Hermann Buhl. Nach einer gemeinsamen Führungstour saßen Peter Habeler und Kuno Rainer bei einem guten Achtel Hauswein beisammen – Kuno habe nur dann geredet, merkt Peter an, wenn er ein Glas Wein hatte. Dabei bat der ältere den jungen Bergführer, seinen hochwürdigen Kunden zu übernehmen, einen besonders feinen Menschen und guten Kletterer, der sechste Grad zum Nachklettern für ihn gar kein Problem. Peter nahm dieses »Gast-Geschenk« gerne an. Kuno, der auch Chef der Österreichischen Bergführer-Ausbildung war, schlug Peter auch als seinen Nachfolger in dieser Funktion beim Hauptverband vor. Peter war selbst schon einige Jahre als Bergführer-Ausbildner tätig und übernahm daraufhin ab 1972 für insgesamt sechs Jahre die Leitung.

»Für mich war das ganz toll, weil in meiner Brust zwei Seelen vorhanden waren«, erzählt Peter. Die eine Seele nährten hohes Tempo und hohe Schwierigkeiten, das Extreme auf Expeditionen. Und zur anderen Seele gehörte das Bergführen, ruhig, sicher und bedächtig. Für ihn sei diese Abwechslung super gewesen, wie Yin und Yang. Ob es das war, das ihn als Bergsteiger alt werden ließ? Dass er nicht jeder Tour immer noch eines draufsetzen musste, immer wilder und extremer, bis es vielleicht dieser eine Schritt zu weit war? »Ich hab auch Fehler gemacht und hatte wahnsinnig viel Glück«, schickt Habeler voraus. Sehr wohl

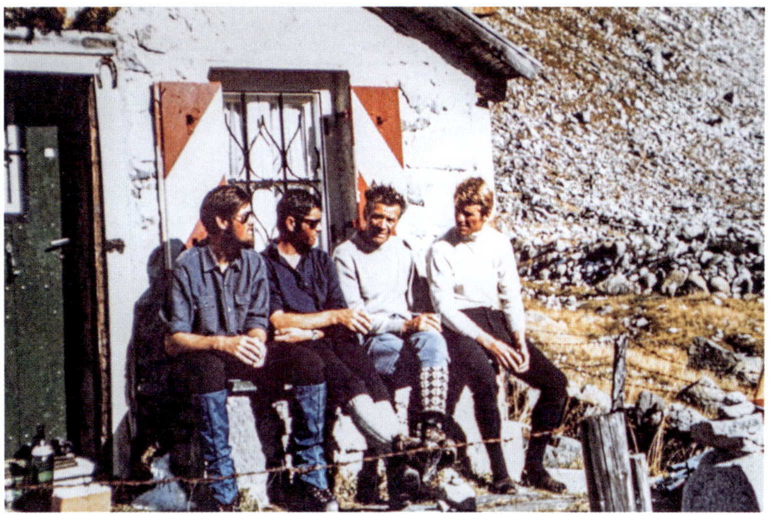

Bei einem Bergführer-Kurs: Wolfgang Nairz, Hugo Walter, Kuno Rainer und Peter Habeler (von links nach rechts)

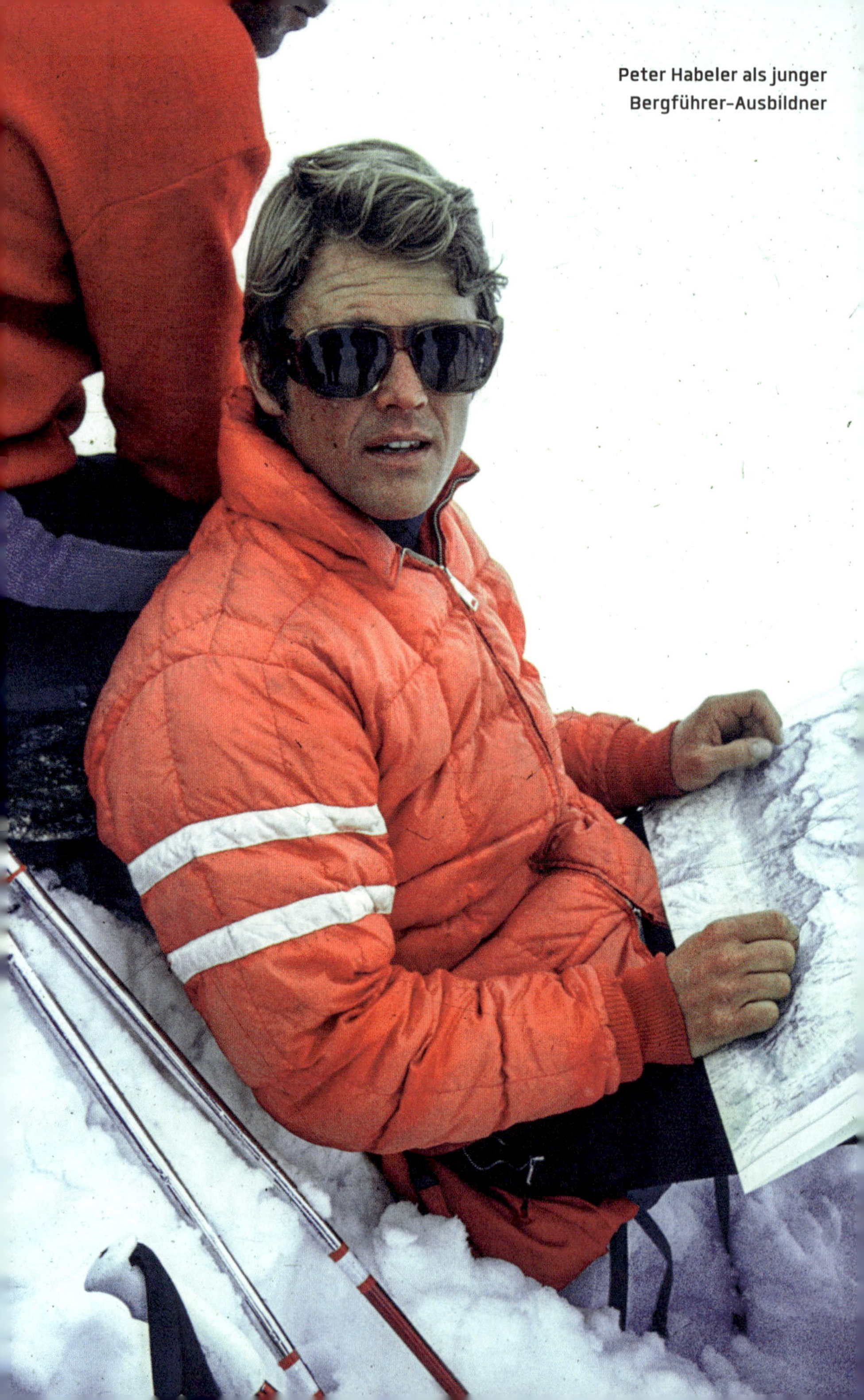

Peter Habeler als junger Bergführer-Ausbildner

glaubt er aber, dass Ruhephasen ein Hauptgrund dafür seien, warum er mit 80 Jahren noch leben, und zwar richtig gut leben darf. »Du kannst nicht permanent voll durchmarschieren. Du brauchst hin und wieder einen Divan, wo du dich hinlegen und ausrasten kannst.«

In Summe war das damals aber noch immer zu wenig Ruhe, als dass er zu Hause als Familienvater so richtig angekommen wäre. Die Ehe mit Regina bekam Risse, das vertraute Peter auch Herbert Woopen an. Einmal kam er sogar ins Zillertal gereist, um einen Streit zu schlichten. Eine schwierige Aufgabe, selbst für den Theologen – doch es sollte ihm vorerst gelingen.

Mit der Freundschaft zu Herbert Woopen fand auch Peter wieder den Schlüssel zu seiner Religiosität, den er in seiner Jugend verlegt hatte. Auch wenn er es mit dem regelmäßigen Kirchengehen selbst nie so gehalten hätte, sagt Peter, könne er dem Glauben einiges abgewinnen, dem katholischen ebenso wie dem buddhistischen. Eine bronzene Buddha-Figur, mitgebracht von einer Nepal-Reise, sitzt auf einer Kommode und blickt durch das lichtdurchflutete Wohnzimmer und die Balkontüre hinaus in die Zillertaler Berge. Auch Herbert Woopen sei für den Bud-

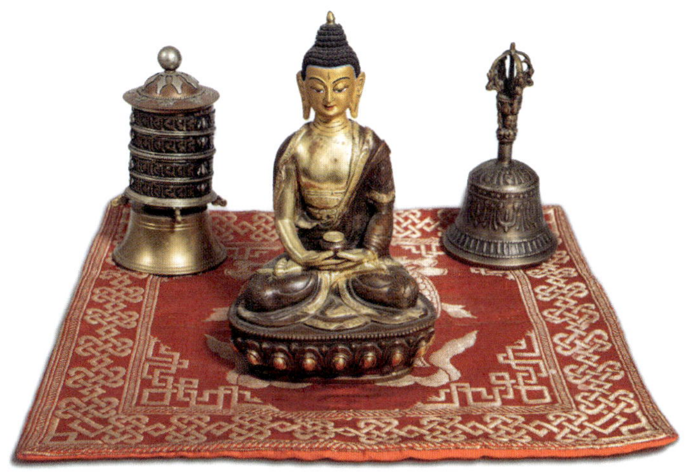

dhismus offen gewesen, war Peter begeistert: »Er hat andere Religionen leben lassen – und das als katholischer Pfarrer. Er war sehr gebildet und bescheiden, und am meisten imponiert hat mir seine Achtsamkeit und Großzügigkeit. Als Religionslehrer hatte er es nicht immer leicht, unter seinen Schülern waren auch ein paar ›Fratzen‹, und trotzdem war er immer für alle und die Allgemeinheit da.«

Mit vier Jahren fing Herbert mit dem Klavierspielen an. Darin wurde er so gut, dass der Klavierlehrer zu dem Elfjährigen sagte, er könne ihm nichts mehr beibringen. In Gedanken tanzten Herberts Finger stets über die Tasten und spielten Beethoven oder Chopin. »Nur bei zwei Tätigkeiten hat er nicht im Kopf Klavier gespielt«, weiß Peter, »wenn er die Messe gelesen hat und wenn er geklettert ist. Dann hat er sich ganz auf den Augenblick konzentriert.« Den eigenen Glauben lebte Peter nur ab und an aus. »Ich muss zugeben, dass ich immer erst dann zu beten begonnen hab, wenn es mir wirklich dreckig ging.« Er betete nicht nur einmal.

Sechs Jahre nach dem Mount Everest wurde Habeler wieder »rückfällig« – wie er es bezeichnet – mit Achttausendern. Sein Sohn Alexander war inzwischen auf der Welt und zweieinhalb Jahre alt. Doch der Reiz, in die höchsten Regionen dieser Erde aufzubrechen, war größer als der Wunsch, diese Zeit mit seiner Familie zu verbringen. Für Peter Habeler sei der Mount Everest nicht der Höhepunkt seiner Expeditions-Karriere gewesen, das erwähnt er immer wieder. Für ihn stellte er ein Sprungbrett dar.

1984 ging es zurück in den Karakorum nach Pakistan an den mächtigen K2, den zweithöchsten Berg der Welt und wohl schwierigsten Achttausender. Ein schlechtes Klima umhüllte diese Expedition – sowohl was das Wetter betraf als auch das große Team. Beim Verlegen der Fixseile am Abruzzengrat stürzte Habeler dann obendrein auch noch mit einem kleinen Schneerutsch ab. 15 Meter tiefer blieb er in den Fixseilen hängen – verletzt. Er stieg noch selbst ins Lager ab, doch seine Wunde am Kopf musste genäht werden. Im Basislager erreichte ihn dann ein Brief von Regina. Was er las, trug nicht zu besserer Laune bei: Alexander sei kopfüber von einer Mauer gefallen und habe einen bösen Schädelbasisbruch erlitten. Ob das ein Zufall gewesen sein kann?

Noch vor seinem eigenen glimpflichen Unfall im Aufstieg zum K2 unternahm Habeler einen rasanten Alleingang am benachbarten Broad Peak: In nur einem Tag stieg er vom Basislager bis zum Gipfelaufbau. Dort durfte er wie vereinbart im letzten Hochlagerzelt der polnischen Expedition übernachten. Als er am nächsten Tag in dichte Wolkenbänke blickte, stieg er lieber wieder ab. Die Polen hatten eine andere Taktik: Sie warteten und erreichten tags darauf den Gipfel.

Gehadert hätte er mit seiner Entscheidung nicht. Umkehren sei nie eine schlechte Entscheidung, sagt Habeler, schlechtes Wetter abzuwarten hingegen schon. »Weil man in dieser Höhe immer schwächer wird und nach Tagen dann einfach keine Kraft mehr hat, um abzusteigen«, erklärt er. Diese Strategie, auch wenn sie am Broad Peak nicht zum Gipfel führte, war eine Strategie, die ihn auf seinen Expeditionen das Überleben sicherte. Eine zweite Taktik: viel trinken, sich regelrecht dazu zwingen, viel zu trinken, damit das Blut in der Höhe nicht noch weiter eindickt. Der Flüssigkeitsbedarf über 7000 Meter ist mit vier bis sieben Liter pro 24 Stunden enorm – und oft ist es mühsam und technisch schwierig, auf einem Gaskocher so viel Schnee zu schmelzen.

Für einen Liter brauchte Habeler nicht selten eine Stunde. Wird man in diesem Geduldsspiel lethargisch, wird es gefährlich. Flüssigkeitsmangel kann zu schlechterer Gewebedurchblutung führen. Die Gefahr steigt für Erfrierungen, Thrombosen und Blutungen, die im Gehirn schnell lebensbedrohlich werden.

Es war im Dezember desselben Jahres, da kam Herbert Woopen wieder im Zillertal vorbei. Diesmal aber, um sich zu verabschieden. »Er hat gespürt, dass er bald sterben wird«, erzählt Peter. Gemeinsam fuhren sie zu einem Pfarrer nach Gossensaß nach Südtirol, den Herbert auch noch einmal sehen wollte. Danach brachte ihn Peter zum Bahnhof nach Innsbruck.

»Wir sehen uns im Sommer«, verabschiedete sich Peter.

»Nein, werden wir nicht«, antwortete Herbert.

Der Pfarrer las am Heiligen Abend 1984, an seinem 55. Geburtstag, seine letzte Christmette. Drei Tage später wachte er im Bett nicht mehr auf. »Wahrscheinlich hatte er einen Herzinfarkt«, sagt Peter.

Selbst wenn sein langjähriger Freund gestorben war, fühlte Peter sich ihm ab nun noch näher. Vor allem in jenen Momenten, in denen es brenzlig wurde. »Herbert, so glaube ich zumindest, ist mein Schutzengel«, sagt Peter. Und als solcher sollte Herbert Woopen noch einiges zu tun bekommen.

Im darauffolgenden Jahr 1985 hatte Habeler wieder ein Erfolgserlebnis auf einem Achttausender, am Nanga Parbat. Er hatte diese Expedition selbst auf die Beine gestellt mit all dem Papierkram, der dazugehörte, und die beiden Deutschen Michael Dacher und Udo Zehetleitner eingeladen. Der »Michl« hatte schon sieben Achttausender im Sack – 1979 war er unter anderem mit Reinhold Messner am K2 gewesen.

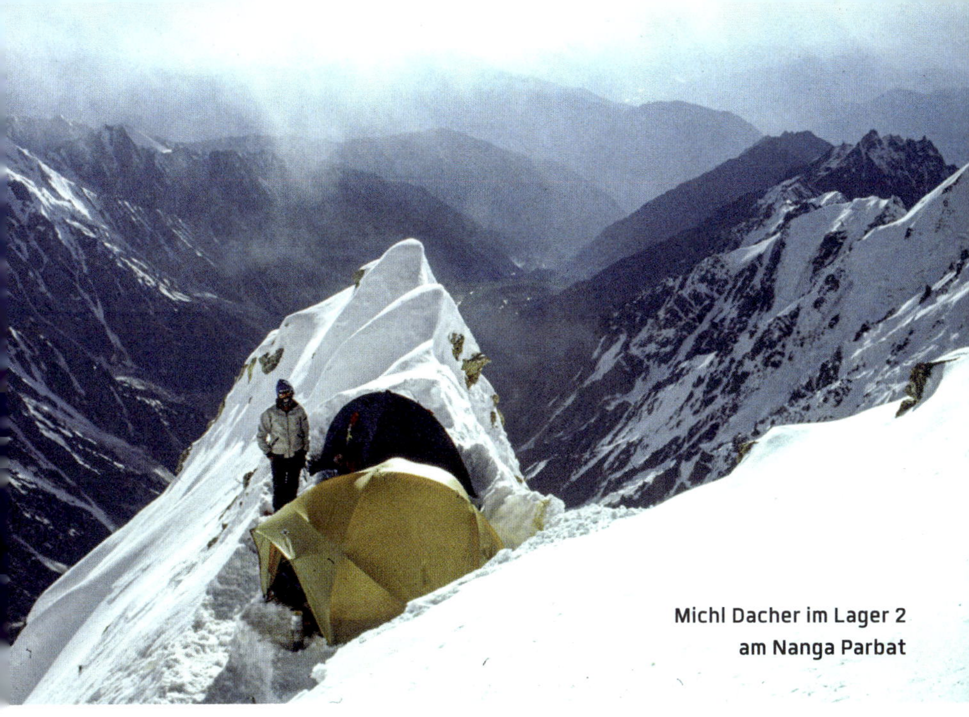

Michl Dacher im Lager 2 am Nanga Parbat

Im Basislager horchte Dacher gerne seinen Puls ab, einen besonders ruhigen. »Von seinem Ruhepuls hatte er gerne abgelesen, wie gut er ist. Wir hatten 48 oder 50. Und er sagte immer: Schaut, wie gut ich beieinander bin! 31, ein Wahnsinn!« Sein Herz gab wenige Jahre später aber auch den Ausschlag für seine letzte Stunde – mit 61 Jahren hatte es plötzlich und für alle überraschend aufgehört, zu schlagen.

Am Nanga Parbat war Michael Dacher 52 Jahre alt und topfit. So beschwerlich konnte es für den Bayern auf Expeditionen gar nie werden, dass er nicht noch einen flotten Spruch über die Lippen brachte. Den Gipfel des Nanga Parbat erreichten Peter und Michael über die Kinshofer-Route. Knappe zwei Stunden saß Habeler bei Traumwetter und Windstille oben, er war schon vor Michl angekommen. »An diesem Tag ist alles so spielerisch gegangen«, erzählt der Zillertaler, »fast so, als wäre ich in den heimischen Bergen unterwegs gewesen.«

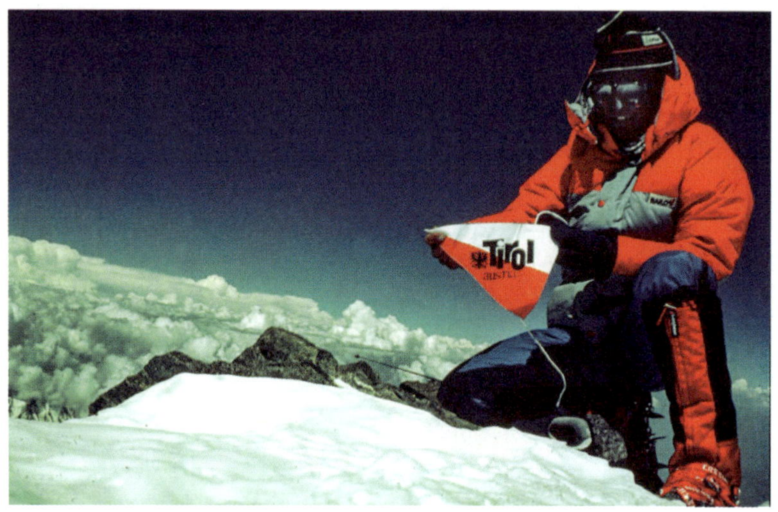

Gipfelglück: Peter Habeler am höchsten Punkt des Nanga Parbat

Zehetleitner war die Zeit hingegen davongelaufen, er war schon vorher ins Allgäu heimgereist – über Wochen hatte sie immer wieder Schneefall und große Lawinengefahr zum Stillsitzen verdonnert, eines ihrer Zelte wurde sogar verschüttet – sie befanden sich zum Glück außerhalb davon. In den Sitzen des Flugzeugs, Destination München, heckten Habeler und Dacher schon den nächsten Plan aus: Sie wollten ihre gute Form ausnutzen und gleich noch den Dhaulagiri anhängen. Als ihn Regina und die beiden Söhne am Flughafen abholten, offenbarte er, dass er bald schon wieder zur nächsten Expedition aufbrechen würde. Sehr wohl wusste er dabei, dass dies nicht die feine englische Art war, die er sonst gerne an den Tag legte. Aber seine gute Form einfach so verstreichen lassen? »Wir sind uns sicher gewesen: Den Dhaulagiri reißen wir nieder«, erzählt Habeler. Sein Sohn Alexander erinnert sich noch an die Heimkehr der beiden Vagabunden. »Von der Expedition kamen sie vollkommen aus-

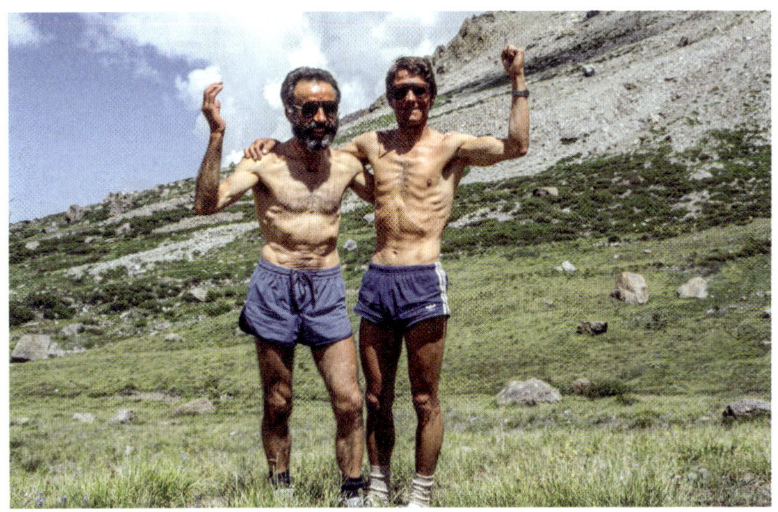

Vom Gletscher zurück im Grünen: Dacher und Habeler nach der Besteigung

gemergelt zurück, waren wild beieinander, null Körperfett am Körper.« Michl Dacher wusch bei den Habelers seine Wäsche, gerade als Alexander die Tür zum Waschraum öffnete: »Er trug eine kurze Hose, und ich dachte: Da steht ein Geist vor mir.«

Wieder aufgepäppelt und frohen Mutes ging es für Peter und Michl zurück nach Kathmandu, wo sie von strömendem Regen empfangen wurden. Sie waren nur zu zweit, organisierten sich einen Sherpa-Sirdar und ein paar Träger bis zu ihrem Basislager. Sie hatten den Nordostsporn im Auge. Doch der Regen wollte nicht aufhören, auch am Fuße des Dhaulagiri nicht. Die Nässe kroch in die Zelte und unter alle Kleiderschichten. Irgendwann zog sich Habeler eine Verkühlung zu, er hustete stark. Nach zwei Rasttagen in ihrem Basislager starteten sie trotzdem eine Erkundungstour über den Gletscher und fanden miserable Verhältnisse vor. Vor einer Randspalte war vorerst Schluss. Zurück im

Basislager bekam Habeler größere Probleme mit der Atmung – und irgendwann gar keine Luft mehr. Ein Höhenlungenödem? »Der Habeler kriegt doch kein Höhenlungenödem, hab ich mir gedacht! Wir hatten natürlich nichts dabei in unserem Medizinpaket, das helfen könnte. Da bekam ich Panik.« Habeler wollte nur eines: so schnell wie möglich ins andere Basislager hinüber zu den beiden Ärzten einer tschechischen Expedition, die an der Westwand unterwegs war.

Es nieselte. Es dämmerte. Es regnete stärker. Und Peter bekam fast keine Luft mehr. Noch war er zuversichtlich. Bis es stockdunkel wurde und er erkannte: »Das war eine idiotische Idee. Ich hätte mich hinlegen und viel trinken sollen – vielleicht wäre es von selbst besser geworden.« Im rund zweistündigen Marsch von Basislager zu Basislager ging es über Moränenschutt eine kleine Flanke hinunter. Er rutschte aus und stürzte ein paar Meter ins Gletschergeröll hinunter. Weh tat er sich nicht, aber die Stirnlampe ging kaputt. So saß er dann im Dunkeln und im Regen – und im Wissen: Das wird eng. »Da musste ich mich wieder besinnen, durfte nicht mehr so hektisch sein und keine Fehler mehr machen. Sonst wäre das mein Ende.« Ohne Lichtquelle hatte er keine Chance, über den Gletscher zu finden. Er suchte sich einen möglichst regengeschützten Platz, schlüpfte in seinen Schlafsack, auch wenn der gegen die Nässe machtlos war. Die Minuten wurden zu Stunden. Der Regen wurde zu Schnee. Und die Müdigkeit mündete in einem Schlaf. »Irgendwann habe ich den Willen nicht mehr aufgebracht und bin eingenickt«, erzählt Habeler. Im Traum erschien ihm ein Tunnel. »Ein dunkler Tunnel mit einem wunderschönen, erleuchteten Ausgang. Ich habe mich wohl und beschützt gefühlt.« Das helle, gleißende Licht vor seinem geistigen Auge blendete ihn so sehr, dass er sofort wach wurde. Er fror erbärmlich, nur ums Herz war ihm warm, er lebte noch. Alleine fühlte er sich nicht, Herbert Woopen war bei ihm. »In diesem Moment bin ich sicherlich schon ein Stückerl drüben im Jenseits gewesen, so unterkühlt, wie ich gewesen bin«, erinnert sich Habeler. Er wartete bis zur Dämmerung, rappelte sich auf und schleppte sich ins Basislager. Die tschechischen Ärzte diagnostizierten eine Lungenentzündung. Geschwächt lag Habeler fünf Tage lang bei ihnen im Zelt, bekam Antibiotika und wurde wieder hochgepäppelt. Bald kam Michael Dacher vorbei, und sie brachen die Expedition gemeinsam ab. Habeler konnte es nicht erwarten, wieder nach Hause zu kommen.

»Wenn ich zu meiner Familie zurückgekehrt bin, war ich glücklich, sie umgab mich wie ein schützender Wall«, erzählte Habeler einmal. Alexander hat noch heute das Bild vor sich, wie sein Papa nach Expeditionen im Wohnzimmer saß, innerlich ganz ruhig, dabei laute Musik hörte und einfach nur da war. »Diese Momente, in denen er nicht der Sportler war, fand ich super«, erzählt er. Spätestens nach einem halben Jahr überwog bei Peter aber wieder die Unruhe, der Drang, auf ein Neues aufzubrechen. Im Frühjahr 1986 war es schon wieder so weit. Diesmal war er vergleichsweise »nur« einen Monat lang ausgeflogen, es zog ihn in den Himalaja zum Cho Oyu, der 8188 Meter hohen »Göttin des Türkis«. In diesem enorm kurzen Zeitfenster schaffte er gemeinsam mit dem Schweizer Marcel Rüedi aus Winterthur die zweite Begehung des Südwestgrats. Die Erstbegehung schnappte ihnen eine polnische Mannschaft vor der Nase weg. Sie war wenige Tage vor ihnen aufgebrochen, seither heißt diese Route – wenig überraschend – »Polengrat«.

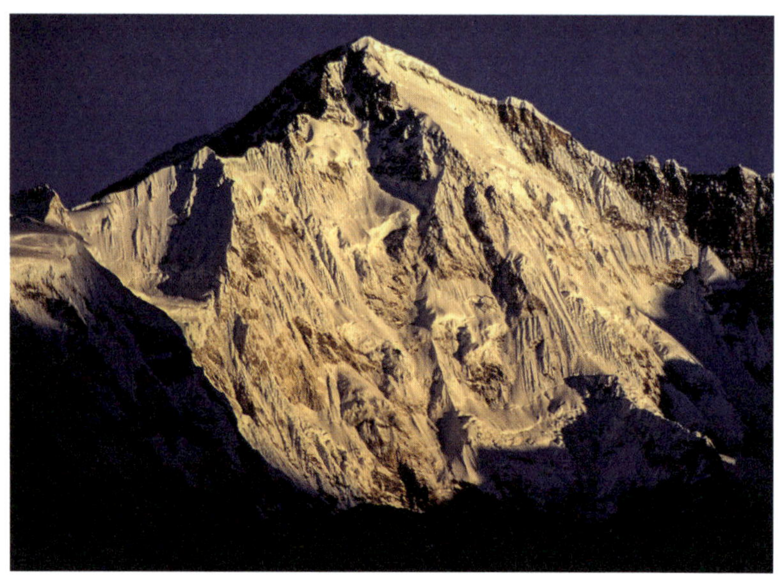

Ein Berg mit Leuchtkraft: die Südseite des Cho Oyu

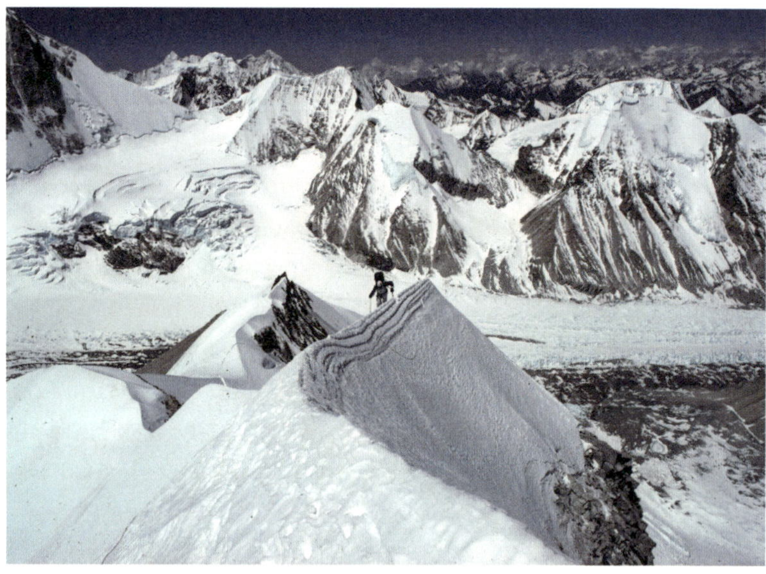

Marcel Rüedi am Südwestgrat, den kurz davor Polen erstbestiegen

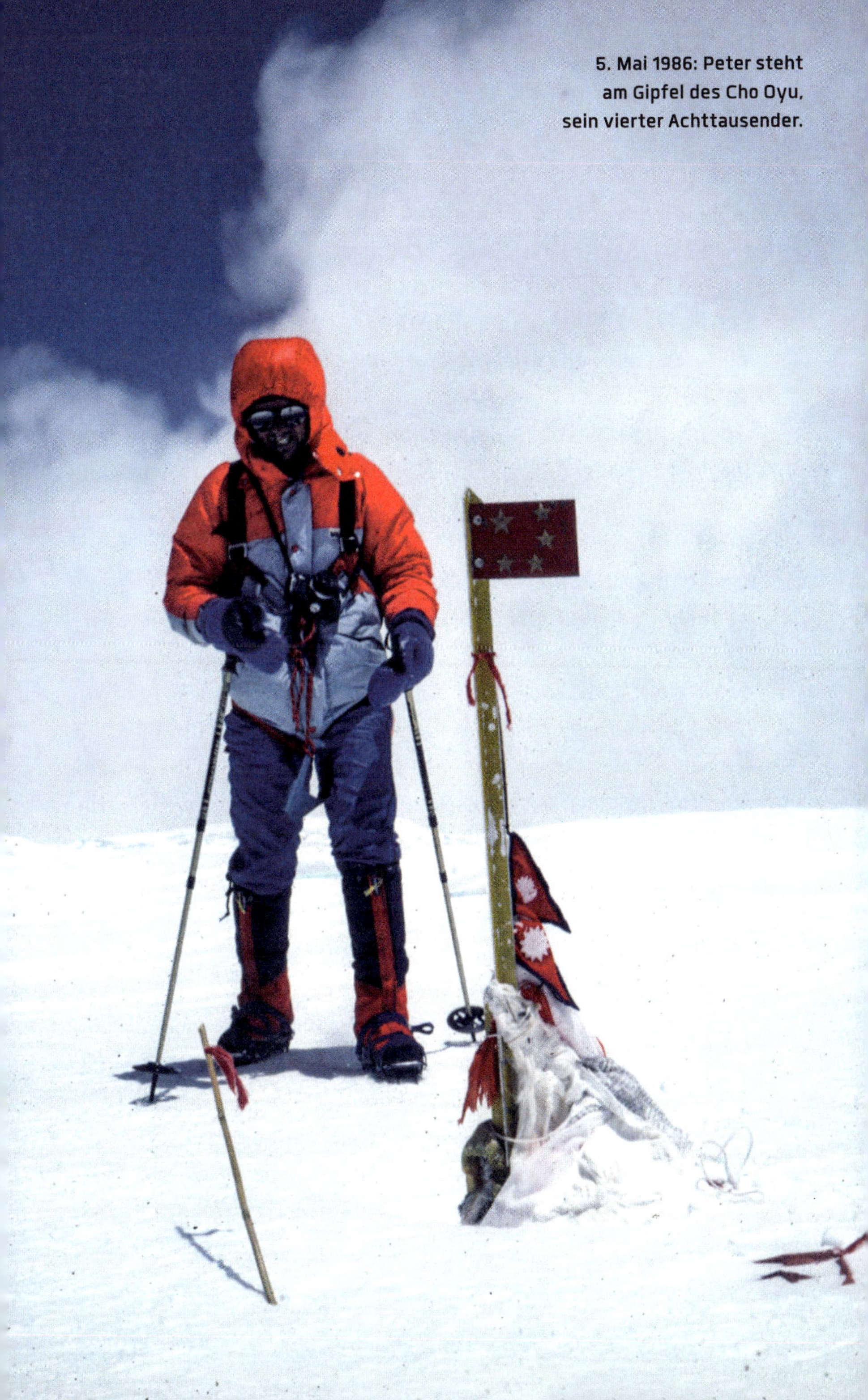

5. Mai 1986: Peter steht am Gipfel des Cho Oyu, sein vierter Achttausender.

Der Cho Oyu war Peters vierter Achttausender. »Wenn Marcel nicht gewesen wäre, hätte ich nie den Gipfel erreicht – er war die treibende Kraft nach oben«, erzählt er. Die kritische Phase erreichte Peter auf 7600 Meter, nicht nur, was seine Kopfschmerzen betraf. Das Wetter schlug um, als sie sich im zurückgelassenen Zelt der Polen einnisteten. Zwei Tage lang wütete der unheilvolle Sturm über ihren Köpfen und der Zeltplane, die ihnen in jeder Minute davonzufetzen drohte. Peter fühlte sich gefangen in einer Schneehölle, die Muskeln fast zu müde, um vor Kälte noch länger zu zittern. Er rückte näher an Marcel heran, und dann war da noch jemand Dritter. »Da war jemand sehr spürbar bei mir. Ein intensives Gefühl«, schildert Peter. Seine Sinne nahmen in der extremen Höhe wieder einen Schutzengel wahr.

Bei Wetterbesserung fasste Marcel den Mut zum Weitergehen – und schließlich auch Peter. Nicht mehr ganz bei Sinnen torkelten sie mehr, als sie gingen. Wie Betrunkene um vier Uhr früh durch den Ausgang eines Partyzeltes. Nur von Party keine Spur. »Wir schleppten uns auf unseren Skistöcken weiter«, beschreibt Peter, »das war kein Gehen mehr, das war ein Taumeln.« Der Dritte, der ging ruhig nebenher, die verbleibenden 600 Höhenmeter bis zum Gipfel. Die viel zu kurze Akklimatisationsphase ließ Peter nachlässig werden. Mit weniger Bedenken als üblich griff er zu den Fixseilen an der ersten Steilstufe. Danach wurde das Gelände einfacher, nur nicht das Atmen. Wenn Peter am endlosen Gipfelplateau keuchend in seine Knie ging, stoppte auch sein himmlischer Freund und wich nicht von seiner Seite. Um elf Uhr erreichten Marcel Rüedi und Peter Habeler den höchsten Punkt des Cho Oyu, 8188 Meter über dem Meeresspiegel. Von einem Hochgefühl aber nichts zu spüren. Sein Schutzengel sollte jetzt erst richtig zu tun bekommen, so denn er im Schneetreiben nicht auch die Orientierung verlieren würde. »Der Abstieg wurde zum Kampf ums Überleben«, erinnert sich Peter. In ihrer Aussichtslosigkeit gruben sie verzweifelt immer tiefer ein Schneeloch für ein Notbiwak, bis die Wolken endlich doch aufrissen und der Südwestgrat als eindeutige Linie erkennbar war, ehe bald darauf die Dämmerung hereinbrach. Je weiter sie abstiegen, umso mehr fanden sie ins Leben zurück. Halleluja. Vier Wochen nach dem Abflug nach Nepal stiegen sie über die Treppe ins Flugzeug, es ging heimwärts.

Sein Glück hat Peter im Gebirge aufgebraucht. In der Familie hörte es sich irgendwann auf. Es war um die 1990er-Jahre, als die Trennung ins Haus Habeler stand. Nach seiner Rückkehr 1986 vom Cho Oyu kaum zu Hause, ging es schon wieder mit den Vorträgen weiter. Rückblickend wundert es Peter nicht, dass der Bund seiner Ehe nicht bis an sein Lebensende, sondern nur noch wenige Jahre hielt. »Mich hat immer wieder das Fernweh gepackt«, gesteht Peter. »Dafür hab ich einen hohen Preis gezahlt, es kam letzten Endes zur Trennung.«

Der erste Vortrag nach dem Cho Oyu führte ihn ins Audimax der Bundeshauptstadt, dem größten Hörsaal der Universität Wien. Habeler traute seinen Augen kaum, als er in die erste Publikumsreihe blickte: Dort saß Herbert Tichy, der Erstbesteiger vom Cho Oyu, direkt neben Heinrich Harrer, der mit *Sieben Jahre in Tibet* selbst eine einzigartige Geschichte zu erzählen hatte, sein Buch wurde in 53 Sprachen übersetzt und ein Weltbestseller. Und dann nahm einen Sitz weiter auch noch Viktor Frankl Platz, der Begründer der Logotherapie und Existenzanalyse, der vier Konzentrationslager überlebte. Jeder für sich war ein großes Vorbild für Peter Habeler. Vor allem Viktor Frankl sollte er in weiterer Folge noch manches Mal privat treffen dürfen. Und auch beruflich trafen sie einmal aufeinander – in einer Talkshow des ORF. Das Thema: außergewöhnliche Leistungen. Peter Habeler trat als Extrembergsteiger auf, Viktor Frankl war mit seiner willensstarken und sinnstiftenden Geschichte im Bilde, und eine Hausfrau aus Kärnten erzählte von ihren alltäglichen Herausforderungen. »Diese Frau hat mich zur Schnecke gemacht und gewettert: Das Bergsteigen braucht es nicht! So ein Blödsinn! Raufgestiegen ist runtergefallen!« Weil Habeler auf diese Verbalattacke die Worte fehlten, antwortete Frankl, der sehr wohl einen großen Sinn im Bergsteigen erkannte und diesen auch vermitteln konnte. »Viktor Frankl hat mich verteidigt und sehr elegant erklärt, wie toll das Erlebnis Berg und wie groß dabei die Sinnerfahrung ist – dann hat sie nichts mehr gesagt.«

Wer Peter Habeler nach dem Höhepunkt seiner Bergsteiger-Vita fragt, wird nicht den Mount Everest als Antwort bekommen. Für ihn gab es etwas Größeres. »Der Kantsch«, wird er sagen, und dabei werden seine Augen hell und der tibetische Dzi-Stein um seinen Hals noch heller leuchten. Peters größte Errungenschaft ist der Kangchendzönga, der mit 8586 Metern dritthöchste Berg der Welt, den er im Jahr 1988 ohne Flaschensauerstoff über die anspruchsvolle Nordwand bestieg, über eine Route von Doug Scott, Joe Tasker und Peter Boardman. »Dort bin ich in der besten körperlichen Verfassung meines Lebens gewesen – zum Glück«, erzählt Peter, »sonst hätten wir nicht überlebt.« Mit »wir« meint er den Amerikaner Carlos Buhler und den Basken Martín Zabaleta. Carlos lernte er erst im Jahr davor kennen, als Peter in New York einen Vortrag beim American Alpine Club hielt. Sie waren einander auf Anhieb sympathisch. Abends an der Bar fragte

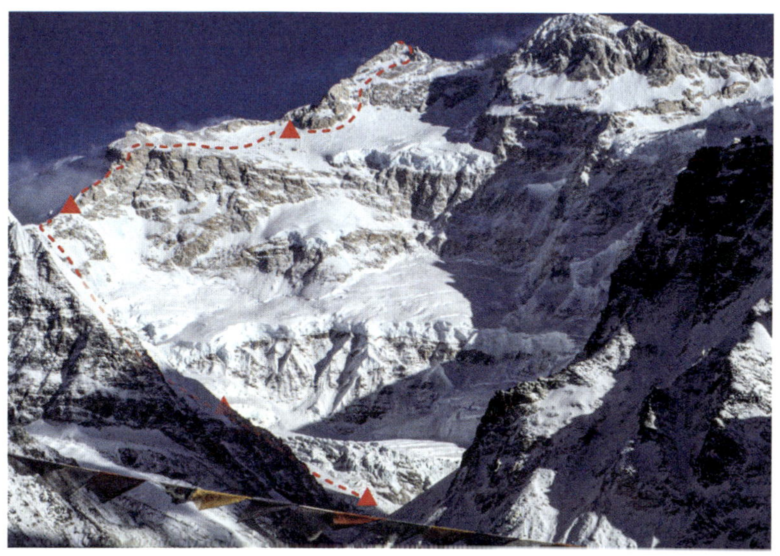

Die Route durch die Kangchendzönga-Nordwand, vom Basislager aus gesehen

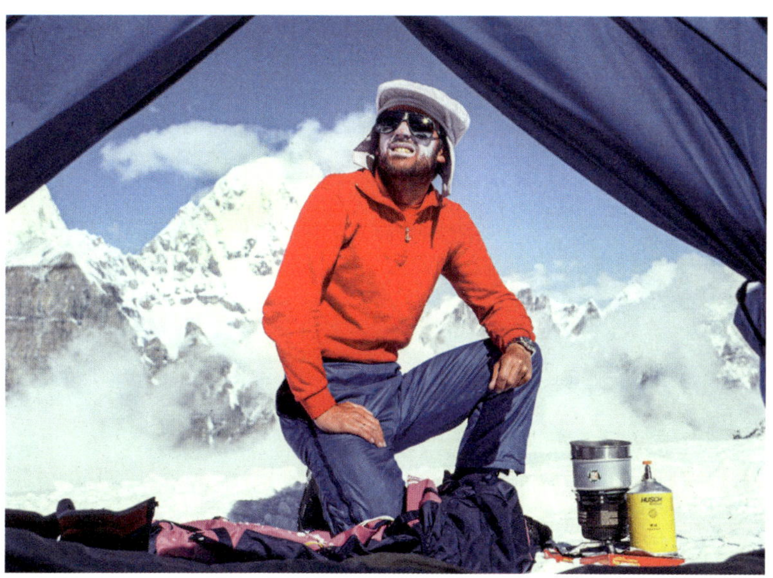

Peter bei einer ersten Akklimatisierung im Lager 2 am »Kantsch«

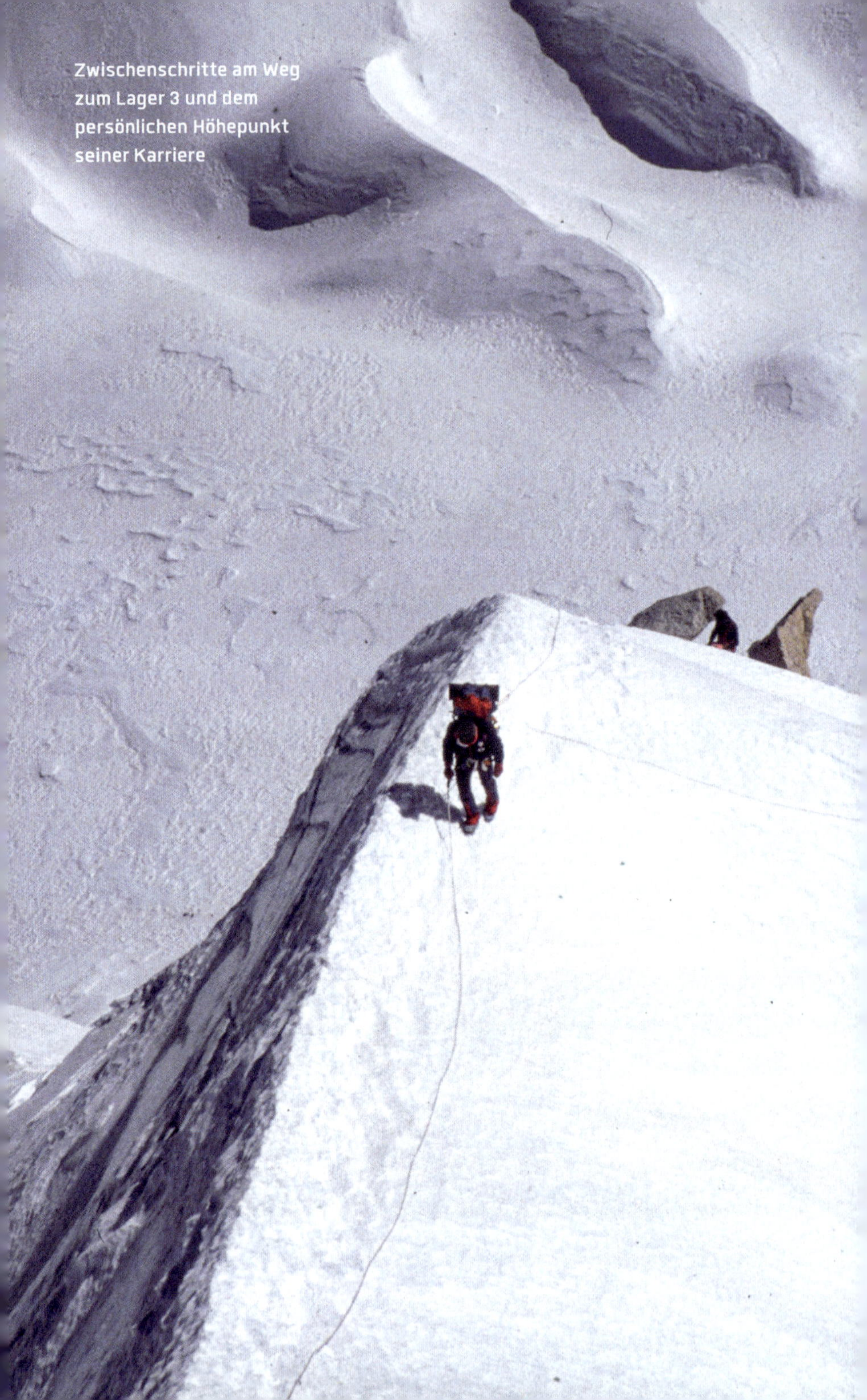

Zwischenschritte am Weg zum Lager 3 und dem persönlichen Höhepunkt seiner Karriere

Carlos, was Peter im nächsten Jahr vorhätte, und erzählte ihm von seinem eigenen Plan am »Kantsch«. »Eine anspruchsvolle, auch gefährliche Route – ich bin sofort Feuer und Flamme gewesen«, erinnert sich Habeler und nahm die Einladung gerne an. Martín Zabaleta, der ebenfalls in Amerika lebte und den Everest ohne zusätzlichen Sauerstoff bestiegen hatte, lernte Habeler erst auf der Expedition kennen. In ihrem Dreierteam konnten nicht einmal die schneeschwangeren Wolken die Stimmung trüben. »Wir verstanden uns von Anfang an prächtig und arbeiteten gut zusammen«, sagt Peter, er war gerade Mitte 40. Unterstützt wurden sie auch von dem dreiköpfigen Sherpateam, Lhakpa, Nima und Dawa. Am Kangchendzönga war ihnen klar, dass es ohne Sherpas und fixe Zwischenlager nicht gehen würde – die Wege durch die komplexe Nordseite zu weit und zu schwierig.

Das Ende ihres Aufstiegs, der sie über mehrere Wochen beschäftigt hatte, markierte den Beginn einer Odyssee. Peter, am vereisten Nordgrat weit voraus, ging am Gipfel des Kangchendzönga besser in die Hocke, damit ihn die Windböen nicht noch weiter versetzten. Rundherum nicht das Panorama, das man sich am dritthöchsten Berg der Welt erhofft, nur Nebelgrau, in dem er gelbe Sauerstoffflaschen wahrnahm. Sie lagen hier von früheren Expeditionen herum und erinnerten ihn an das, was er am meisten brauchte. Am wenigsten brauchte er jetzt noch den Schneefall dazu. Am Gipfelfelsen entdeckte er ein kleines Plastikmännchen, das Koreaner hinterlassen hatten, wie er später erfuhr. Er befestigte noch schnell einen Raiffeisenbank-Wimpel an einer Aluminiumstange – so einen Gipfelerfolg dokumentiert man besser, und ein Foto für die Sponsoren braucht man schließlich auch. Jetzt aber nichts wie hinunter. Erst weit unterhalb des Gipfels traf er auf Carlos und Martin, die sich ihre Chance vom mittlerweile zum Orkan gewachsenen Sturm nicht nehmen lassen wollten. »Ahora o nunca«, sagten sie, »now or never«. Die Verhältnisse spitzten sich rasant zu, Triebschnee sammelte sich. »Völlig ausgepumpt«, in seinen Worten, kam Peter um 11.30 Uhr im Lager 4 auf 7900 Meter an. Den ganzen Nachmittag kochte er Tee. Als Carlos und Martin kurz vor der Dunkelheit noch immer nicht im Lager ankamen, spurte er im tiefen Neuschnee hinüber zur Gipfelwand. Seine Rufe blieben ohne Antwort. Waren sie von einer Lawine verschüttet worden? Die Sorgen und die Finsternis wurden immer größer. Es war gegen 21 Uhr, da hörte er sie endlich von Weitem rufen: »Peter, Peter!« Wenige Minuten später half er ihnen ins Zelt hinein. Doch die Erleichterung war nur von kurzer Dauer.

Mehr als ein Meter Neuschnee fiel über Nacht. Wie immer war es an der Nordseite bitterkalt, die Lawinensituation jedoch brandgefährlich. Carlos und Martin ließen sich nur schwer zum Aufbruch bewegen, sie waren zu erschöpft und wollten auf besseres Wetter warten. Peter war sicher, dass sie dort oben eine weitere Nacht nicht überleben würden, auch er nicht. Aufgeregt wühlte er los durch lockeren Schnee und dichten Nebel über das weitläufige Plateau. Ein aussichtsloses Unterfangen, musste er doch unbedingt den Einstieg finden zu den Fixseilen am Ende einer Abbruchkante. Nur über die Seile hatten sie die Chance, über die Steilstufe ins Lager 3 zu gelangen. Peter war am Ende seiner Nerven und Geduld, ein seltsamer Zustand zwischen Hoffnung und Verzweiflung. Es war wie die Suche nach der Nadel im Heuhaufen. Er begann, Schneebretter abzutreten – und irgendwann legten sich die Seile frei.

Aber das Lager 3? Es war verschwunden! War das überhaupt der Platz von Lager 3? Zelte, Gas, Essen – keine Spur mehr davon.

Die Ratlosigkeit konnte Peter Stunden später mit seinen beiden Kameraden teilen, die sich irgendwann doch aufgerafft hatten, ihm zu folgen. Gemeinsam beschlossen sie, zu biwakieren. Am nächsten Morgen erwachte Carlos mit angefrorenen Zehen, Martin hustete böse, und Peter spuckte Blut. »Ich habe wieder meinen Schutzengel wahrgenommen und bereits Halluzinationen gehabt«, erzählt Habeler vom schlimmsten Abstieg, den er je durchzustehen hatte. Vor ihnen tückische Platten, der Grat überwechtet, die Hände gefühllos und dazu noch ein Steigeisenriemen gerissen. Manchmal bis zur Hüfte im Schnee steckend ging es nur unter allergrößter Anstrengung die lange Querung hinüber zum Lager 2. »Da habe ich nur noch gebetet, dass keine Lawine abgeht«, sagt Peter. »Wir waren den Göttern ausgeliefert«, schrieb Carlos Buhler in seinem Bericht im *American Alpine Journal*, »wir haben zu viel verlangt.« Und dann war auch das Lager 2 verschwunden. Eine mächtige Lawine hatte es die Wand hinuntergespült, und damit auch ihre wenigen Habseligkeiten, die Funkgeräte und Kameras. Und wie sie im Lager 1 erfahren sollten: auch Nima und Dawa, ihre zwei Hochträger. Sie überlebten den Lawinenabgang und kämpften sich mit gebrochenen Rippen und einer schweren Gehirnerschütterung noch zwölf Stunden ins untere Lager. Alle gemeinsam verbrachten dort noch eine Nacht auf 5800 Meter, und am 6. Mai, neun Tage nach dem Aufbruch vom Basislager, taumelten sie angeschlagen zurück auf sicheren Boden. Die Odyssee war beendet. »Dieser Achttausender hat mich am meisten Kraft gekostet«, sagt Habeler – und doch ist »der Kantsch« gleichzeitig auch der Achttausender, der in seiner Erinnerung am meisten glänzt. »Nie davor und nie wieder danach war ich in so guter Verfassung. Anders hätten wir das auch gar nicht überlebt.« Dass Peter eine Unterstützung von oben spürte, das war ihm ein Trost gewesen in all den ausweglosen Situationen, die er an den höchsten Bergen der Welt erlebte.

»Ich denke an Herbert auch heute noch, jeden Tag«, erzählt Peter und nimmt den Bilderrahmen zur Hand, der auf seinem Schreibtisch gleich neben einer kleinen Buddha-Statue steht. Darauf Herbert mit einem wohlwollenden Lächeln im Gesicht. Schutzengel hatte Peter aber nicht nur auf seinen Expeditionen, auch in den Alpen. Manchmal wusste er selbst nicht mehr, ob sein Glück wirklich reichen würde. Beim Klettern im Wilden Kaiser zum Beispiel, als ihm in der Mauk-Westwand ein Griff ausbrach und er einen 40 Meter weiten Abflug machte – ohne aufzuprallen, weil das Seil wenige Meter über einem Felsband und unterhalb eines Überhangs spannte und er nur deshalb unverletzt blieb. Oder bei einem 300 Meter weiten Absturz in der Nordwestflanke des Großen Möseler, als ihn eine andere Gruppe mitsamt seinen Gästen mitriss und wie durch ein Wunder nichts geschah. »Gott sei Dank habe ich mich mein Leben lang nie schwer verletzt«, bekräftigt Habeler. Nur einen goldenen Spätherbst sollte er nicht in seinen geliebten Bergen verbringen können. Er saß mit Gipsfuß zu Hause. Nicht durch einen Unfall beim Klettern, sondern beim Kicken: »Durch Fußbruch beim ersten Fußballspielversuch des Jahres total außer Gefecht gesetzt«, vermerkte er am 9. Oktober 1965 in seinem Tourenbuch, »einer der schönsten Herbste geht vorbei.« Es ist für Peter nicht rational zu erklären, aus wie viel Glück am Berg er schöpfen durfte – und wie früh es für manch andere schon zu Ende war. Er nimmt ein anderes eingerahmtes Bild von seinem Schreibtisch in die Hand. Darauf abgebildet ist David Lama.

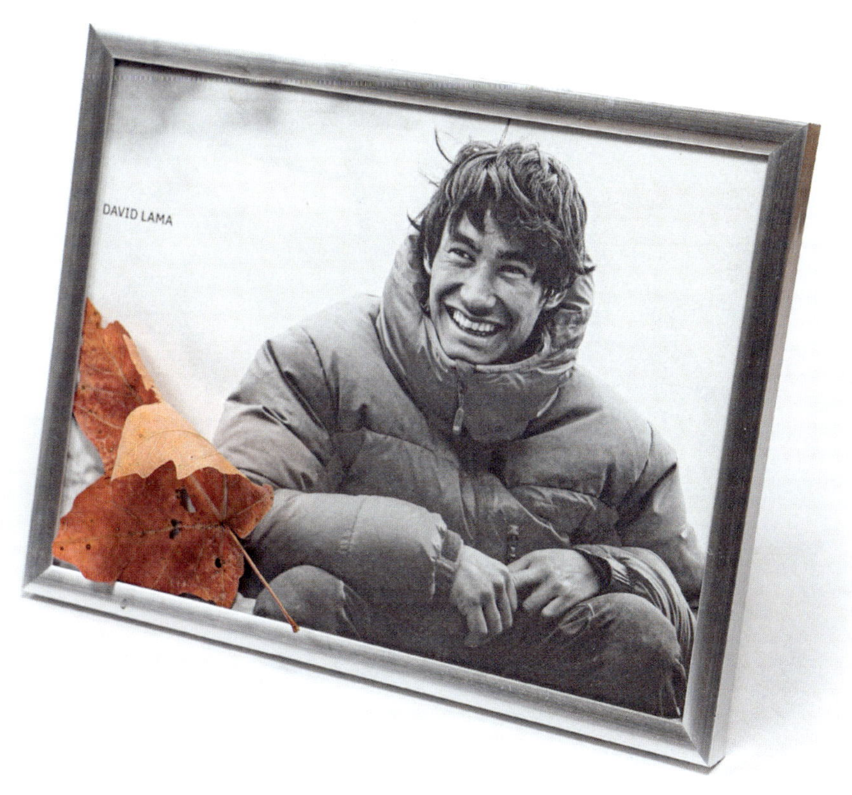
DAVID LAMA

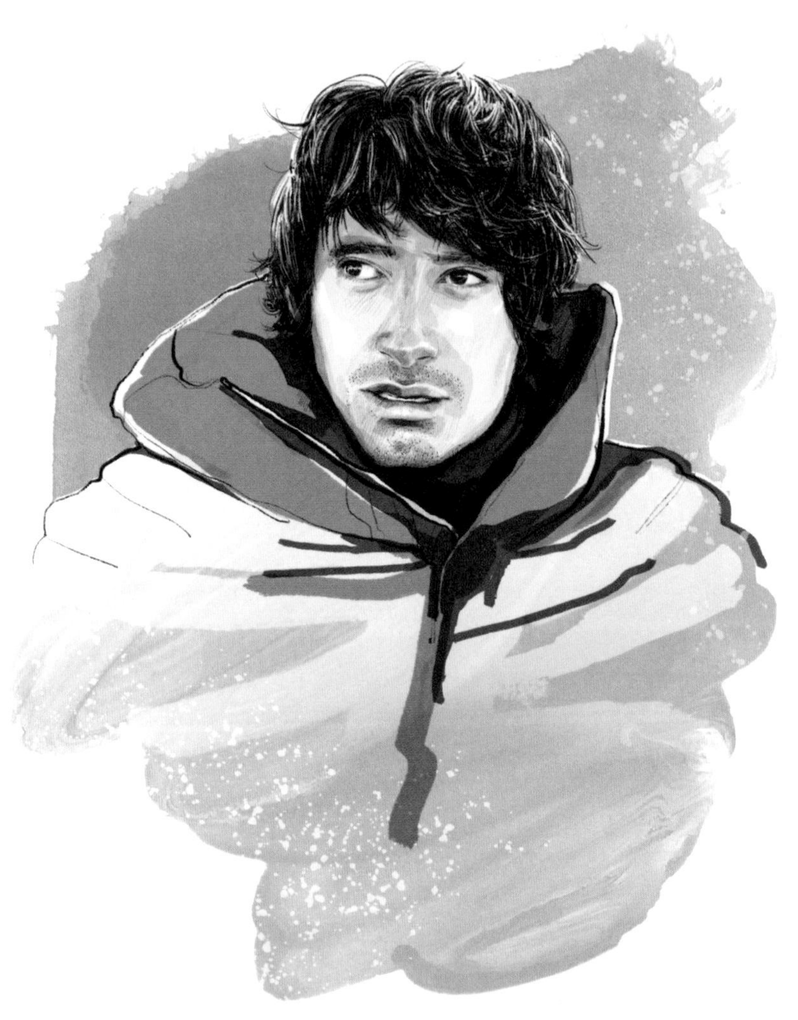

David Lama

Ein Ausnahmetalent vom Anfang bis zum Ende

Am Seil mit der übernächsten Generation

31. März 2017, Eiger-Nordwand. Die Filmcrew im Helikopter – er ratterte unüberhörbar – richtete ihre Kameras auf zwei Männer. Das Seil zwischen den beiden verband 100 Jahre. David Lama, 26, Weltklasse-Alpinist der Gegenwart, kletterte gerade den Götterquergang hinüber, ohne dass auch nur eine Spur von Anstrengung sichtbar gewesen wäre. »Wie ein junger Gott«, befand Peter Habeler, 74, am Ende des Seils. Für eine Servus-TV Sendung zu seinem halbrunden Geburtstag wollte sich Peter etwas einfallen lassen, das ein 75-Jähriger nicht alle Tage macht. Durch die Eiger-Nordwand klettern zum Beispiel! Vor 43 Jahren war er mit Reinhold Messner schon einmal durch die Riesenwand gesaust. Die Regie war begeistert. Aber ob er das überhaupt noch packen würde? Mit einem starken Vorsteiger allemal, war sich Peter sicher. David Lama erfüllte dem rüstigen Rentner seinen verwegenen Wunsch, das tat er gerne, denn irgendwie war er Peter ja schon seit über zwei Jahrzehnten verbunden. Für David Lama, das wusste Peter, war die Heckmair-Route – bei allem Respekt – eher ein Kindergeburtstag. »Das ist mir eine Ehre, das mit Peter zu machen«, betonte der Jüngere, »und ich hoffe, dass wir auch in zehn, zwanzig Jahren noch darüber reden werden.«

Über die Dose Bier reden, die sie im »Todesbiwak« genossen haben? Oder über die Kameradschaft eines Stephan Siegrist? Der Schweizer Bergführer war für die Sicherheit des Kamerateams verantwortlich. Er überließ Peter seine trockenen Handschuhe, als der morgens in seine eigenen gefrorenen schlüpfen wollte. Im Gegensatz zu 1974 plante Peter diesmal gerne mehr Zeit ein. Zwei Tage – es sollte ja auch ein hübscher Film entstehen und die Kameraleute ohne Stress an der Helikopter-Longline zum Filmen positioniert werden. Wofür auch diese Eile? Schon länger ging es Peter am Berg viel mehr um Erlebnis als um Ergebnis. Der Rekord, der älteste Mensch zu sein, der je durch die Eiger-Nordwand geklettert ist, kratzte ihn recht wenig. Er gab in der Tour auch die Führung ab – ungewohnt für eine Führungsperson wie Peter. »Ich bin nicht so töricht, zu glauben, dass ich mit fast 75 vorneweg klettern muss«, sagt er. Soll David lieber mal machen, »bevor ich eine Brez'n reiß.« In ihrer Seilschaft gab es ja auch schon vertauschte Rollen, aber mehr dazu später. »Wenn ich den David Lama so beobachtet hab, hab ich den jungen Peter Habeler gesehen«, erzählt Peter. Die Verhältnisse? Waren kein Geschenk, schon gar nicht für den Jubilar, das dünne Wassereis im Eisschlauch zum Beispiel – das schlauchte ihn sehr. Und waren die Seillängen nach der Spinne immer schon so lang? David gab ihm in jeder Sekunde die Sicherheit, die er brauchte. »Bei ihm hab ich mich wie in Abrahams Schoß gefühlt«, schwärmt Peter. David sei aber nicht nur ein Typ gewesen, mit dem er alles klettern würde, sondern mit dem er auch über alles reden könne. »Er war ein kleiner Philosoph, das hat mir imponiert.«

Nach dem Eiger hätte Peter mit David noch gerne ein Flascherl Wein aufgemacht. Aber nichts da: David musste gleich weiter, er hatte eine Skibefahrung der Pallavicini-Rinne am Großglockner geplant. »Wir sind am Gipfeltag noch am Abend nach Innsbruck zurückgefahren, um zwei Uhr nachts war ich wieder im Zillertal«, erzählt Peter. Ob ihn das vielleicht auch

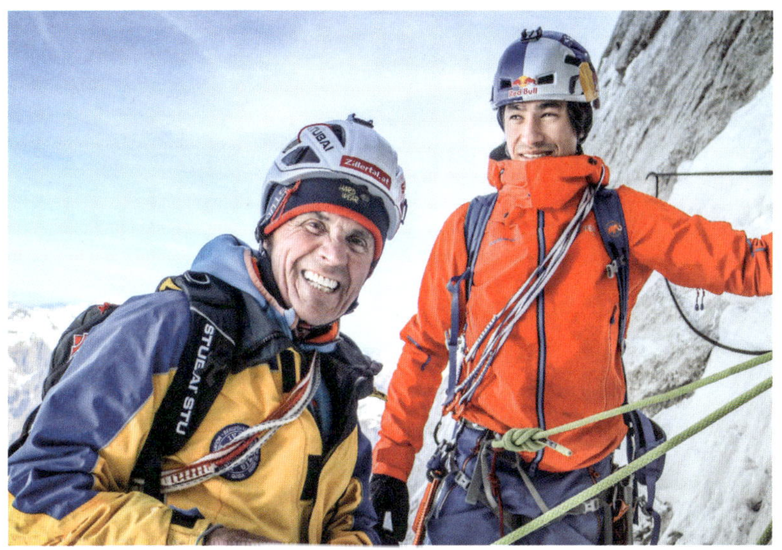

Seit Langem verbunden: Habeler und Lama in der Eiger-Nordwand

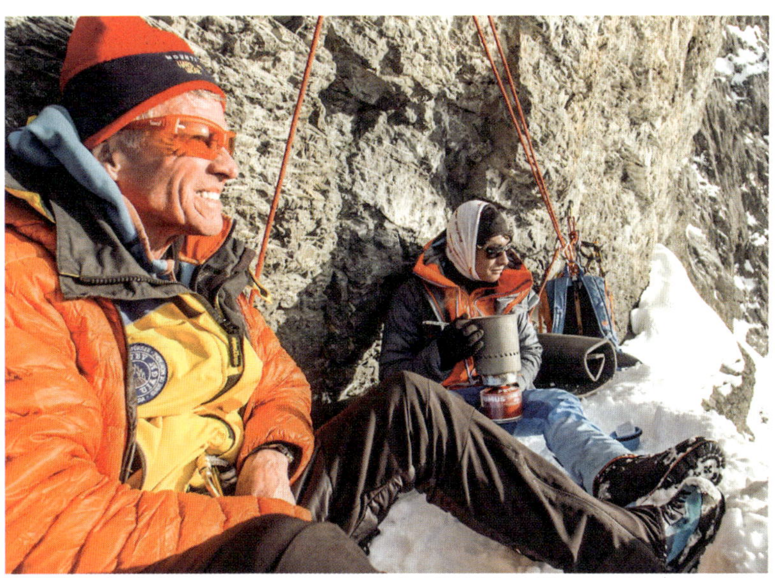

Im »Todesbiwak« mit den letzten Sonnenstrahlen des ersten Tages im Gesicht

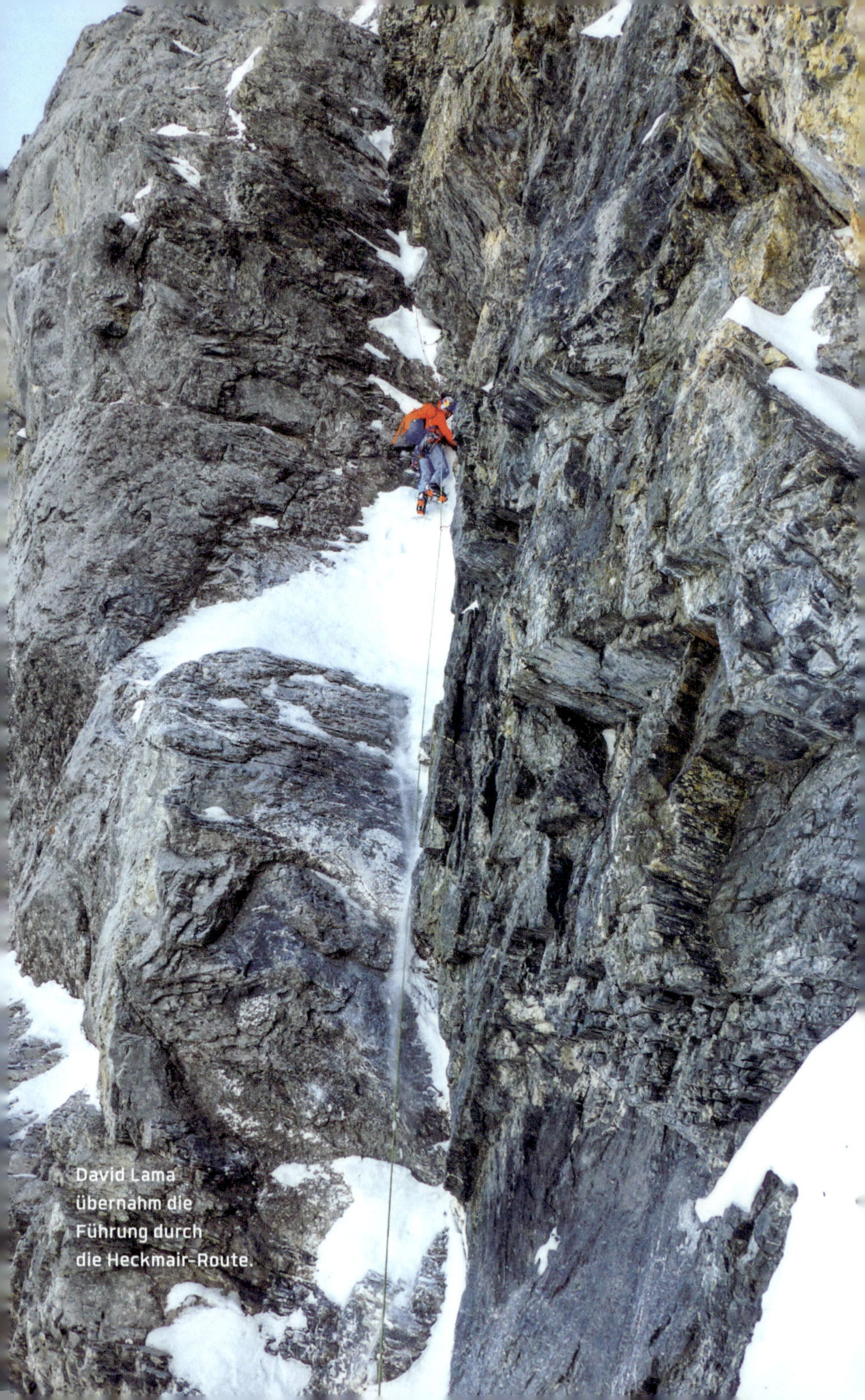

David Lama
übernahm die
Führung durch
die Heckmair-Route.

ein bisschen an den Peter erinnerte, der nach einer Tour kein Stehenbleiben kannte am Heimweg und auch schon wieder den nächsten Berg im Kopf hatte?

Wie auch immer: Diese Tour werde er sein Leben nie vergessen, sagte Peter sichtlich bewegt in die Kamera. »Solche Tage wie heute oder gestern, die gibt's nicht oft im Leben.« Altersbedingt werde es bei Peter bald Feierabend sein mit dem Klettern, muss sich David wohl noch gedacht haben, als er anmerkte: »Es wird ja wahrscheinlich eine seiner letzten schweren Touren sein.«

16. April 2019, Banff-Nationalpark, Kanada. Eine Variante der extremen Mixed-Route »M16« durch die 1350 Meter hohe Ostwand des Howse Peak war die letzte schwere Tour von David Lama. Mit seinen beiden Partnern, seinem Ötztaler Freund Hansjörg Auer und dem US-Amerikaner Jess Roskelley, meisterte er das Husarenstück von Steve House und zweier Freunde. Diese benannten ihre Tour nach dem Sturmgewehr M16, die Bewertung fiel mit WI7+, A1 heftig aus, auch der Beschuss, unter dem sie standen, war es. »Die Vollendung der Route hat uns fast mehr gekostet, als wir zu geben hatten«, schrieb Steve House über ihre mehrtägige Grenzerfahrung. In weniger als sieben Stunden, einer unvorstellbaren Zeit im Angesicht dieser Schwierigkeiten, erreichten David Lama und seine Freunde den Gipfel des Howse Peak, ein kühner Dreitausender der Rocky Mountains. Fünf Tage später bargen Rettungskräfte die Leichen der drei Weltklasse-Alpinisten aus einem Lawinenkegel am Wandfuß. Glück, das erklärte David häufig, habe er nie in seine Berechnungen einbezogen. »Ich bin nicht gerne vom Glück abhängig. Denn das würde bedeuten, dass ich unter normalen Umständen eine Tour nicht schaffen würde. Aber ich gehe davon aus, dass eine Tour unter normalen Bedingungen erfolgreich sein wird. Ich darf einfach kein Pech haben.«

Als Peter Habeler von diesem Unglück erfuhr, konnte er es – wie viele andere – nicht fassen: »Das gibt's nicht, das kann nicht sein«, war seine erste Reaktion, »ich war sehr erschüttert und wollte das einfach nicht wahrhaben.«

David Lama, der Jüngste der drei, wurde nur 28 Jahre alt. Wenn Kinder vor ihren Eltern gehen, bleibt das schwer zu verstehen. Seine Mutter Claudia, eine junge Kinderkrankenschwester aus Innsbruck, lernte in den 1980er-Jahren ihren Mann Rinzi Lama, Sohn eines buddhistischen Mönchs und Sherpa, bei einem Trekking im Himalaja kennen. Zurück in Tirol, bald gemeinsam, bekamen sie einen Sohn: David. Ein »Wunderkind«, schrieben die Medien bald. Mit zehn kletterte der »Fuzzy«, so nannten ihn seine Freunde, seine erste Route im Schwierigkeitsgrad 8a, keinem Kind seines Alters war das zuvor gelungen. Das Reglement des Erwachsenen-Weltcups wurde geändert, damit er mit seinen 15 Jahren teilnehmen durfte – und er wurde der jüngste Weltcupsieger der Geschichte. Um den Fokus voll aufs Klettern zu richten, brach David die Schule ab. »Goethe und Schiller interessieren mich nicht, wenn ich draußen auf die Nordkette schau«, sagte er zu seinen Eltern. Die pechschwarzen Haare, das verschmitzte Lächeln, seine unvergleichlichen Wurzeln taten ihr Übriges: David wurde zum Kinohelden einer boomenden Kletterszene, stand bald bei großen Sponsoren unter Vertrag und übertrug seine Kletterkunst in die Dimensionen des Hochgebirges. David war Pionier einer neuen Bergsteiger-Riege, die ihre technische Perfektion und körperliche Ausnahmeerscheinung dazu nützten, Wege zu gehen, die noch niemand gegangen war. »Es ist doch immer so, dass eine Generation denkt, es wäre alles erreicht«, sagte David Lama in einem Interview, »bis die nächste Generation kommt.«

Die Initialzündung für seine Kletterkarriere kam von der vorigen Generation, genauer gesagt von der vorvorigen. Sie kam von Peter Habeler. Das Himalaja-Urgestein und Davids Eltern hatten einen gemeinsamen Freund, der vorschlug, den wieselflinken fünfjährigen David doch in den Sommerferien zu Peters Klettercamp zu schicken. Einmal im Jahr gab es für die Tiroler Kinder und kleinen Urlaubsgäste die Möglichkeit, mit Peter Habeler Zeit in den Bergen zu verbringen. Stationiert waren sie eine knappe Woche auf einer Hütte in der Umgebung, dort ging's an die Felsen zum Klettern und auf einen nahen Dreitausender. Zu einem noch größeren Abenteuer wurden die Draußen-Tage, weil sie zum Schlafen in Hüttennähe Zelte aufschlugen. »Dort haben wir alles so aufgebaut, als ob wir eine Expedition unternehmen würden«, erzählt Peter. Er zeigte dem Nachwuchs nicht nur, wie man sich in ein Seil einbindet und an Felsvorsprüngen höherhantelt, sondern auch, wie man der Natur mit Respekt und Freude begegnet, wie man in einem Zelt lebt, sich mit einem Gaskocher Essen zubereitet und nur mit dem Nötigsten auskommt. Zwar war das Camp erst für Kinder ab acht Jahren gedacht, aber Peters Einladung an David ließ nicht lange auf sich warten.

Claudia Lama zweifelte erst, ob das wirklich etwas für ihren Sohn sei. Er war bis dahin noch nie von seinen Eltern getrennt gewesen, hatte noch nicht einmal auswärts geschlafen. Und dann gleich fünf Tage? Bei Peter, den er nur flüchtig aus Erzählungen kannte? Mit fremden Kindern?

»Bist dir sicher, David?«

»Ja, Mama.«

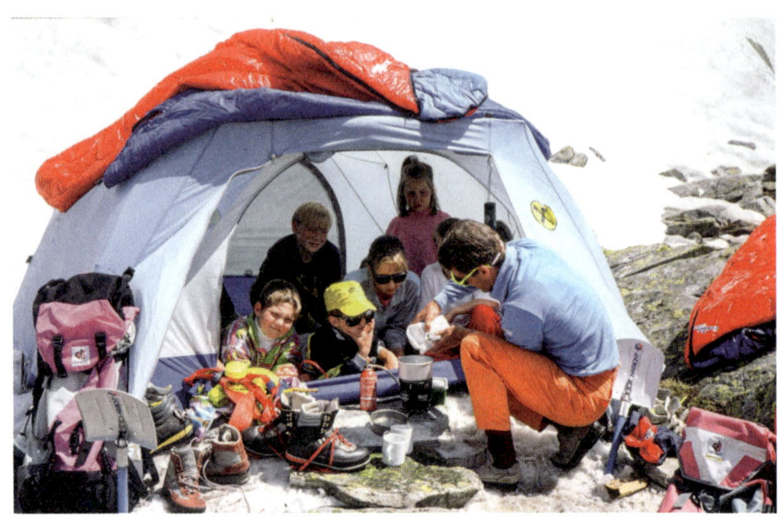

Peter zeigt den Kindern am Camp, wie man auf Expedition kocht.

Mit seinen Eltern stiefelte der Fünfjährige auf die 2177 Meter hoch gelegene Kasseler Hütte hinauf. Für flinke Erwachsenenbeine bedeutete das eineinhalb Stunden Gehzeit vom Parkplatz im Talschluss des Stilluptals – und auch Davids Beine schafften das locker. Schon auf den bisherigen Wanderungen mit seinen Eltern brauchte er nie länger als die Großen, wenn die Stufen nicht gerade hüfthoch aus dem Erdboden wuchsen. Oben angekommen bat die Mama Peter Habeler noch mit Nachdruck: Wenn er Heimweh hätte oder weinen würde, sie wären in eineinhalb Stunden wieder im Zillertal. Jederzeit könne er anrufen, und sie würden ihn holen.

Am nächsten Tag schon rief Peter an: »Claudia«, sagte er, »mach dir keine Sorgen. Er ist der Star der Gruppe. Alle haben eine Mordsgaudi mit dem Kleinen.« Am darauffolgenden Tag klingelte es wieder. Die Stimme Peters klang aufgeregt: »Claudia, das könnt ihr euch nicht vorstellen. So etwas habe

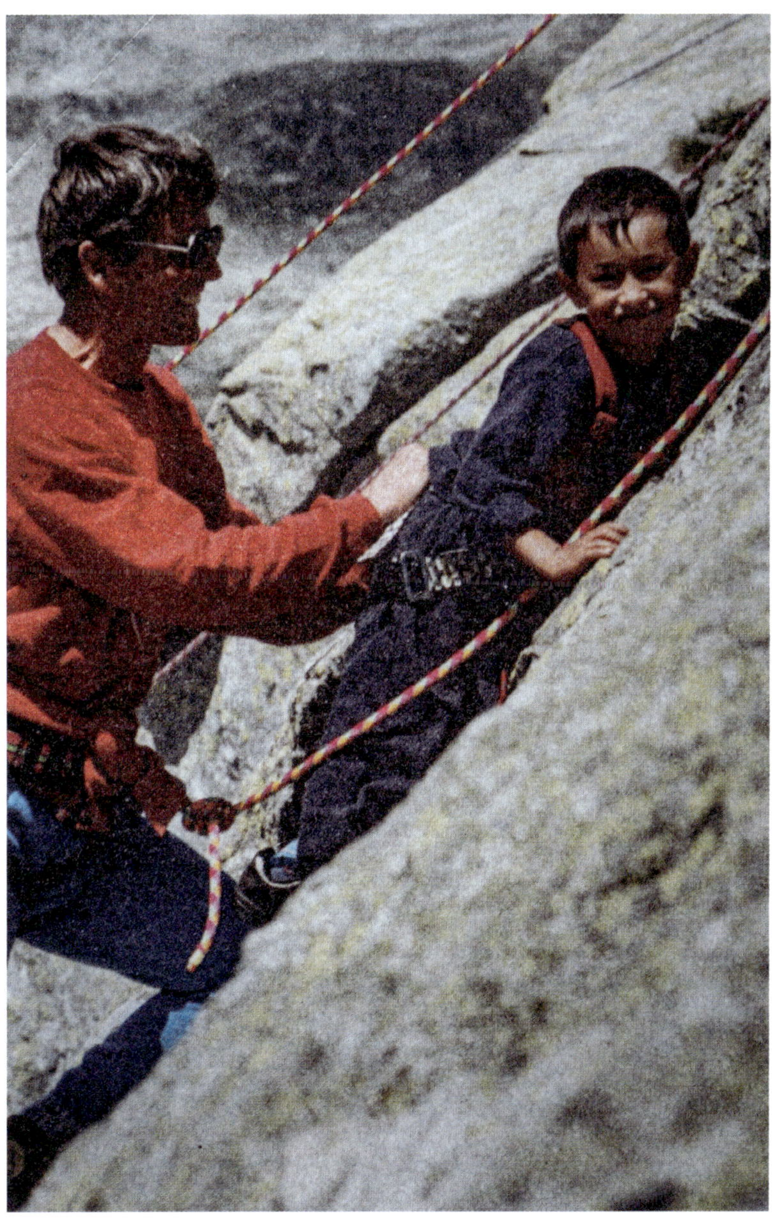

David Lama, fünf Jahre jung, bei seinem ersten Klettercamp mit Peter

ich noch nie erlebt bei einem Kind: mit welchem Gefühl er zum Felsen steigt, wie er instinktiv und ohne irgendeine Angst alles richtig macht.« Sie müssten unbedingt eine Nacht früher schon zur Hütte kommen und sich das anschauen.

Das Erste, was die Eltern bei David sahen, waren diese leuchtenden Kinderaugen. Das Erste, was sie aus seinem Grinsemund hörten: »Ich geh da nächstes Jahr wieder hin zum Peter.«

Wenn er mit den Kindern in den Zillertaler Alpen unterwegs war, erinnerte sich Peter unweigerlich an seinen eigenen Lebensabschnitt im Windschatten jener Bergführer, zu denen er in Jugendjahren aufschaute: »Was man als Kind lernt, bleibt einem ein Leben lang erhalten, und auch der Instinkt lässt sich in jungen Jahren am besten schulen. Im Kindesalter wirst du geformt«, ist er überzeugt. Deshalb legte er Claudia und Rinzi Lama ans Herz, das unglaubliche Klettertalent ihres David zu fördern: »Schaut, dass ihr in Innsbruck eine Gruppe findet, wo er weiter regelmäßig klettern kann.« Das war gar nicht so einfach, erzählt Claudia. Sportklettern steckte Mitte der 90er-Jahre in den Kinderschuhen. Kletterhallen gab es kaum, David war mit seinen fünf Jahren außerdem selbst für Kindergruppen noch zu klein. In Innsbruck hatte nur die Halle des Turnvereins eine Wand mit bunten Griffen. Durch Zufall erfuhr Claudia, dass ein gewisser Reinhold Scherer dort einmal in der Woche mit Kindern kletterte. Reinis erste Reaktion, wie sollte es anders sein: David sei zu jung! Bei der Nacherzählung von Peters überschwänglichen Worten dürfte Reini aber doch neugierig geworden sein. Sie solle ihren Sohn vorbeibringen. Als ihn Claudia zwei Stunden später wieder abholte, hatten sowohl David als auch Reini einen Grinser im Gesicht, der ihr bekannt vorkam. Von da an hatte der »Fuzzy« seinen Platz gefunden und Reini Scherer einen Rohdiamanten, den er zum Glänzen brachte. Im Jahr darauf ging es für David natürlich wieder zu Peters Kletterlager, diesmal auf die Plauener Hütte hinauf. Claudia erinnert sich gut: »Das war ein großes Hallo und wieder eine Riesengaudi.«

Das Weitertragen seiner Erfahrung in die nächste Generation begeisterte Peter bei seinen Kinderkursen auch selbst immer hellauf. »Kinder suchen nach Herausforderung und Abenteuer. Die meisten sind bei sportlichen Bewegungsabläufen sehr talentiert. Sie kennen weniger Angst, eher muss man ihren Übermut bremsen und sie Eigenverantwortung lehren«, beobachtet Peter. »Das brachte eine enorme Verantwortung mit sich, vor allem aber großen Spaß.«

Für David gab es fortan nichts anderes mehr als Klettern. Als Zehnjähriger war er noch einmal gemeinsam mit Peter unterwegs, es ging auf den Großglockner. Peter prophezeite ihm: »David, du wirst noch Weltmeister werden!« Ob ihn diese Worte genauso beflügelten wie Peter jene seiner ersten Wegbegleiter?

Davids Höhenflug nach seinem Senkrechtstart verfolgte der Senior fortan mit Interesse aus naher Ferne. Eine besondere Freude hatte er mit dem Buben, als er im hinteren Kessel der Geraer Hütte den Sagwandpfeiler kletterte oder 2013 dann die erste Winterbegehung des »Schiefen Risses« von Hias Rebitsch machte, gemeinsam mit Hansjörg Auer und Peter Ortner. Als David, der »Hallenkletterer«, ankündigte, er werde den Cerro Torre im Freikletterstil besteigen, klang das für viele Szenekundige frech – wenn nicht sogar größenwahnsinnig. Solche Kritik kam Peter bekannt vor. David Lama, damals 19 Jahre jung, war zwar nicht irgendwer, aber der Cerro Torre auch nicht irgendein Berg. Umwerfend schön, umspült vom patagonischen Wetter,

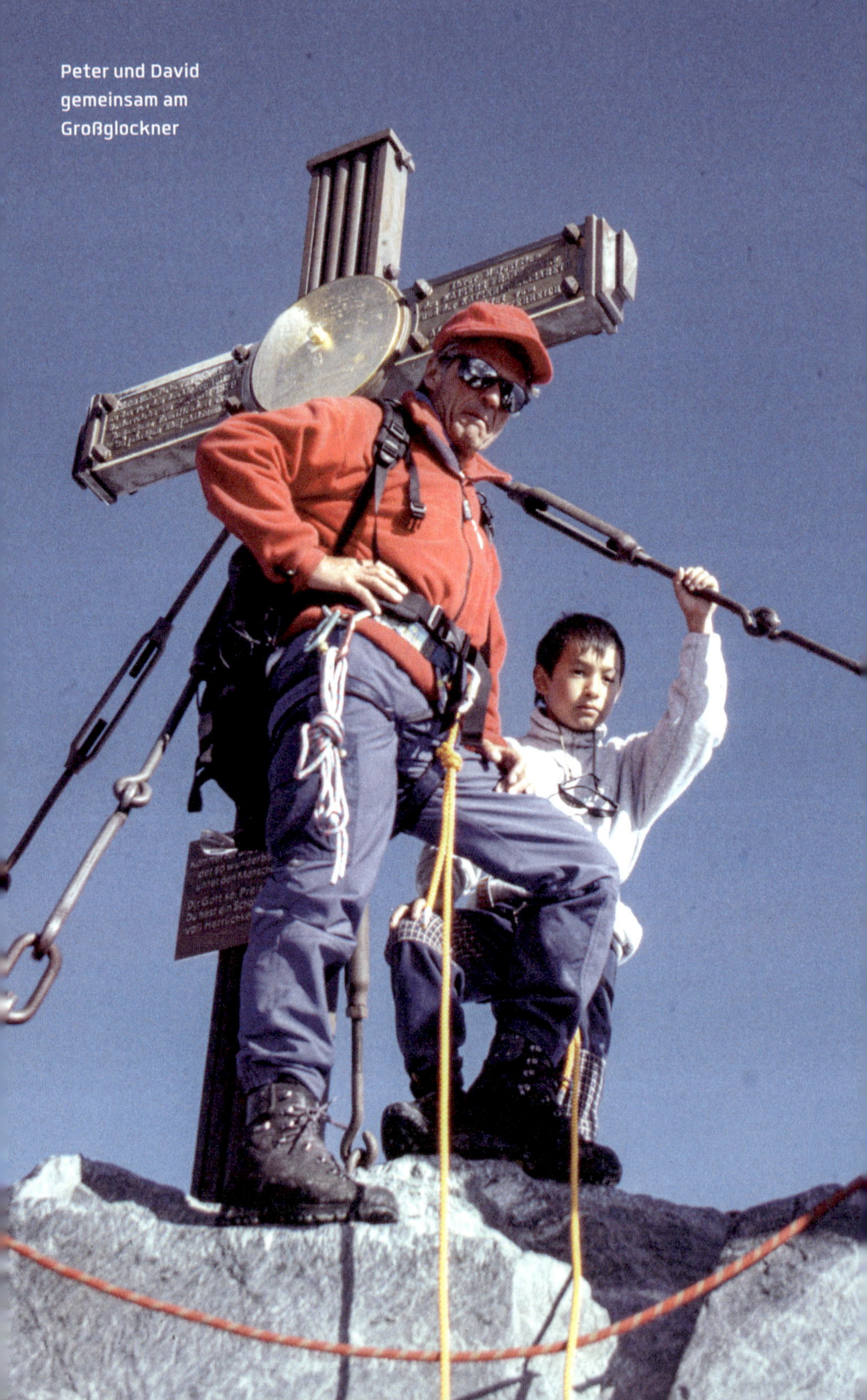

Peter und David gemeinsam am Großglockner

umrankt von Legenden ragt der »Schrei aus Stein« eisgekrönt 3128 Meter in den argentinischen Himmel. »Niemand beginnt seine alpine Karriere in der Gipfelwand des Cerro Torre. Und doch bildete ich mir genau das ein«, schrieb David auf seiner Homepage über seinen, sagen wir kecken, Zugang zum Goliath aus Granit. »Unmöglich«, hätte Reinhold Messner noch vor zehn Jahren zu dem Versuch gesagt, den Cerro Torre ohne Hilfsmittel zu besteigen. »An der Grenze des Möglichen«, sagte er zu David Lama. Diesen Grenzgang zwischen unmöglich und möglich zu wagen – genau das wollte der tollkühne Tiroler mit der ersten freien Begehung der legendären »Kompressor-Route«.

Drei Jahre sollte es dauern, bis der Junge, von Sternzeichen Löwe, seine Chance bekam. Drei Jahre, in denen er Rückschläge einsteckte, Gegenwind spürte, die mediale Inszenierung überdachte, zum Weltklasse-Alpinisten reifte und auf die Kinoleinwand kletterte. *Nicht den Hauch einer Chance*, hieß der Film. Die Ironie des Titels: Er nutzte seine Chance sehr wohl. Der Traum vom Cerro Torre wurde Wirklichkeit, als David 21 Jahre alt war. »Weil ich bereit war, zu scheitern und dabei nie aufgab«, resümierte er.

David Lama begann mit dieser Auftakt-Geschichte, den modernen Alpinismus neu zu definieren, und er setzte noch weitere Meilensteine. Die Nachricht seines Todes, der Hansjörg Auers und Jess Roskelleys verbreitete sich wie eine Schockwelle über den alpin-interessierten Erdteilen. Getroffen wurde auch Peter Habeler. Er denkt oft an David zurück, in Dankbarkeit auch an ihre gemeinsame Tour am Eiger, an die unglaubliche Ruhe, die David in jeder Situation ausstrahlte und die sich auf ihn übertrug. Knapp 100000 Menschen kondolierten alleine auf der Homepage von David, besonders oft stand dort das Wort Inspiration.

»Wir wussten ja selbst nicht, dass David Freunde und Fremde so inspirierte«, sagen seine Eltern. Sie wussten bis zu seinem Tod auch nichts von seiner entzückenden Freundin Hadley Hammer. »Typisch David«, sagt seine Mutter, »er war kein großer Redner. Er hat immer erst etwas gesagt, wenn er Nägel mit Köpfen gemacht hat.« Nach seiner Nordamerika-Reise wäre er mit Hadley gemeinsam nach Tirol gekommen, ein halbes Jahr waren sie ein Paar gewesen, von Haus und Hochzeit war die Rede. »David hat uns eine Schwiegertochter hinterlassen. Es ist, wie wenn sie unsere Tochter wäre. Die Wege des Lebens sind ganz eigenartig«, sagt Claudia gerührt. Zwei Jahre wohnte Hadley nach Davids Unglück bei ihnen zu Hause in Götzens.

David ist gegangen, sein Charisma und Geist sind geblieben. Als Buddhisten glauben die Lamas daran, dass der Geist eines Menschen den Körper zwar verlasse, seine Seele in einer anderen Daseinsform jedoch weiterlebe. In ihrem Garten errichtete die Familie einen Chörten, ein kleiner Stupa, der ihnen David nahe sein lässt. Die Karten der Mönche in Rinzis nepalesischem Heimatdorf haben eines gedeutet: dass David wiedergeboren werde, als großer Geistlicher in Tibet – als Lama. Das hat etwas Tröstliches für die Familie.

Wenn Claudia Lama an ihren Sohn denkt, sie denkt an ihn jeden Tag, habe sie oft das Gefühl, dass David keine Zeit gehabt hätte, um Zeit zu vergeuden. »So als ob David schon immer in sich gespürt und gewusst hätte, dass er sich beeilen muss, weil er nicht so viel Zeit in seinem Leben hat.« Es war ein Leben am Limit, aber auch eines in Liebe. »Ich bin so froh, dass wir in diesen 28 Jahren so viel gemeinsam erleben durften. Das tröstet mich jetzt.«

Wer Expeditionen unternehme, mit solch unbändiger Begeisterung, dem könne man das auch gar nicht wegnehmen, sagt Claudia: »Wir haben das immer anders gesehen als jene Menschen, die nur mit Angst daheim gesessen sind.« Verstehen kann das wohl nur jemand, der selbst diese Leidenschaft, dieses lodernde Feuer, gespürt hat. Einer wie Peter Habeler zum Beispiel. Oder wie Reinhold Messner. »Sie hätten auch zu Hause auf dem Sofa bleiben können, aber das hätte keinen von ihnen glücklich gemacht«, sagte der Südtiroler nach ihrem Unglück.

Mit der Angst um ihr Kind lernten die Lamas umzugehen. Sie wussten, dass David nie einer war, der die Gefahr suchte. Im Gegenteil versuchte er, das Risiko so niedrig wie möglich zu halten. Und doch wussten sie, dass er dorthin ging, wo er im richtigen Moment nichts falsch machen konnte und im falschen Moment nichts richtig. »Klettern und Bergsteigen im Grenzbereich ist kein Spiel ohne Risiko – aber eines, ohne das ich nicht leben kann«, waren die Gedanken von Hansjörg Auer. Davids Eltern verstanden diese Worte sehr gut. Rinzi Lama sagte in einem Interview in der FAZ, drei Jahre nach Davids Tod: »Wir haben ihm nicht seine Flügel gestutzt, wir haben ihn sein Leben leben lassen. Wir haben David immer fliegen lassen – dorthin, wo er hinfliegen wollte.«

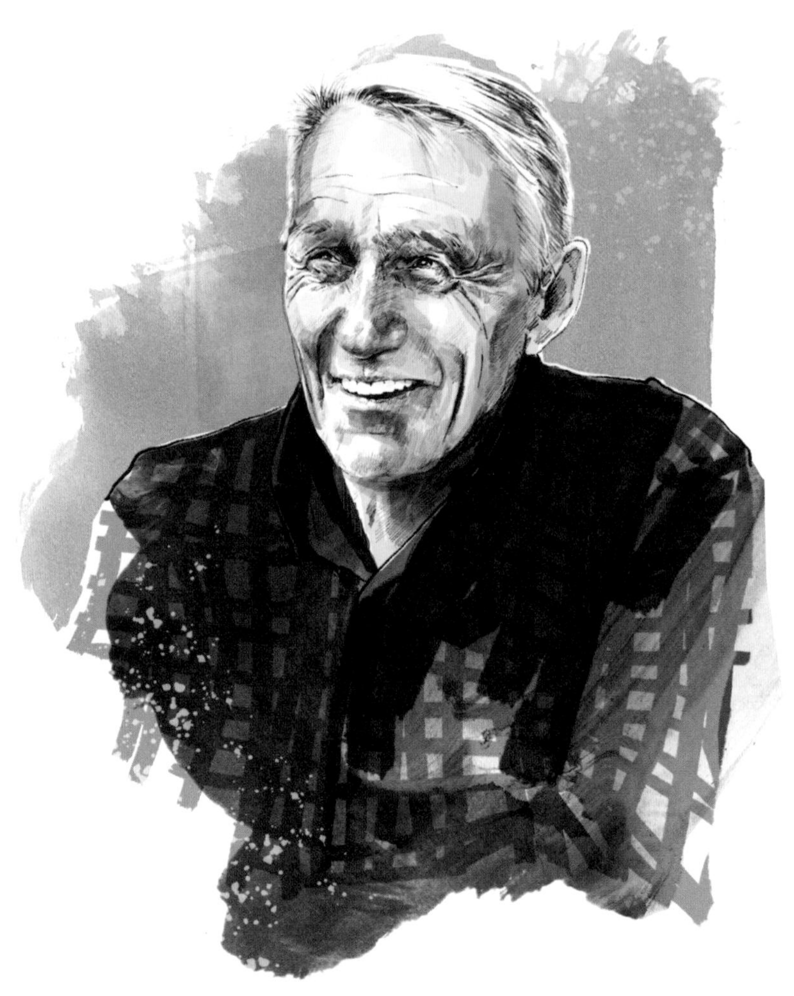

Horst Fankhauser

Der Freund, der andere Wege ging

Vom Wert der Freundschaft

Eine Seilverbindung zieht sich wie ein roter Faden durch Peters gesamtes Leben – jene mit Horst Fankhauser. Dass sie schnell einmal reißt, davon wäre Horsts Vater ausgegangen. Er sah vornehmlich eine Zweckgemeinschaft in den beiden Jungs aus den Nachbarorten, Peter war 16 und sein Sohn 14. Dass der Wert ihrer Freundschaft nicht nur über Höhenmeter, sondern auch über jahrzehntelange Ausdauer definiert sein würde? Undenkbar für einen, der mit Bergen wenig anzufangen wusste. Gleich nach der Volksschule wurde Horst von seinem Vater zur Maurerlehre verdonnert. Über allem aber stand für Horst der Berg! Viele Jahre lang verlief der Weg der bergverrückten Buben nahezu parallel: Von den wöchentlichen Schulungsabenden bei der Bergrettung ging es zu Ernst und Riki Spieß in die Skischule, sie kraxelten auf denselben Graten und durch die gleichen Wände, sie schliefen nebeneinander in den Hüttenlagern und hatten dieselben Träume, sie teilten sich die ersten Gäste mit Toni Volgger als Bergführer, gingen durch die Schule von Sepp Mayerl und traten gemeinsam zur Bergführer-Prüfung an. »Die Anfangsschritte im Gebirge sind wir komplett gleich gegangen«, erzählt Horst Fankhauser in seinem Familienhaus in Neustift im Stubaital, das sich stimmig in die sonnige Siedlung oberhalb des Dorfes fügt, und hält gleich eines fest: »Peter ist immer der gewesen, der bei uns gepusht hat –

immer.« Dass er im Laufe der nächsten vier Stunden – es gibt viel zu erzählen aus ihrem Leben – dieses »immer« noch charmant korrigieren würde, das kommt erst später auf den Tisch.

Damals war es jedenfalls Peters Idee, durch die Südostverschneidung der Fleischbank am Wilden Kaiser zu klettern – bei starkem Schneefall. »Wie Peter nach der Verschneidung die Querung hinübergeklettert ist«, erinnert sich Horst, »das war einfach legendär mit diesen schweren Schuhen von damals.« Natürlich würden viele ihrer Touren für heutige Kletterer keine große Schwierigkeit mehr darstellen. Aber mit den bocksteifen Schuhen – eine Stahlsohle eingefasst, weil sie nicht steif genug sein konnten – sähe das heute auch anders aus, glaubt Horst. »Die Touren, die Peter mit dem groben Schuh frei geklettert ist, kämen heute im Vergleich wohl in den achten Schwierigkeitsgrad.« Wobei er noch einen Aspekt anmerkt: Sie hätten damals ja geglaubt, der steife Schuh sei das Nonplusultra. »Und was der Kopf für gut erklärt, das wird auch so angenommen!«

Peter sei zu seiner Zeit der beste Kletterer gewesen, ist Horst überzeugt. »Über allen stand er, diese Leichtigkeit hatte keiner. Peter kletterte wie eine Katze. Mir wäre nie vorgekommen, dass er überhaupt an seine Grenze ging.« Haken schlagen sah er seinen Kumpanen nur selten – wobei Peter nie verschwieg, dass er hie und da eine Strickleiter verwendete, um sich über eine Stelle höher zu schwindeln, damals wie heute auch. In ihrer Sturm-und-Drang-Zeit sei Peter ihren Touren jedenfalls nicht nur gewachsen, sondern überlegen gewesen. Horst gibt auch ganz offen zu: Ihm sei das gar nicht so ungelegen gekommen. »Es gab schon Touren, die wir überschlagend geklettert sind, aber wenn's ums Eingemachte gegangen ist, haben wir keinen Grund gesehen, warum ich herummurksen soll, wenn er mit

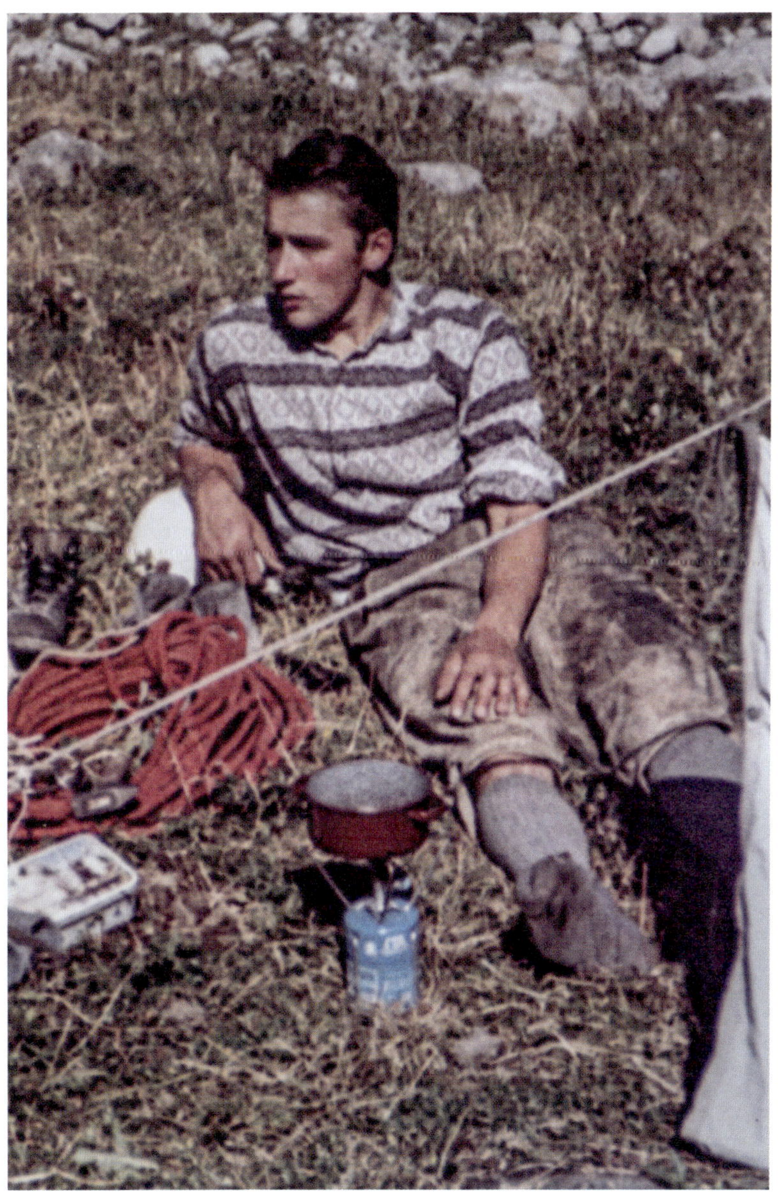

Horst Fankhauser, ein guter Freund seit Jugendtagen

einer Lockerheit hinaufgeht.« Woher Peter diese Fähigkeit hatte? »Keine Ahnung«, erwidert Horst, und seine Mundwinkel wandern in Richtung seiner Ohren. »So manchem gibt's der Herr im Schlaf!«

Der Gleichschritt in ihren jungen Jahren hörte an einer Weggabelung auf, an der Peter auf Reinhold Messner stieß – und Horst auf Klara Hofer. »Diese fesche blonde Stubaierin hat mir den Kopf verdreht«, erinnert sich Horst. Er zog zu seiner Herzdame ein Tal weiter. Im Stubaital führten Klaras Eltern die Franz-Senn-Hütte. Kein Wunder, dass es Horst dort oben gut gefiel. Wie eine steinerne Trutzburg gegen Sturm und Eis liegt sie im Schoß der Stubaier Alpen, rundherum glitzernde Gletscher und gigantische Granitgrate. Die Ruderhofspitze und der Schrankogel sind zwei der stolzesten Gipfel, über 3400 Meter hoch. Am besten an der Hütte gefiel Horst aber Klara. »Eine Perle von einer Frau«, schwärmt er noch heute, »na, wenn ich die nicht erwischt hätte …«

Den ersten Achttausender der beiden Bergfreunde sollte Horst Fankhauser in Angriff nehmen. Es war im Jahr 1972 auf der Heimfahrt von einem Kurs in Bad Gastein – Peter und Horst waren beide beim Bergführerverband engagiert –, da fragte Peter etwas Unerwartetes. »Magst du nicht mit zum Manaslu fahren?« Er würde seinen Platz in der Tiroler Expedition von Wolfgang Nairz frei machen – und gerne Horst vorschlagen. Für das Warum seiner Absage lieferte ihm Peter keine schlüssige Erklärung – er hörte bei seinen Entscheidungen einfach gerne auf sein Bauchgefühl, sagt Peter rückblickend. Davon einmal abgesehen: »Was heißt da mögen?« Sofort war Horst Feuer und Flamme. »Gleichzeitig bin ich sehr zerrissen gewesen. Kann ich?

Kann ich nicht?« Vier Jahre lang hatten Klara und er auf Nachwuchs gewartet. »Und ausgerechnet in dieser Zeit ist der Bub zur Welt gekommen. Das war keine leichte Entscheidung. Aber letztendlich hat mir der Schwiegervater geholfen, sie zu treffen.«

Eine Kanne Kaffee steht vor uns am Wohnzimmertisch. Horst schenkt in die Tassen nach und holt an dieser Stelle etwas aus, weil ihm diese Geschichte ans Herz geht. Sein Schwiegervater Heinrich, selbst Bergführer und Abenteurer, musste gemeinsam mit seinem Schwager in den Krieg einrücken. Es gab ein gegenseitiges Versprechen: Kommt einer nicht mehr heim, sorgt der andere für beide Familien. »Der Schwager ist dann im Krieg gefallen«, erzählt Horst – und sein Schwiegervater Heinrich hielt das Wort. Den Traum, Bergführer zu sein, gab er auf und wurde Hüttenwirt. Erst pachtete er die Innsbrucker Hütte. Insgesamt neun Kinder, vier von seinem Schwager, wuselten dort herum. »Er zog sie gemeinsam mit seiner Frau groß, alleine mit dem Einkommen als Hüttenwirt.« Als bei Horst die Entscheidung zur Manaslu-Expedition anstand, sah Heinrich seinen inneren Zwiespalt und ermutigte ihn. »Wenn du die Gelegenheit hast, fahr hin«, sagte der, der diese Chance nie bekommen hatte. »In Gott's Namen: Du wirst wohl gesund heimkommen«, fügte er noch an, »und sonst sind wir auch noch da.« Seines Schwiegervaters starke Aussage berühre ihn noch heute sehr. Auch seine Frau Klara erkannte die Wertigkeit, welche die Expedition für Horst hatte, und ließ ihn ziehen.

Diese Expedition zur bis dahin undurchstiegenen Südwestflanke des Manaslu – einer eigenen komplexen Welt von einer Wand, in dessen Mitte ein Gletscherhochtal aufwartet und darunter ein Felspfeiler mit Schwierigkeiten wie die Große-Zinne-Nordwand – würde Horsts Leben verändern. Und auch das Leben vieler anderer Menschen. Die Manaslu-Expedition endete im April 1972 mit einer Tragödie. Franz Jäger und Andreas »Andi« Schlick kamen dabei ums Leben. Die dramatischen Stunden, die Reinhold Messner in seinem Buch *Sturm am Manaslu* beschreibt, erlebte Horst ebenso hautnah mit.

Es war ein Morgen mit schönem Wetter, als Reinhold Messner und Franz Jäger als Spitzentrupp vom Lager 4 zum Gipfel aufgebrochen sind. Zurück kam abends im tobenden Schneesturm nur einer der beiden. Horst Fankhauser, der an diesem Tag in überragender Form ins Lager 4 auf rund 7400 Meter nachrückte, empfing mit Andi Schlick den abgekämpften Reinhold beim Zelt. Draußen stürmte, blitzte und donnerte es. Verwirrt fragte Reinhold nach Franz Jäger, der den Gipfelversuch vorzeitig abgebrochen hatte, mehrmals habe er ihn rufen gehört – doch von Franz fehlte jede Spur. Auch Horst war trotz des heulenden Schneesturms überzeugt, seine Rufe vernommen zu haben. Gemeinsam mit Andi Schlick – er zog nur schnell die Sturmbekleidung über, nahm Stirnlampe und Pickel zur Hand – wollte er los, um Franz zu finden. Er war überzeugt, dieser musste sich in der Nähe des Zeltes befinden. Sie folgten seinen vermeintlichen Rufen, mit dem Sturm im Rücken, immer höher dem Plateau entlang. So als seien sie einem Phantom nachgegangen, sagt Horst aus heutiger Sicht. »Dem Wunschtraum, ihn zu finden. Vielleicht haben wir ihn ganz am Anfang wirklich gehört, vielleicht …« Als sie ihren Irrlauf inmitten des peitschenden Orkans erkannten, saßen sie selbst in der Falle. Ein Notbiwak war unausweichlich – ohne Ausrüstung, ohne Schaufel, ohne Schlafsack. Ihr eigener Kampf ums Überleben begann. Mit Händen und Pickel gruben sie ein Schneeloch und verschanzten sich darin. Doch dann hielt Andi es nicht mehr aus, und es zog sie noch einmal gemeinsam ins Inferno hinaus, um zum Zelt, in dem Reinhold wartete, zu gelangen – dem wohl einzigen Ort, an dem sie überleben könnten. Die Orientierung hatten sie inzwischen komplett verloren, und Andi Schlicks Lebensgeister und Kräfte schwanden immer mehr. Gegen den heftigen Sturm war kaum ein Vorwärtskommen möglich. »Andi, du musst«, trichterte ihm Horst ein, »sonst ist es aus.« Die Minuten wurden immer dramatischer. Ihre letzte Hoffnung fand Horst in einer Gletscherspalte, die plötzlich vor seinen Füßen auftauchte. Windgeschützt und teilweise von Schneebrücken überdacht gab sie ihnen Unterschlupf. Andi wurde immer apathischer. Nach einer Weile raffte er sich auf, um nach dem Wetter zu schauen – und kam nie wieder.

Horst hatte keine Chance, Andi im immer noch wütenden Sturm zu finden. Zurück in der Spalte ging es jetzt nur noch um sein eigenes Leben. »Eigentlich habe ich schon resigniert und aufgegeben«, erinnert sich Horst. Doch dann schöpfte er neue Kraft. »Ich hatte plötzlich Klara mit unserem drei Monate alten Baby vor Augen«, erinnert er sich 50 Jahre später – so als wäre es erst gestern gewesen. »Das hat mich so aufgeweckt, dass der Gedanke, ich könnte nicht überleben, weg war.« Sein Sohn Thomas gab ihm damals die Kraft, das Sturminferno zu überstehen – davon ist er heute noch überzeugt: »Seither glaube ich an eine gewisse Telepathie.«

Irgendwann in der Nacht klarte der Himmel auf. Im Freien eröffnete sich Horst ein surreales Bild: Mondlicht am tief verschneiten Gipfelplateau, vereinzelt noch Schneefahnen, sie dürften bis auf 7900 Meter aufgestiegen sein. Mit der Morgendämmerung machte er sich auf den Rückweg – Reinhold hatte die ganze Nacht gewartet und Tee gekocht, um die drei bei ihrer Rückkehr zu empfangen. Als er nur Horst ankommen sah, sah Horst in

Reinhold eine kleine Welt zusammenbrechen: »Reinhold war erschüttert, Tränen standen in seinen Augen. Das hat uns alle schlimm getroffen.« Gemeinsam fanden Horst und Reinhold vom Lager 4 hinab zurück ins Leben.

Erschüttert nahm Peter Habeler von zu Hause aus die Tragödie wahr. Er hatte sowohl Franz Jäger als auch Andi Schlick gut gekannt, mit Andi war er kurze Zeit davor noch im Karwendel durch die Laliderer-Nordwand geklettert. Es war die zweite Achttausender-Expedition innerhalb von nur zwei Jahren, die mit dem Tod junger Bergsteiger endete. Für beide Expeditionen wäre auch Peter vorgesehen gewesen, er hatte jedoch kurz davor abgesagt. So war es auch 1970 am Nanga Parbat, als Reinholds Bruder Günther Messner ums Leben kam. Peter blieb es erspart, selbst diese tragischen Erfahrungen miterleben zu müssen, auf einer gemeinsamen Tour seine Begleiter zu verlieren. »Mein ganzes Leben lang hab ich sehr viele Entscheidungen aus dem Bauch heraus getroffen«, sagt Peter im Rückblick. »Das Bauchgefühl ist in vielen meiner Lebensentscheidungen ausschlaggebend gewesen – nicht immer nur der Kopf.«

Was Horst Fankhauser aus diesen Erlebnissen mitgenommen hat? »Das Entscheidende war für mich die Erkenntnis des doch relativ großen Risikos bei den Achttausender-Expeditionen«, reflektiert er, »und dass dieses der Familie gegenüber eigentlich nicht zu verantworten ist.« Für Horst wäre auch ein Platz in der österreichischen Mount-Everest-Expedition von 1978 vorgesehen gewesen. Nicht zuzusagen, fiel ihm nicht schwer. »Ich bin am Manaslu nur knapp dem Tod entronnen, das hat in mir dann keinen Zweifel mehr offengelassen, was ich zu tun hab.« Zwischenzeitlich erwartete seine Frau Klara einen zweiten Sohn. Ab diesem Moment sei für Horst Fankhauser glasklar gewesen, wo er hingehöre. Los ließ ihn die Faszination Himalaja aber nie – das Höhenbergsteigen sollte für ihn zu einer schönen Nebensache werden. Den Entschluss, eines Tages wieder zu einem Achttausender aufzubrechen, fasste er in dem Moment, als er den Mount Everest absagte. Und zwar dann, wenn die Hütte wirtschaftlich gut liefe und die Kinder groß seien.

Horst beobachtete auch bei Peter diese Zerrissenheit zwischen Familie und Freiheiten, die bald sein Beruf werden würden. »Bei Peter hatte das aber noch einen tieferen Grund«, glaubt Horst, »weil er dieses harmonische Familienleben, wie er es bei mir kennengelernt hatte, in seiner Familie nie erleben durfte. Dadurch hatte das für ihn nie eine ganz so große Wertigkeit. Peter ist aber ein ganz feinfühliger, sensibler Mensch. Diese intensive Nestwärme, dieses tiefe Familienleben, ist ihm aber leider versagt geblieben.«

Somit habe die Manaslu-Expedition ein Stück weit auch ihren gemeinsamen Weg geprägt, der langsam auseinanderging. »Weil ich mich für eine Familie entschieden habe«, betont Horst. Klara und er, bald hatten sie drei Söhne, führten die Franz-Senn-Hütte insgesamt 35 Jahre lang und machten aus ihr einen beliebten Stützpunkt für Bergsteiger und Skitourengeher, für Familien und Fortbildungen. Mit seinem souveränen Auftreten war Horst nicht nur ein sensationeller Hüttenwirt, sondern auch ein tadelloser Präsident, der dem Österreichischen Bergführerverband sechs Jahre lang vorstand. Darum wusste er auch genau, was auf Hütten gefragt war. Er bohrte rundum Übungsklettergärten und Kletterrouten ein und erweiterte das Angebot auch um Klettersteige. »Horst war und ist auch ein Lawinenfachmann erster Güte – und ein ganz hervorragender Fotograf«, sagt Peter.

2006 übernahm mit seinem Sohn Thomas und Schwiegertochter Beate die nächste Fankhauser-Generation den Zapfhahn und die Kochlöffel – und auch die Enkel sorgen für frischen Wind rund um die Franz-Senn-Hütte. Horst hinterließ als Seniorchef einen guten Geist dort oben, den spürt man nicht nur, wenn die bunten Gebetsfahnen zwischen dem Haupthaus und der Materialseilbahn im Wind flattern. Eine gute Flasche Wein durfte auf der Hütte nie fehlen, eine Tradition, die auch sein Sohn Thomas nahtlos übernommen hat. So manch eine Stammpartie gibt zur Zimmerreservierung auch gleich eine konkrete Rotwein-Bestellung ab.

Klara und Horst, über Jahrzehnte das Wirtspaar auf der Franz-Senn-Hütte

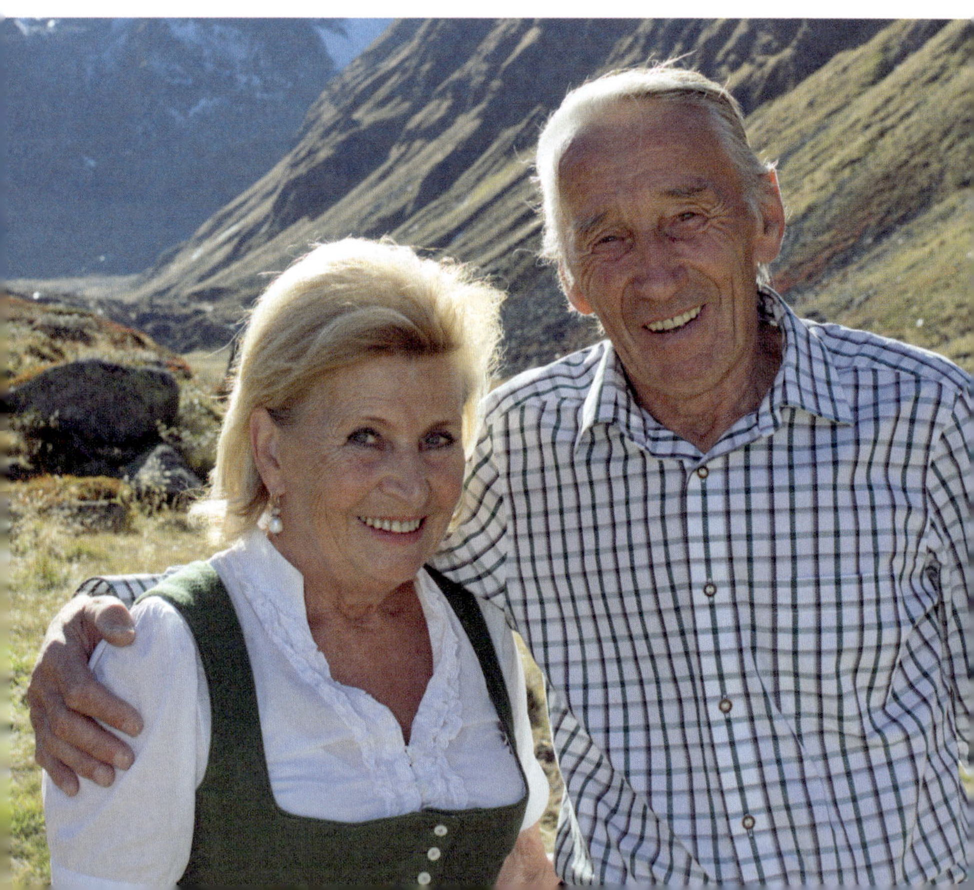

Unter Wein-Einfluss, das war auf der Berliner Hütte, hätte Peter Horst fast einmal erschlagen – aus Versehen natürlich. Die Bergführer saßen spätabends noch in der Küche, und Peter präsentierte seinen Stolz: einen neuen Kletterhelm, einen der ersten aus Kunststoff. Seine Festigkeit hatte er schon mehrfach getestet: Wenn er mit dem Kletterhammer darauf schlug, sprang er in die Höhe, zerbrach aber nie. »Das war zum einen ein beruhigendes Ergebnis«, erzählt Peter, »zum anderen machte mir das so viel Spaß, dass ich bei jeder Gelegenheit eine kleine Vorführung organisierte.« Doch nie konnte den Helm jemand zertrümmern. Auf der Berliner Hütte ging der Test in Stufe zwei: Horst sollte ihn aufsetzen. »Er kniete vor mich hin, als ob er gleich geköpft würde, ich holte aus und klopfte ihm auf den Kopf – und schon war der Helm entzweit. Und Horst lag am Boden. Mein Gott, dachte ich, hoffentlich ist er nicht tot!« Er bekam eine blutende Wunde am Kopf ab, zum Glück nicht tief, atmete Peter auf. »Und bald war er schon wieder fit.«

1986 zog es Horst Fankhauser zurück in den Himalaja zu den Achttausendern. Sein Versuch am Makalu brachte allerdings erneut ein tragisches Erlebnis: der Schweizer Marcel Rüedi starb. »Danach hab ich die Entscheidung getroffen, wenn ich noch mal an einen Achttausender gehen sollte, dann gehe ich alleine.« Peter ist heute felsenfest davon überzeugt, dass es Horst an den hohen Bergen zu einem hohen Bekanntheitsgrad gebracht hätte. »Der Horst hätte eine tolle Karriere als Achttausender-Bergsteiger gemacht. Er stellt sein Licht immer unter den Scheffel. Er wäre genauso gut gewesen wie ich – genauso gut. Ihm fehlte einfach die Zeit.« Irgendwann kam seine Zeit zurück. 26 Jahre nach der Makalu-Expedition kaufte sich Horst

Fankhauser in die Logistik einer deutschen Cho-Oyu-Expedition ein, mit Service bis zum Basislager. Am Berg wollte der Stubaitaler so selbstständig wie möglich agieren. So stand Horst schließlich mit 54 Jahren am 20. Mai 1998 auf seinem ersten Achttausendergipfel – neben ihm stand auch Alexander Huber, ebenfalls Mitglied dieser Expedition. »In jungen Jahren bist du ein Rennpferd – und im Alter ein Ackergaul«, lässt Horst Revue passieren. Mit Mitte 50 zum Cho Oyu trabte er mit viel mehr Ruhe los. »Ich habe nicht mehr diesen Verantwortungsdruck meiner Familie gegenüber gehabt. In früheren Zeiten hat mich der sehr belastet. Dann aber habe ich gewusst: Die Kinder sind groß und versorgt, der Betrieb läuft gut.« Niemandem erzählte er von seiner Expedition – nur seinen engsten Freunden wie Peter. »Dadurch hab ich auch eine bis dahin beim Höhenbergsteigen noch nie da gewesene Ausgeglichenheit gespürt. Früher hab ich mir eine hohe Erwartungshaltung aufgelegt. Dadurch macht man Fehler, hört zu wenig auf den Körper und geht zu sehr seinem Ego nach. Das war dann alles weg – ich war frei.«

Peter zog es noch mehrmals zu den Himalaja-Riesen zurück, insgesamt reiste er um die 60 Mal nach Nepal, zweimal auch noch zum Mount Everest. Den Versuch des Nordgrats von der tibetischen Seite musste er mit amerikanischen Gästen allerdings abbrechen, als er schon im Anmarsch erkannte, dass ihre Fitness für dieses Unterfangen nicht ausreichen würde. Im Jahr 2000 – »vielleicht wollte ich es auch einfach noch einmal wissen« – ging es an die Südseite des Mount Everest zurück, gemeinsam mit der Amerikanerin Christine Boskoff. Doch erst wurde sie krank, danach Peter. Erneuter Abbruch.

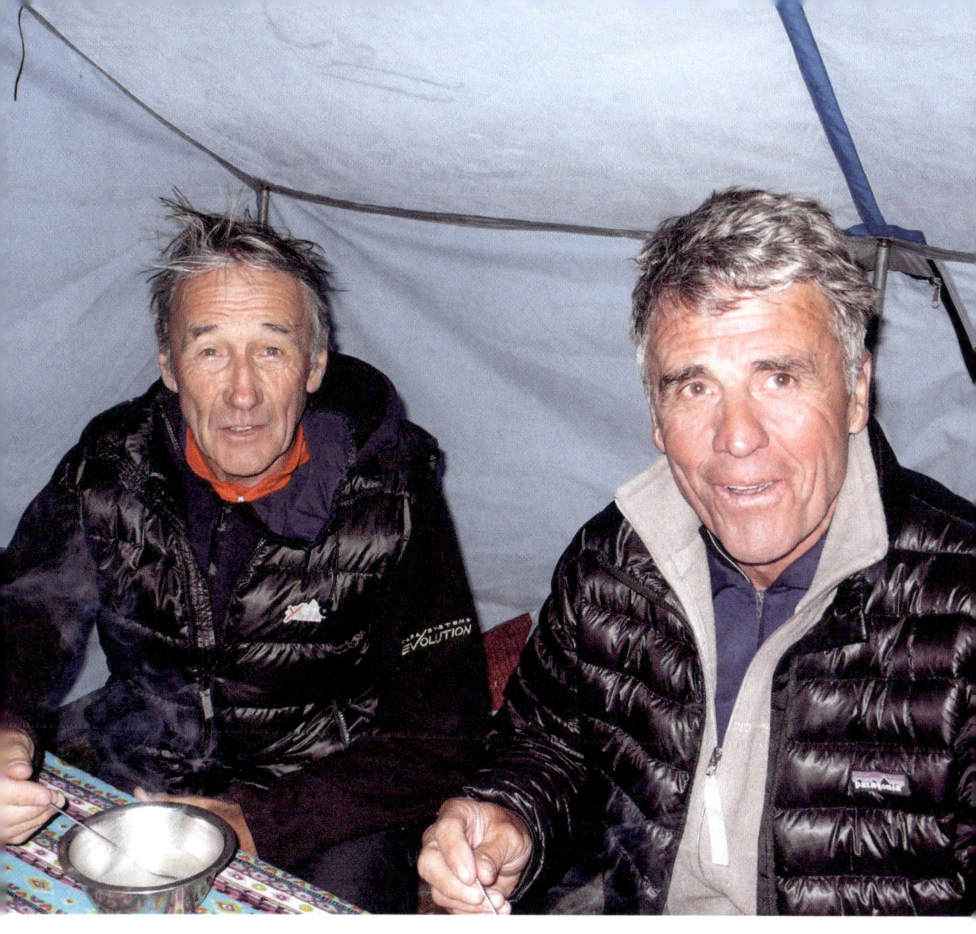

Gemeinsam unterwegs in Nepal: 2007 waren Horst und Peter am Cholatse.

Abgerissen ist die Freundschaft zwischen Peter und Horst nie. »Sie ist erkaltet zwischendurch, aber nicht eingefroren«, beschreibt Horst, »zwischendurch ging jeder seinen Weg. Ich hab versucht, aus der Hütte das Maximum zu holen, und Peter aus dem Höhenbergsteigen. Jedem ist sein Werk gelungen.« Als ihre Sturm-und-Drang-Periode vorbei war und sie beide wieder durchschnaufen konnten, kamen sie zum Punkt: »So, weiter rauf geht's nicht mehr! Jetzt besinnen wir uns wieder auf unsere Geschichten«, sagt Horst, »es kristallisieren sich dann auch glasklar wieder die echten Freunde heraus.«

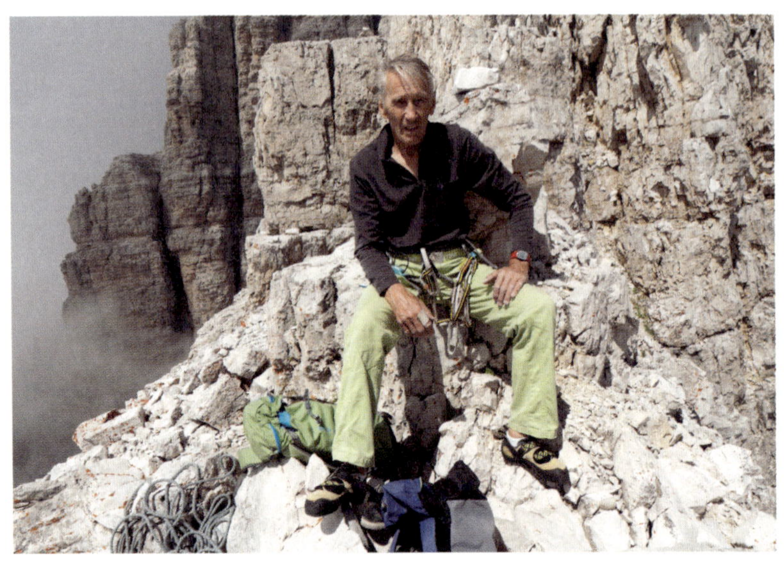

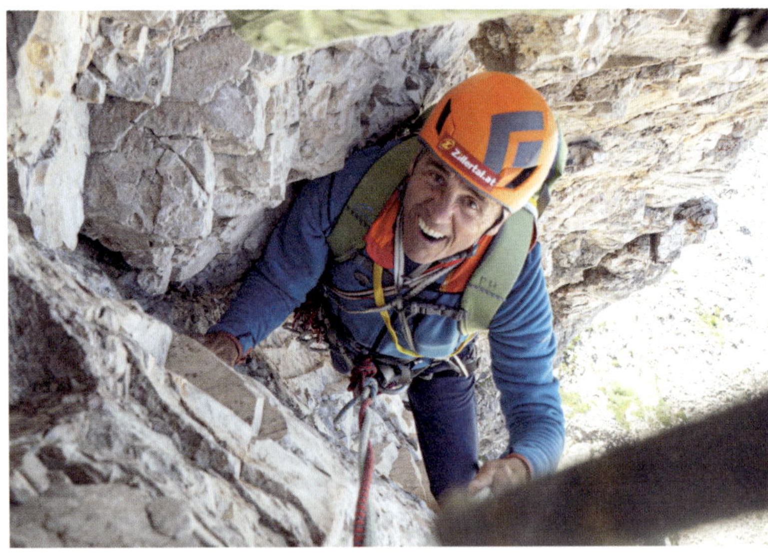

Immer wieder Dolomiten: Die Gelbe Kante –
die eindrucksvolle Linie an der Kleinen Zinne (rechts) –
kletterten Horst Fankhauser und Peter Habeler im Jahr 2015.

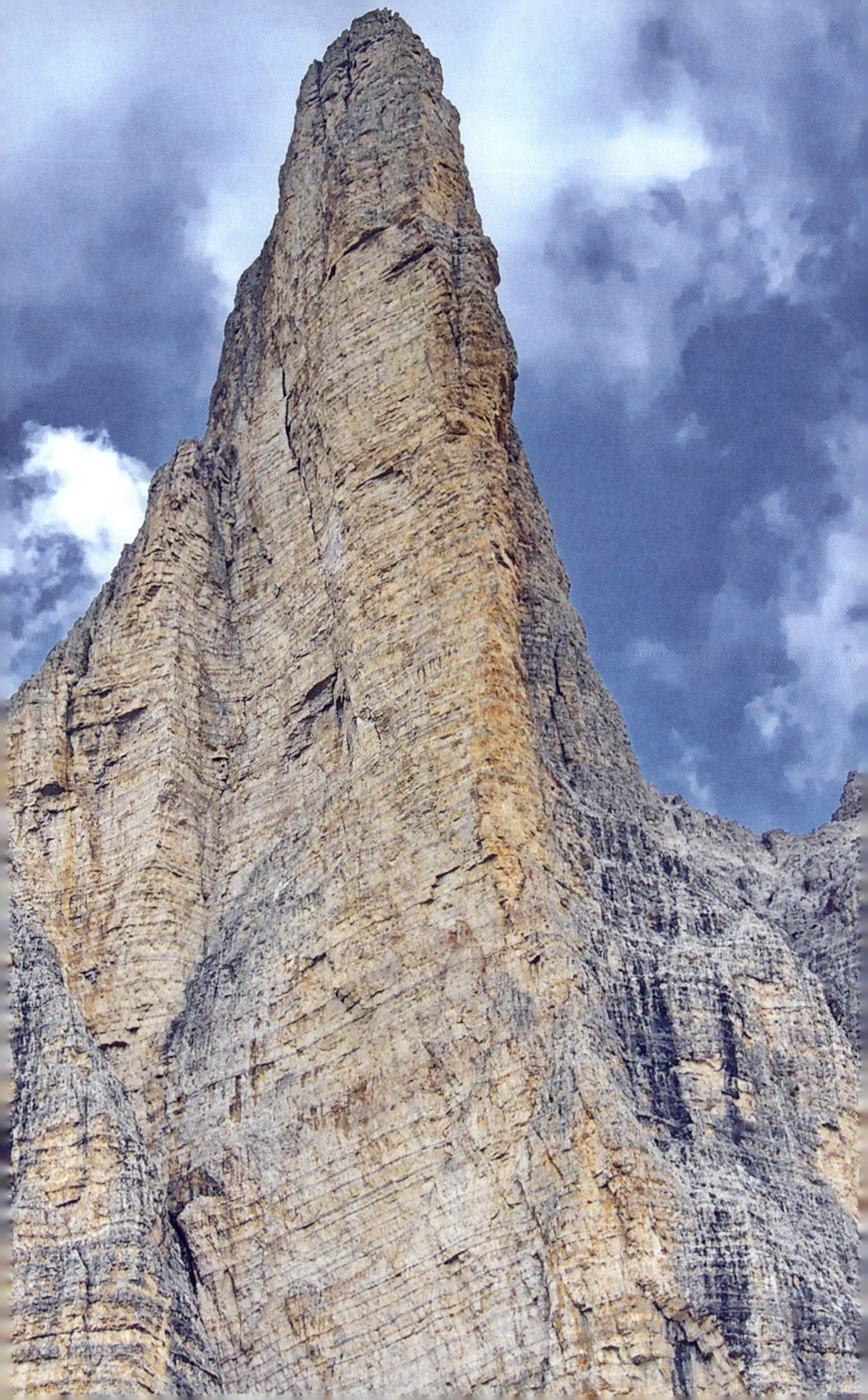

Heute könnten sich Peter und Horst ein spannendes Match liefern, wer die größeren Lachfalten hat. Jede einzelne unterstreicht glaubwürdig ihre vielen, sehr oft sehr lustigen Erlebnisse im Gebirge. Auch Klara hatte immer eine Freude mit dem Peter, sobald er bei der Türe der Franz-Senn-Hütte hereinkam. »Wir hatten's immer lustig. Er ist ein Unterhalter und Charmeur«, beschreibt Klara. »Meistens«, konkretisiert Horst, »Peter kann auch mal jähzornig werden – aber nur höchst selten …«

Als Seniorchef kommt Horst auch heute immer wieder gerne zur Hütte hinauf. Rüstig genug ist er ja noch. »Kein Wunder, er ist ja erst 78 Jahre alt«, merkt Peter lachend an. Zweimal wöchentlich trainiert Horst sogar in der Kletterhalle. Er habe ja alle Zeit der Welt heute, stellt er erfreut fest. Immer noch ist er so drahtig gebaut, dass er selbst die entferntesten Griffe erwischt. Auf den Zug mit den bunten Plastikgriffen ist Peter nicht mehr aufgesprungen. Damit kommen wir – mittlerweile von einem Kaffee zu einem erlesenen Glas Rotwein gewechselt – doch an den Punkt, ab dem nicht mehr Peter pushte, sondern Horst. Er war derjenige, der Peter – der schon alleine aus Zeitgründen nicht mehr ans Klettern dachte und einen Termin nach dem anderen um die Ohren hatte – motivierte: »Mensch Peter, gehen wir wieder klettern! Fahren wir nach Arco! Durch sein Hallentraining hat er mich also beim Klettern überholt«, erzählt Peter. Für Horst gibt es nicht viele liebere Kletterpartner als Peter. »Da sind so unglaublich viele Verbindungen da«, sagt er. Und eines, das genieße er schon, das müsse er jetzt zugeben: »Dass heute ich der bin, der meistens vorgeht. So wie früher Peter der Macher war, akzeptiert er jetzt, dass ich es bin. Da haben wir die Rollen vertauscht.«

Beide sind sich einig, dass es im Leben immer wieder »nächste Berge« brauche, um im Kopf und Körper fit zu bleiben. »Ich bin im Grunde genommen ein fauler Socken«, gesteht Horst: »Wenn ich eines Tages kein Ziel mehr hätte, dann könnte es passieren, dass ich nur noch vor dem Computer sitze.« Damit es nicht so weit kommen muss, hat er eine zweite »Seelenbefriedigung«, wie er es nennt, gefunden – die Fotografie. »Ich hab da einen neuen Zugang entdeckt«, verrät Horst. »Ich sehe viel mehr die Details in einer Landschaft – wie die Krokusse im Frühling. Früher war alles leistungsorientiert, für das Rundherum hatte ich nur wenig Auge.« Die Kamera möchte er auch noch auf gemeinsamen Bergtouren in den Rucksack packen. Vor wenigen Jahren hatten Horst und Peter vereinbart, bestimmte Routen, die sie bereits in ihrer Jugend geklettert sind, zu wiederholen. Ihr Zugang sieht heute jedenfalls entspannter aus als früher. Horst sagt: »Wenn's geht, ist's schön – wenn nicht, ist's nicht tragisch!« 2016 brachen sie zu einer »Seniorenbegehung« der Buhl-Route in der Mauk-Westwand auf, sie gaben sich in den Dolomiten die Gelbe Kante an der Kleinen Zinne, unternahmen Kletter-Urlaube nach Sardinien oder Trekkingreisen nach Nepal, und alle Jahre – das ist sowieso fix – geht's nach Arco, ins Klettermekka am Gardasee. Da war's für Horst eine Selbstverständlichkeit, dass auch Jutta mitkommen müsse! Die Frau, die Peter im neuen Jahrtausend den Kopf verdrehte.

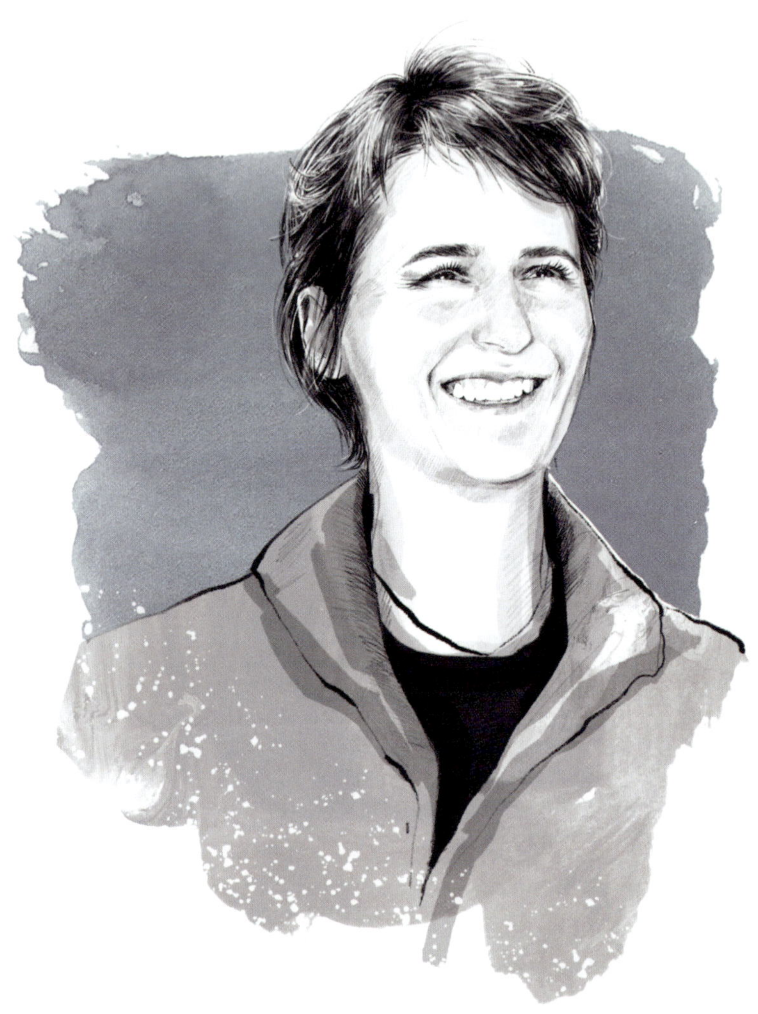

Jutta Wechselberger

Seine liebste Partnerin fürs Seil und Leben

Wenn das Alter zur Nebensache wird

Ihr Pflichtpraktikum hakte die angehende Ärztin Jutta Wechselberger nicht in irgendeinem Krankenhaus ab. Sie ging dafür nach Nepal. Im Jahr 2000 absolvierte die Tuxerin ihre Famulatur im Dhulikhel-Hospital nahe Kathmandu und schnupperte in Richtung Höhenmedizin. Natürlich bereiste die damals 24-Jährige auch den Himalaja und sein Hinterland. Dort wurden sie und ihre Freundin reich mit Eindrücken beschenkt. Wieder zu Hause im Zillertal, wollten sie etwas zurückgeben. Die Wahl fiel schnell auf einen Vortrag über ihre Nepal-Reise, um Geld für das Hospital zu sammeln. Packende Dias hatten sie, aber keine Präsentationsgeräte. »Irgendwann hatte ich die krönende Idee: Wir könnten doch den Habeler Peter fragen!« Der war Jutta natürlich vom Namen her bekannt, und als professioneller Vortragender müsse er doch »bärige« Dia-Projektoren besitzen. Ob er ihnen diese leihen würde?

»Nein«, antwortete Habeler, »das kommt nicht infrage. Die leih ich nicht her.« Außerdem seien sie viel zu kompliziert.

Aber, fügte er hinzu: »Ich würde dabei helfen und sie bei eurem Vortrag bedienen.«

»Wow!« Das war Juttas erster Gedanke.

Eine Handvoll Vorträge später waren mehrere Paletten mit sterilen Handschuhen finanziert. Jedes einzelne Paar wurde im nepalesischen Krankenhaus ganze dreimal verwendet: Einmal im OP, beim zweiten Mal sterilisiert in der Ambulanz, und ihre letzte Bestimmung fanden sie als Laschen zur Wundversorgung.

Diese Vortragsreihe markierte so etwas wie den Zustieg zur Freundschaft von Peter Habeler und Jutta Wechselberger. Erst einige Jahre und Juttas abgeschlossenes Studium später stiegen sie ein ins Abenteuer einer gemeinsamen Beziehung. Obwohl Jahre, ja Jahrzehnte, zwischen den beiden liegen, verbindet sie die Liebe und die gemeinsame Leidenschaft Berg viel stärker – wie ein Doppelseil, könnte man meinen. Auf den Altersunterschied angesprochen, pflegt Peter Habeler am liebsten mit einem Augenzwinkern zu sagen: »Auch sie wird jeden Tag älter.«

In Fels und Eis macht sich der jahrzehntelange Vorsprung von Peter Habeler sehr positiv bemerkbar. Früher wollte Jutta nicht immer auf den alten Hasen und seinen Instinkt hören. »Du glaubst, es geht eh alles«, denkt Jutta zurück, »durch seine Erfahrung erfasst er ein Problem aber schon, bevor es überhaupt eintritt.« Schon fällt ihr die Tour auf den Turnerkamp ein. Über den Westgrat wollten sie auf den prachtvollen Gipfel am Zillertaler Hauptkamm klettern. Auf dem grenzgängerischen Reitgrat kommt man über mehrere Meter nur vorwärts, indem man wie ein Reiter auf seinem Pferd sitzt und seinen Hintern vorwärts schiebt, ein Bein baumelt dabei nach Österreich, eines nach Italien. So weit sollte die Seilschaft aber gar nicht kommen. Durch den Gletscherrückgang und die Ausaperung zeigte sich der Bergschrund völlig verändert, nahezu unüberwindbar. Vor den beiden türmte sich der vereiste, aber zugleich bröckelige Gletscherschliff auf. Eine neue Schlüsselstelle, die kannte auch Peter so noch nicht. »Die Verhältnisse waren schwierig, und wir beide waren uns nicht so eins, wie wir vorgehen sollten«, erinnert sich Jutta. Sie griffen nach einem Fixseil, das auf einen Sockel hinaufführte, und daran zogen sie so fest, wie sie nur konnten. »Guat, des hebt, probieren wir's«, stimmte auch Peter einem Versuch zu. Jutta positionierte sich in einer Nische auf der Höhe des Schrundes, klemmte den Pickel in einen Spalt und sicherte ihren Lebenspartner, der sich am fixen Seil fünf Meter hinaufhantelte. »Auf einmal machte es Rumsbums, und Peter kam dahergeflogen«, erzählt Jutta. Sie sah sich schon beide in die Spalte stürzen. Doch dann beobachtete sie etwas Faszinierendes: »Er drehte sich wie eine Katze, ich versuchte, ihn an mich heranzuziehen, und er landete auf seinen Beinen. Instinktiv hat er genau das Richtige gemacht.« Die Bergtour war damit natürlich beendet und der Heimweg angetreten. Eigentlich wussten sie beide, dass es besser gewesen wäre, gar nicht erst einzusteigen, gestand sich Jutta später ein. »Irgendwie hat er so etwas wie einen sechsten Sinn.«

In Juttas Leben gibt es neben dem Berg noch einen zweiten wichtigen Pol: die Medizin. Seit 2006 arbeitet sie in Tux als Allgemeinmedizinerin und ist Mitglied bei der Bergrettung. An einem schönen Wintertag landen bis zu 15 verletzte Skifahrer von den umliegenden Pisten in ihrer Ordination. Weit hinten im Zillertal, wo es kein großes Krankenhaus gibt, hat sie umso mehr zu tun und betreut das ganze Spektrum der Medizin. Alle Generationen von den Babys bis zu den Greisen kommen mit allen möglichen und unmöglichen Krankheiten zu ihr – oder sie zu ihnen. »Das ist der größte Reiz am Landarzt-Sein. Das ist nicht nur stempeln und krankschreiben. Hier kannst du wirklich Medizin machen«, beschreibt sie. Es ist bereits nach 21.30 Uhr, der Dienst hatte heute wieder einmal länger gedauert als angepeilt. Sie machte noch einen Hausbesuch bei einem Patienten. Eine Herzenssache.

»Ältere Menschen sind für unsere Gesellschaft immens wichtig«, betont Jutta in der urgemütlichen Bauernstube ihres Hauses, das sie mit einer wohltuenden Mischung aus ländlich und modern renoviert hat. »Ich habe eine besondere Affinität zu den Älteren. Jeder Einzelne, der gehen muss, der fehlt ungemein. Da bricht etwas weg aus unserer Welt.« Sie mag die Erzählungen, wie es früher einmal war. Nach einer kurzen Nachdenkpause merkt sie lächelnd an: »Das war aber nicht der Grund, warum Peter und ich zusammengekommen sind. Das war der ganz normale Grund, warum andere Paare auch zusammenkommen.«

Mehrmals im Monat ist die Bergretterin auch als Flugrettungsärztin im Einsatz. Dort ist sie gefordert, die Medizin mit dem Berg auf extremere Weise zu kombinieren. Wenn die Alarmierung in den warmen Bereitschaftsraum der Hubschrauber-Basis einlangt, kann es gut sein, dass sie fünf Minuten später am Gletscher auf 3000 Meter aussteigt. Die Temperaturen weit im Minus, die Bedingungen grenzwertig und ein Mensch, der möglicherweise lebensbedrohlich verletzt ist. »Das ist extrem spannend und komplex, irgendwie ›sophisticated‹: Wie legst du dein Konzept an? Du kannst dort oben keine Intensivmedizin machen, musst den Verletzten aber ordentlich versorgen«, schildert sie. Diese Herausforderung liebt Jutta. Bei ihren Stützpunkten, dem Alpin 5 in Tux und dem Christophorus 4 in Reith bei Kitzbühel, kann sie, viel mehr muss sie, ihr alpines Verständnis voll einbringen. Die Chancen stehen gut, dass sie eine Stunde später über einem exponierten Grat im Wilden Kaiser aus dem Hubschrauber klettern wird.

Gut, dass sie das alles nicht zum ersten Mal macht. Schon als kleines Mädchen war sie auf den Dreitausendern im Zillertal unterwegs, manchmal nahmen sie die Hausgäste mit auf Zweitagestouren. Ihren Berufswunsch brachte sie schon früh mit den Bergen in Verbindung. Nicht erst seit der Lektüre *Mit Eispickel und Stethoskop* konnte sie sich vorstellen, in Richtung Höhenmedizin zu gehen. Das Buch, geschrieben hat es Oswald »Bulle« Oelz, mochte sie gerne. Ihr imponiert der steile Weg, den Oelz und auch Raimund Margreiter eingeschlagen haben. Beide waren damals auch die Ärzte, die Reinhold und Peter bei ihrer Mount-Everest-Besteigung Mut machten. »Die beiden haben medizinisch sehr viel weitergebracht und sich mit der ganzen Kraft ihres Seins in die Medizin und Bergwelt gestürzt. Natürlich in einer extremen Art und Weise«, sagt Jutta Wechselberger, »ich mach das mehr als Genuss.«

Wie viel Genuss im letzten Hochlager auf 6000 Meter am Llullaillaco dabei war, das liegt wohl mehr im Auge des Betrachters. Vor zehn Jahren nahmen Jutta und Peter das Dach der Atacamawüste in Angriff, den höchsten nicht vergletscherten Gipfel der Welt, an dem auch Mathias Rebitsch geforscht hatte. Zweimal hatte es für Habeler dort schon nicht mit dem Gipfel sein wollen. Als ein Sturm in den Nachtstunden an ihrer dünnhäutigen Behausung rüttelte, hatte er die letzte Etappe gedanklich auch schon wieder fast abgeschrieben. Kein Auge hatten sie zugetan, um das Hochlagerzelt am Boden zu halten. »Du hast geglaubt, es fährt gleich der D-Zug aus Zell ein«, erinnert sich Jutta an den höchsten Gipfelsturm ihres Lebens. Nachdem die beiden irgendwann doch nur von der Müdigkeit und von keiner Schnellbahn übermannt worden waren, schien der Wind am Morgen wie weggeblasen. Eine gespenstische Stille umhüllte den 6739 Meter hohen Vulkan. »Das war magisch«, schwärmt Jutta. Je höher sie hinaufstiegen, umso näher kamen

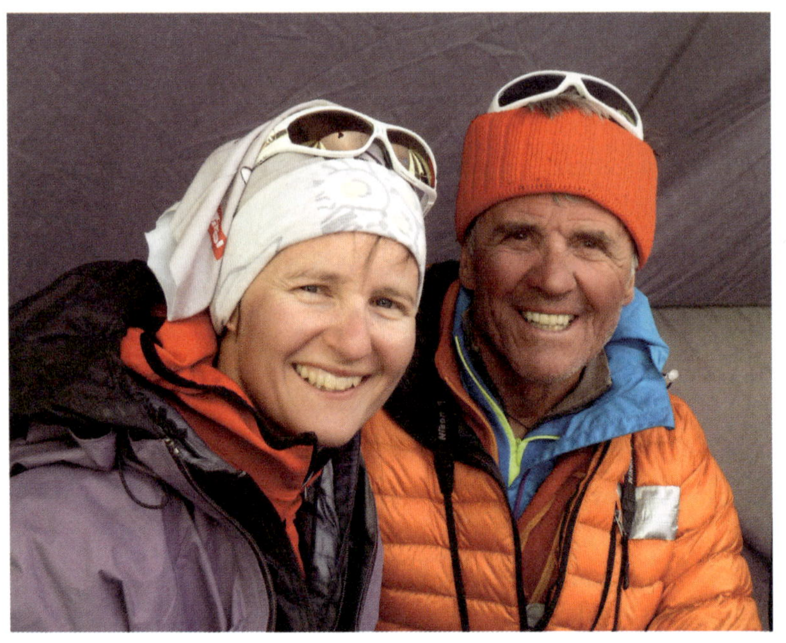

Auf Expedition in den Anden: Jutta und Peter am Llullaillaco

sie der nackten Natur. So weit weg von der Welt zu sein, weit weg von allen Menschen, und nur zu zweit da oben auf dem Vulkangipfel in der Wüste zu stehen: Diese Dimension zwischen Himmel und Horizont übte einen ungemein faszinierenden Reiz auf sie aus. »Dazu die Verbindung zum Hias, die Peter persönlich so viel wert war«, erzählt Jutta. Sie beide erinnern sich gerne, war es doch wohl ihre schönste gemeinsame Expedition, die sie zu Peters 70. unternahmen. Es verwundert nicht, dass Jutta auch das Diplom für Alpin- und Höhenmedizin in der Tasche hat. Die Expeditionsmedizin hätte sich allerdings mit ihrem Plan von der eigenen Praxis nicht gut vertragen. »Dafür musst du frei sein, und ich konnte nicht mehr über mehrere Wochen weggehen.«

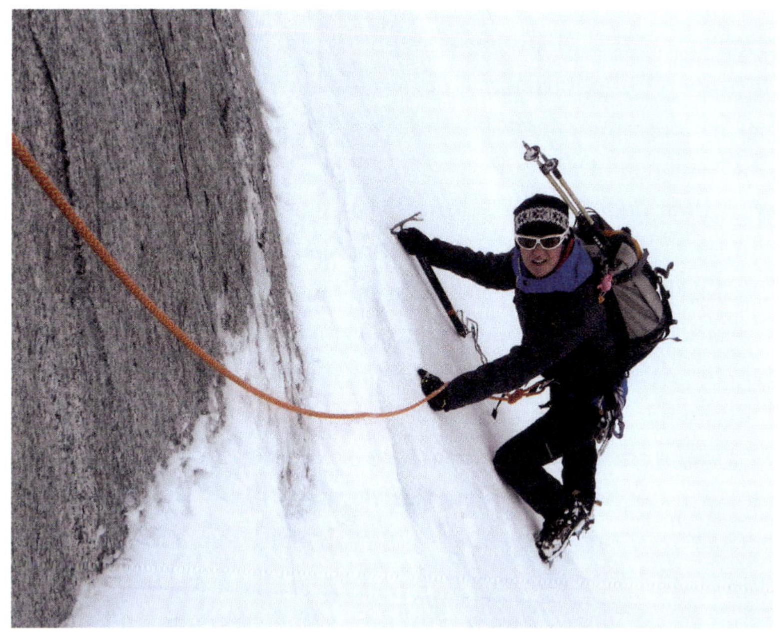

Gemeinsam unterwegs: Jutta in der Nordwest-Wand des Großglockners

Weil die Bergzeit für die beiden knapp bemessen ist, mag sie umso intensiver genützt werden für Kletterausflüge nach Arco, Hochtouren am Alpenhauptkamm, Skitouren von der Haustüre weg oder – wenn sich doch einmal ein größeres Zeitfenster auftut – für Trekkingreisen nach Nepal oder Südamerika. »Die Natur ist Juttas eigene Medizin«, sagt Peter. Eine besonders wirksame noch dazu. In die Berge hinaufgehen, um selbst wieder herunter und zur Ruhe zu kommen – diese Art von Naturheilkunde wendet Jutta am liebsten für sich an. »Aber gerade, wenn du auch im Beruf unter Strom stehst, musst du aufpassen, dass du diesen Speed nicht in die Freizeit mitnimmst«, sagt die Medizinerin und gibt damit auch sich selbst einen gut gemeinten Ratschlag. Für Jutta ist Peter nicht nur ein kongenialer Seilpartner, sondern auch eine Art Ruhepol. Er versteht es gut, sich nach Touren und Terminen Ruhephasen zu gönnen – je älter er wird, umso wichtiger werden diese auch. Dadurch regeneriere er sich unglaublich gut, beobachtet seine Partnerin: »Ich glaub, das ist ein Grund, warum er noch so fit ist.« Junge Menschen würden dazu neigen, immer Vollgas zu geben. Ein zu hohes Tempo tut uns und der Gesellschaft aber nicht gut. »Wir haben viel zu viele Informationen und eine so schnelle Lebensgeschwindigkeit, dass wir viele Dinge gar nicht mehr richtig erfassen und uns so gut merken können wie die früheren Generationen«, stellt Jutta fest.

Peter darf sich als Beobachter von diesem Zeitenwandel fühlen: »Ich bin bestimmt nicht der, der sagt: ›Früher war alles besser.‹ Das stimmt nicht. Aber es war nicht alles so kompliziert. Es gibt nichts Brutaleres als diese Überinformation, die wir Menschen heutzutage schlucken müssen.« Viele von uns sind einfach überladen und abgelenkt. Der größte Dieb unserer Aufmerksamkeit: das Smartphone. »Natürlich gehört für Notfälle das Handy in den Rucksack. Aber wenn ich heute aufs Tuxerjochhaus komme, hat jeder Zweite links den Germknödel und rechts sein Handy in der Hand.« Gerade der Berg sei eine Chance auf Reduktion, ein Zurück in die Einfachheit und Einsamkeit – das empfindet Jutta genauso. »Ich bin ehrlich gesagt froh, dass wir das ganze Zeugs damals noch nicht hatten«, sagt Peter.

Sorgen macht er sich, dass die Übertechnisierung noch tiefer in die Natur eindringt. »Lift- und Spaßanlagen haben wir genug«, sagt Habeler. Man dürfe nicht die Augen davor verschließen, dass der Klimawandel auch die Bergwelt verändert – und wir neue Zugänge finden müssen. »Wir wissen doch heute schon, dass sich der Wintertourismus künftig in die Bereiche oberhalb von 1800 Meter verlagern wird. Einen Skitourismus in der derzeitigen Form wird es bald nicht mehr geben«, sagt er. Zudem werde das Bereitstellen der Infrastruktur für das Skifahren durch die zwangsläufige stärkere Beschneiung noch schwieriger werden – und durch den größeren Bedarf an Wasser und Energie in der nahen Zukunft noch teurer. »Auch wenn uns einige Touristiker weismachen wollen, dass es ewig so weitergeht: Es mit aller Gewalt zu probieren, bringt nichts. Wir verkraften nicht immer noch mehr.« Das Motto »schneller, höher, weiter« habe sich überholt. »Wir haben genug Hotels, genug Verkehr, genug Privatquartiere, und wir brauchen auch keine weiteren Gletscherzusammenschlüsse. Viele Beteiligte denken da zum Glück schon um.« Sein Wunsch wäre ein sanfter und schonender Tourismus – und dass wir uns auf das zurückbesinnen und schützen, was wir bereits haben. Er weiß, dass es durchaus ein Spannungsfeld ist, in das er sich als Aushängeschild für die Region begeben hat, weil er auch selbst dazu beträgt, dass Menschen ins Zillertal kommen – es gibt sogar einen Weitwanderweg, der »Peter-Habeler-Weg« heißt.

Es hat ja auch viel Gutes, wenn Menschen den Weg in die Natur finden. »Sie ist für alle ein Heilmittel. Und in ihr lernt man Demut und Disziplin.« Gerne wandert Habeler Jahr für Jahr als Schirmherr der Aktion »Saubere Berge« des Österreichischen Alpenvereins zum Müllsammeln durchs Gebirge. Der Mund-Nasen-Schutz hier? Braucht 450 Jahre, bis er von selbst verschwinden würde. Die Bananenschale da? Verrottet ja eh? Dauert aber bis zu drei Jahre. Und der Tschickstummel dort drüben ist nicht nur fünf Jahre lang wenig hübsch anzusehen, er verseucht auch den Boden mit Chemikalien und Schwermetallen. »Mein Lieblingswort in dieser Sache ist: Achtsamkeit. Man sollte stets achtsam durchs Leben und Gebirge gehen und dankbar sein für die schönen Geschenke, die uns die Natur täglich macht«, sagt Peter. Dabei soll man aber nicht nur nichts wegwerfen, sondern auch gar nicht erst Unnötiges mitnehmen. Weniger ist mehr, wieder einmal.

Neben seiner Zeit am Berg hat Peter Habeler aber auch seine Zeit im Büro zu meistern, noch immer. Fast jeden Tag fährt er von Juttas Haus in Tux nach Finkenberg in sein eigenes, wo ihn im Erdgeschoss, erste Türe rechts, der Posteingang und der Terminkalender erwarten. Vorträge hier, Einladungen da, Drehtermine dort – das hält ihn auch im Tal auf Trab. Was er in seinem Zeitplan über all die Jahre nie ganz so eng genommen hat, ist die Sperrstunde. Die wurde auf vielen Hütten nicht nur einmal nach hinten und in die Küchenstube verlegt, wenn der Sonnyboy einmal loslegt mit seinen Witzen und Geschichten. Fast könnte man meinen: Alt ist er geworden, der Habeler, erwachsen aber nicht. »Seine Mama war ganz eine Lebenslustige, eine Gesellige. Das hat er voll von ihr«, reflektiert Jutta. »Wenn's mal zum Sitzen ist, dann sitzt er gut.« Auf der Adlersruhe am Großglockner, Österreichs höchster Schutzhütte, kann man davon ein Lied singen, ein durchaus fröhliches. Es war für einen Filmdreh im August 2021, als Peter Habeler die Formel-1-Legende Mark Webber ans kurze Seil nahm und gemeinsam mit Nirmal Purja, der soeben die 14 Achttausender in nur einem halben Jahr bestiegen hatte, zum höchsten Punkt Österreichs aufbrach. Der nepalesische Gipfelstürmer war am Vorabend vom persönlichen Gespräch mit Peter Habeler derart angetan, dass er in die Gläser immer wieder Wein nachschenkte. Für Nims seien die »terrible twins« eine Motivationsquelle gewesen, die an den höchsten Bergen dieser Welt ein völlig neues Kapitel aufgeschlagen haben – schwärmte

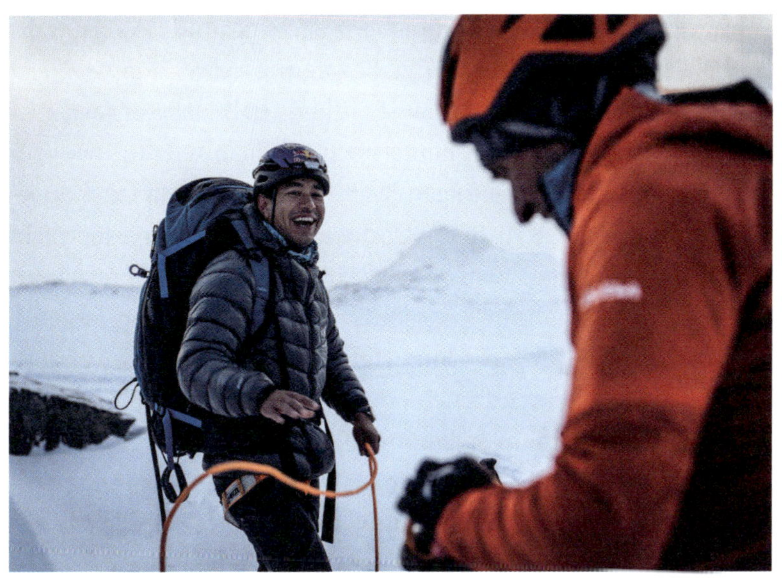

Achttausender-Pioniere: mit Nirmal Purja am Großglockner

der, der dem Achttausender-Bergsteigen soeben selbst das vielleicht größte Kapitel der Jetztzeit hinzufügte. Bei aller Heiterkeit auf den Hütten: Frühmorgens kannte Peter Habeler noch nie eine Gnade. Wenn es heißt, Abmarsch 5 Uhr, steht der Bergführer spätestens um 4.55 Uhr bereit. Am Glockner durften sie aber länger schlafen, von der Adlersruhe ist es nicht mehr weit bis zum Gipfel.

Egal, wer mit Peter Habeler unterwegs ist, es ist eine Frage, die sich aufdrängt: Wie schafft es dieser Mensch, mit 80 Jahren noch so unverschämt fit zu sein? Ist es alleine die frische Luft hoch oben in den Bergen? Manche Wissenschafter sprechen gerne von den »5 L«, die Menschen gesund alt werden lassen: Leben, Laufen, Lernen, Lachen, Lieben – und die erfüllt Habeler sehr gut. Der wichtigste Faktor L für seine gesunde Alterung ist und bleibt wohl die regelmäßige Bewegung – das Laufen. »Nicht mehr so wild und ungestüm wie früher«, hält Habeler fest, aber ein nächster Berg ist ihm heute noch genauso wichtig wie früher. Er beschreibt gerne folgendes Bild: »Als Mensch legst du jedes Jahr eine neue Kruste an. Und wenn du diese Krusten nicht sprengst – ganz egal wie, dann verhärten sie.« Die Sprengkraft müsse nicht unbedingt im Klettern oder Bergsteigen liegen – es können auch geistige Herausforderungen sein, ein Konzertbesuch, etwas Neues erlernen oder Altes vertiefen.

Habeler unternahm selbst im 80. Winter seines Lebens noch Skitouren, welche die Summe von 2000 Höhenmeter sprengten – »verkrusten« wird er so bestimmt nicht. An die große Glocke hängt er diese Ausdauerleistungen nicht; schon gar nicht auf Social Media. Nach wie vor geht er lieber in die Berge als ins Internet. So bescheiden ist er, um seine Skitour im nächsten Moment wieder abzuschwächen. »Wirklich schlau ist das natürlich nicht mehr. Danach brauche ich mehrere Tage Regeneration.« Ein bisschen frech ist er aber immer noch. Wenn er mit einer Gruppe unterwegs ist, marschiert er gerne vorneweg und möchte damit auch zeigen: »Hoppla, mit 80 bist du noch nicht alt!«

Ein Termin, der seit drei Jahren regelmäßig in Habelers Kalender steht, ist allerdings eine Alterserscheinung, auf die er gerne verzichten würde. Der Termin beim Augenarzt. Diagnose: altersbedingte Makuladegeneration. Seine ersten, sehr billigen Sonnenbrillen seien damals bestimmt kontraproduktiv für sein Augenlicht gewesen, räumt Habeler ein: »Die waren aus Plastik, haben dem Auge am Gletscher vorgegaukelt, dass es dunkel ist. Die Pupillen wurden dadurch größer und bekamen erst recht die volle UV-Strahlung ab.« Mit einer Spritze verschwindet der

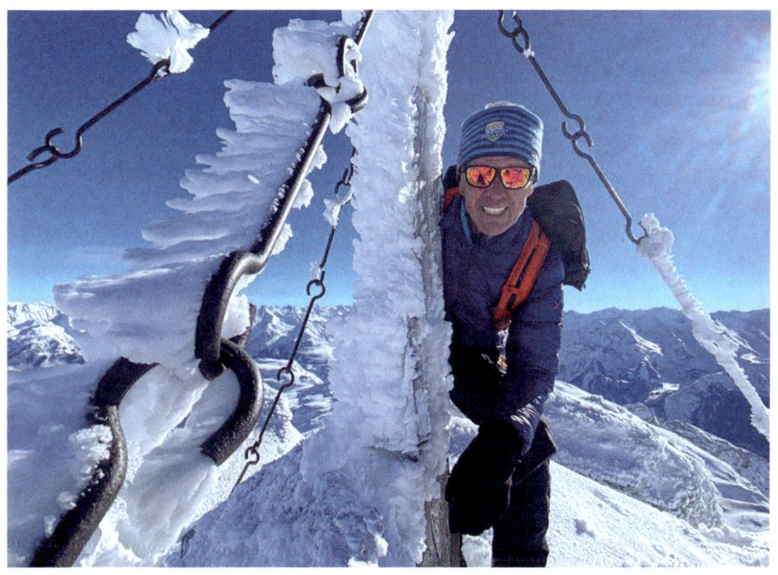

Frisch geblieben: Hohes Alter schützt vor hohen Gipfeln nicht.

braune Fleck vom rechten Auge wieder für eine Zeit lang. Die Griffe beim Klettern könne er jedenfalls noch gut sehen und damit auch gut leben, sagt Habeler, der sonst keine Beschwerden äußert. Tut ihm wirklich gar nichts weh? »Nicht das Knie, nicht die Hüfte, nicht der Kopf. Vielleicht einmal kurz das Kreuz, wenn ich blöd liege«, sagt er und merkt mit einem Schmunzeln an: »Die Jutta schaut schon gut, dass sie mich jung und gesund hält.« Wären wir bei den zwei L für Lieben und Lachen. Dass die Psyche für die Gesundheit von enormer Bedeutung sei, wüssten wir ja, sagt Jutta. »Peter ist immer glücklich mit dem, was er tut. Und er tut heute noch genau das, was ihn sein ganzes Leben lang glücklich gemacht hat. Das ist sein Schlüssel.«

Nur dass er jeden Tag kleiner werde, das sage sie ihm manchmal und steigt dann umso genussvoller in die nächste Seillänge ein. Wirklich groß sei Peter aber ohnehin nie gewesen und auch nie gewichtig, hält er fest. »Nach dem Bundesheer hab' ich nie wieder mehr als 60 Kilogramm gehabt. Ich war nie ein großer Esser.« Darin sieht er eine Hauptzutat für seine Fitness, im L für Laben.

Das wichtigste Konservierungsmittel hat Habeler allerdings schon früh in seiner Jugend zu sich genommen: die kindliche Begeisterung für die Berge, die er bis heute nicht verloren hat. Was die Bergführer damals in ihm entfachten, brennt noch immer lichterloh. Peter ist einer, der sehr gerne zurückdenkt. Er denkt aber auch jeden Tag nach vorne: was ihr nächster gemeinsamer Berg sein könnte? Ob der Horst Zeit hat zum Klettern? Kannst du dir nicht doch ein paar Wochen freischaufeln für Nepal, liebe Jutta? Nicht weil er muss, nicht weil er noch kann, sondern einfach, weil er noch will. »Es gibt ja auch Leute, die sagen: Der Habeler soll mit 80 nicht mehr in den Wänden herumhüpfen, der hat ja einen Vogel! Das prallt an mir aber ab wie Regen am Granit.« Selten geht aber doch ein Tropfen in sein Inneres, weil seine Lebensanschauung jene ist, allen Menschen etwas Gutes zu vergönnen. Er ist dankbar für das gigantisch große Glück, das in seinen 80 Lebensjahren selbst in brenzligen Situationen nie zu Ende ging. »Ich bin froh, die Berge noch erleben zu dürfen. So hohe Gipfel werden's nicht mehr werden, ich bin ja nicht töricht, zu glauben, noch auf 7000 Meter herumsteigen zu müssen. Aber es ist auch völlig egal, wie hoch ein Berg ist. Man muss im Leben einfach etwas haben, an das man glauben kann.« Bei ihm werden das wieder die heimatlichen Berge sein. »Der Kreis schließt sich. Dort wo ich angefangen hab, dort hör ich auch irgendwann wieder auf.«

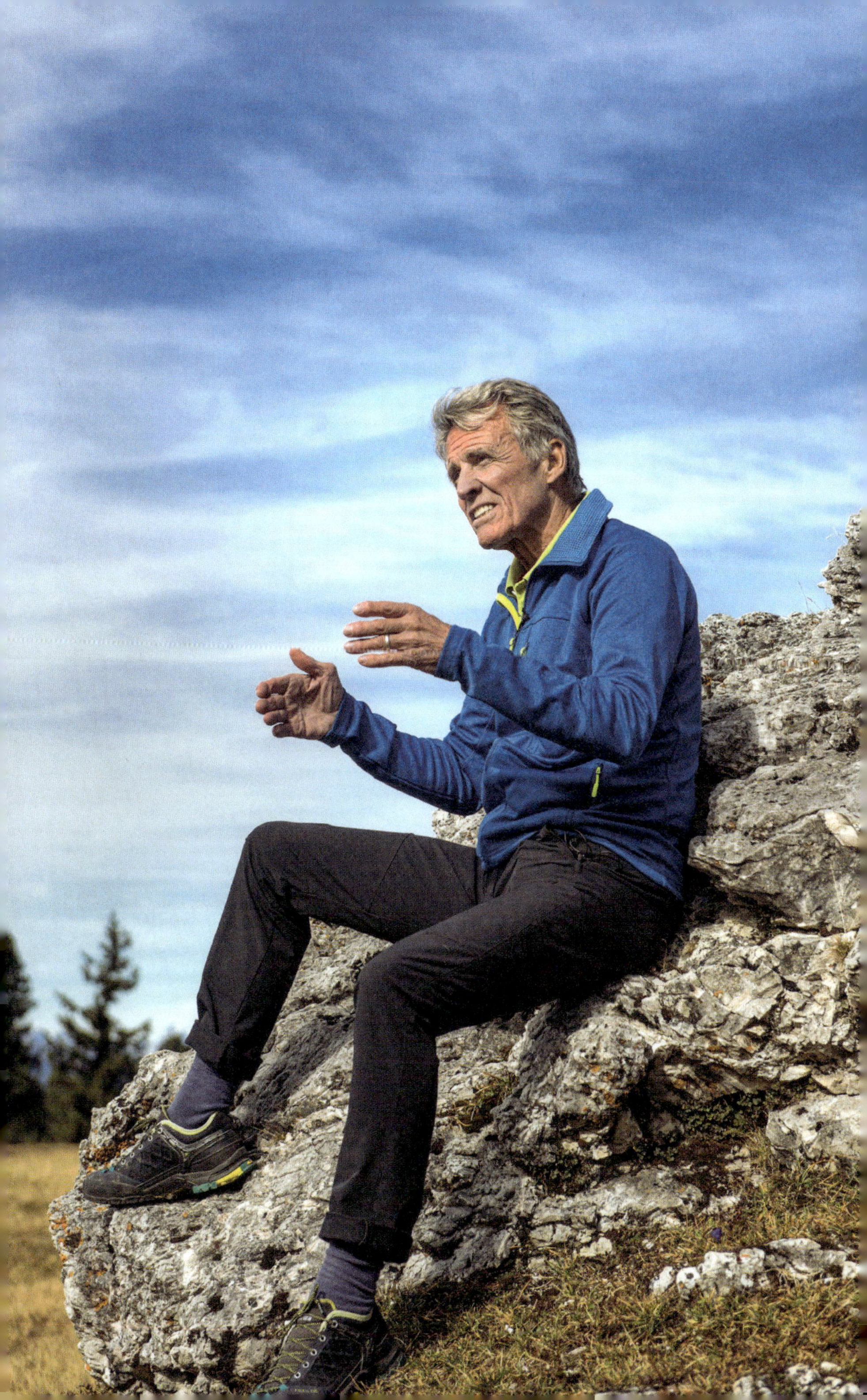

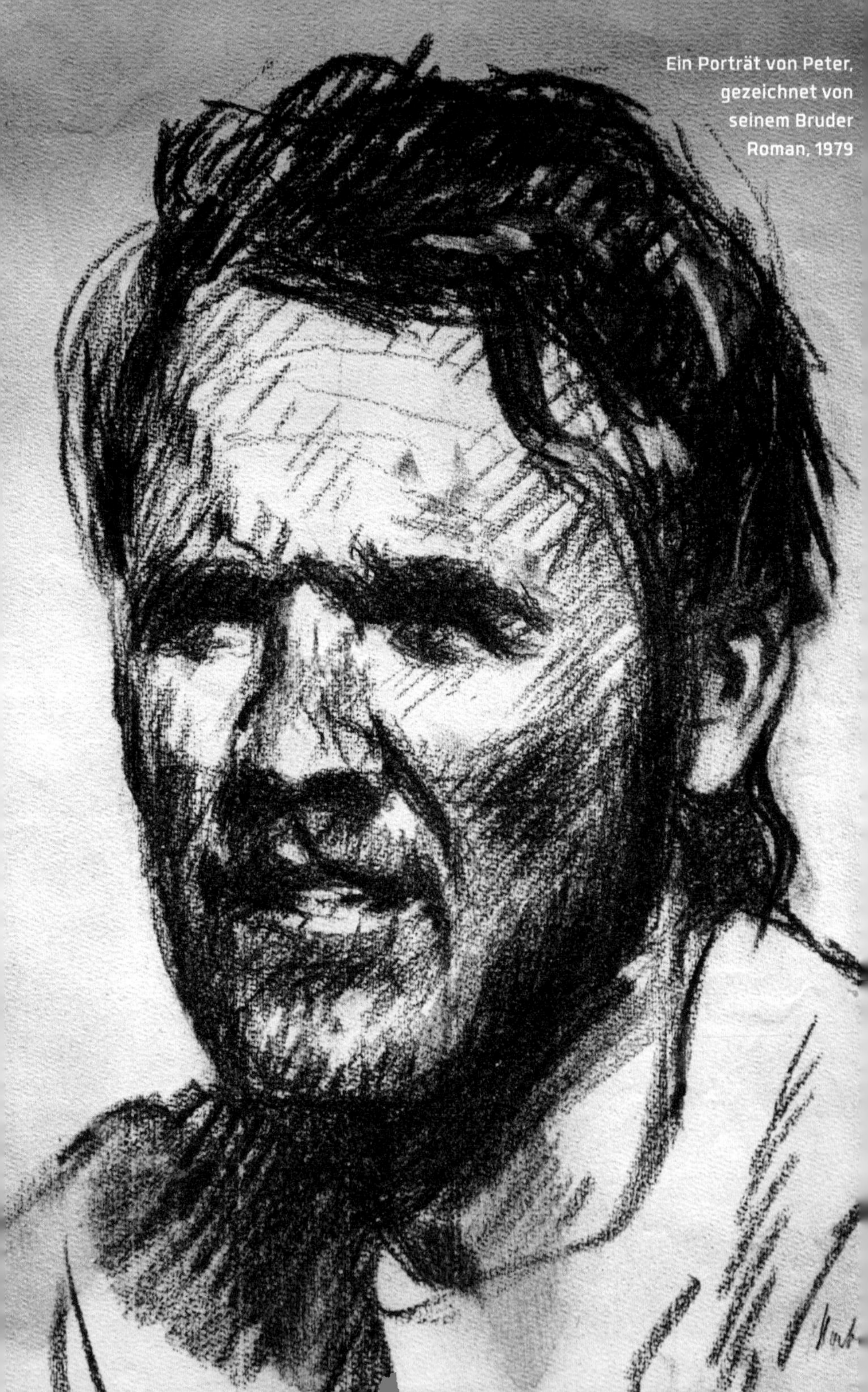

Ein Porträt von Peter, gezeichnet von seinem Bruder Roman, 1979

Meine bedeutendsten Berge

Gedanken zum Schluss
von Peter Habeler

Dieses Buch möchte ich meinen prächtigen Bergkameraden widmen, ohne die mein Leben wohl anders verlaufen wäre. Oder besser gesagt: ohne die ich wahrscheinlich gar nicht mehr am Leben wäre.

Bereits in der Schulzeit hatte ich das unglaubliche Glück, von Menschen betreut zu werden, die meine Liebe zur Natur und besonders zu den Bergen erkannten und dem kleinen Peter den Lebensweg vorzeichneten. Diesen Leuten gehört heute noch mein größter Dank.

Danken möchte ich vor allem auch meiner Mutter Ella, die mich ziehen gelassen und mir und meiner Lebensart nie »dreingeredet« hat. Mutti hatte es nicht leicht. Als 35-Jährige verlor sie meinen Vater und musste sich alleinerziehend und beinahe mittellos durchschlagen. Trotz aller Widrigkeiten verlor sie nie ihre gute Laune und war äußerst gesellig und lustig – meinen Humor und die Freude am Leben habe ich mit Gewissheit von ihr. Auch die Liebe zur Musik. Sie hat es geschafft, aus Roman und mir zwei rechtschaffene Burschen zu machen. Rückblickend war das wohl der erste »große Berg« meines Lebens.

Das alpine Rüstzeug gaben mir die Zillertaler Bergführer an die Hand – allen voran Toni Volgger. Er zeigte mir, wie man Felshaken zur Sicherung einschlägt, wie spaltige Gletscher begangen werden und wie mit einem Kletterseil gesichert werden muss.

Dann ging es Schlag auf Schlag. Ein Berg folgte dem anderen. Horst Fankhauser aus Finkenberg war mein erster »extremer« Kletterpartner, mit dem ich so manche Berg- und Klettertour unserer Gegend und darüber hinaus gemeistert habe. Uns verbindet auch unser gemeinsamer Lehrmeister – wohl auch der wichtigste für mich –, Sepp Mayerl, ein unfassbarer Kraftbolzen und zu seiner Zeit sicher einer der fähigsten Kletterer Europas. Er war es auch, der Horst und mich mit Reinhold Messner bekannt machte. Reinhold war mein »nächster Berg«, der schließlich alle Grenzen sprengte. Mit ihm gab es kein Unmöglich. Oft denke ich an unsere gemeinsamen Erfolge zurück. Auf ihn konnte ich mich einfach verlassen. Die unglaubliche Sicherheit, die er ausstrahlte, übertrug sich auf mich. Reinhold wäre wohl ein Berg über 10 000 Meter.

Ein bisschen stolz darf ich schon sein, weitere »Berg-Giganten« kennengelernt zu haben. Ohne Zweifel steht dieser Begriff Hias Rebitsch zu. In den 1940er- und 50er-Jahren, und dann auch noch später als Forscher in Südamerika, zählte Hias zur absoluten Kletter-Elite weltweit. Am meisten hatten mich aber immer seine Erzählkunst und Bescheidenheit beeindruckt.

Ebenso Doug Scott – ein Brite, den ich im Yosemite Valley kennenlernte und mit dem ich durch die 1000 Meter hohe »Salathé«-Wand am El Capitan stieg. Gemeinsam mit Douglas Haston gelang Doug die erste Durchsteigung der Südwestwand am Everest – eine schier unglaubliche Leistung. Würdig reiht sich Doug in die Reihe der besten Höhenbergsteiger ein.

Dann Michl Dacher aus Peiting in Bayern, mein Begleiter am Nanga Parbat im Jahr 1985. Ein unglaublich kompetenter Bergsteiger, ungemein schnell auch in großer Höhe – und selbst, wenn es brenzlig wurde, verlor Michl nie seinen Humor und sein positives Denken.

Dasselbe gilt für den Schweizer Marcel Rüedi – mit ihm gelang die zweite Besteigung des Polengrats am Cho Oyu. Wenn Marcel nicht gewesen wäre, hätte ich nie den Gipfel erreicht. Nach einem Wettersturz und schlimmen Sturmnächten in Gipfelnähe war er meine treibende Kraft nach oben. Sein Motto: »Peter, wir schaffen das!«

1988 gelang mir die Besteigung des Kangchendzöngas, dem dritthöchsten Berg der Welt und auch mein persönlicher Höhepunkt. Wiederum waren es zwei Begleiter, Carlos Buhler und Martín Zabaleta aus den USA, die für eine unglaubliche Harmonie zwischen uns sorgten. Äußerst kooperativ, stark am Berg, selbst bei den schlechtesten Witterungsverhältnissen.

Als Bergführer traf ich häufig auf interessante Menschen. Einer meiner Gäste, der später ein guter Freund wurde, war Prof. Dr. Herbert Woopen aus Aachen. Unvergesslich sind für mich Kostproben seiner Kunst an der Orgel im Dom zu Ravenna. Er haute nur so in die Tasten, dass die Besucher im Dom sich wunderten, wer das wohl sein könnte. Herbert, so glaube ich zumindest, ist mein Schutzengel.

Bei einem meiner Kinderkurse traf ich auf ein Ausnahmetalent, wie es nur ganz wenige am Berg gibt. David Lama – damals fünf Jahre alt – würde ein »Berg« für sich werden. Ein Highlight für mich war der gemeinsame Durchstieg der Eiger Nordwand zu meinem 75. Geburtstag.

Nun kommen wir zu meinem letzten »Berg«, zu Jutta. Gemeinsam mit ihr gelingen noch heute tolle Klettertouren, ihre Begeisterung am Fels steckt mich immer wieder an, obgleich es nicht immer leicht ist, ihr zu folgen. Ob wir in Kreta, in Sardinen oder Argentinien, in Arco oder sonst wo unterwegs sind, sie gibt die Richtung vor – kein Wunder bei ihrem jugendlichen Elan.

Lebenslinie

Wichtige Stationen in Peter Habelers Vita

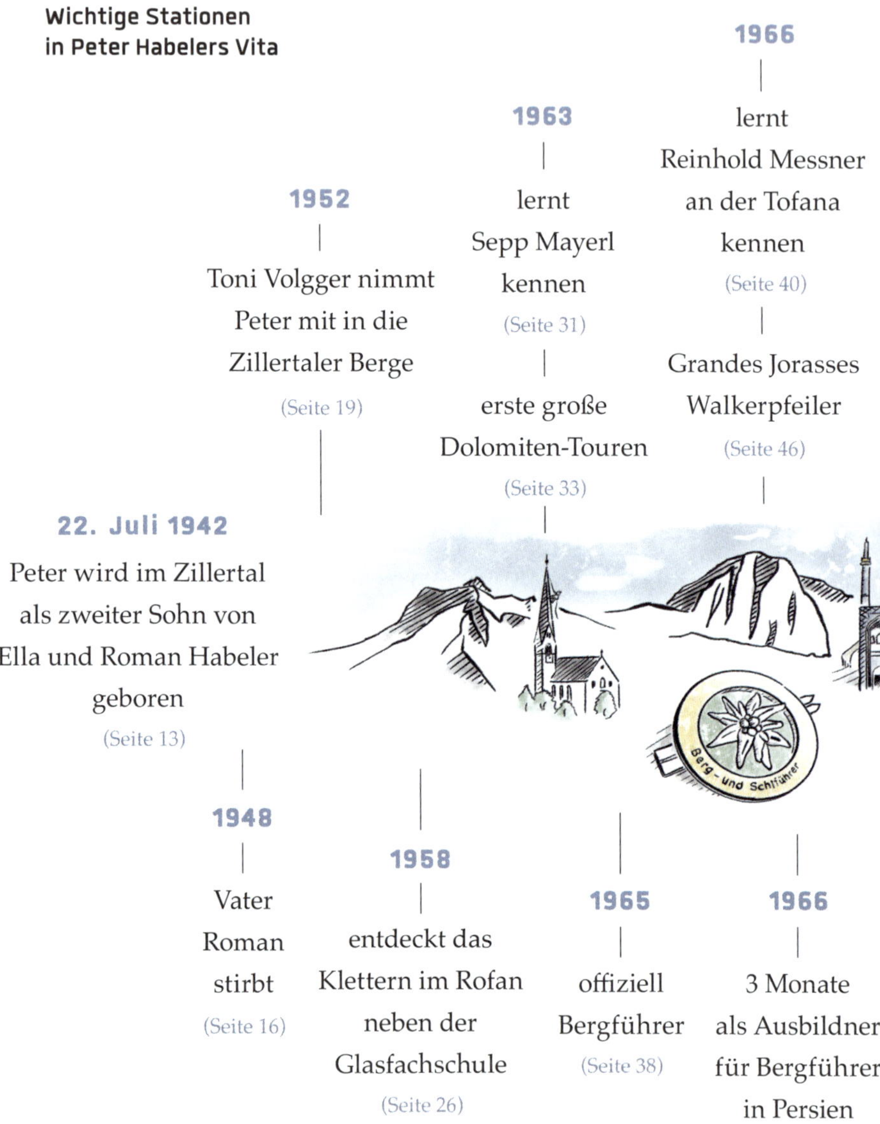

22. Juli 1942

Peter wird im Zillertal als zweiter Sohn von Ella und Roman Habeler geboren (Seite 13)

1948

Vater Roman stirbt (Seite 16)

1952

Toni Volgger nimmt Peter mit in die Zillertaler Berge (Seite 19)

1958

entdeckt das Klettern im Rofan neben der Glasfachschule (Seite 26)

1963

lernt Sepp Mayerl kennen (Seite 31)

erste große Dolomiten-Touren (Seite 33)

1965

offiziell Bergführer (Seite 38)

1966

lernt Reinhold Messner an der Tofana kennen (Seite 40)

Grandes Jorasses Walkerpfeiler (Seite 46)

1966

3 Monate als Ausbildner für Bergführer in Persien

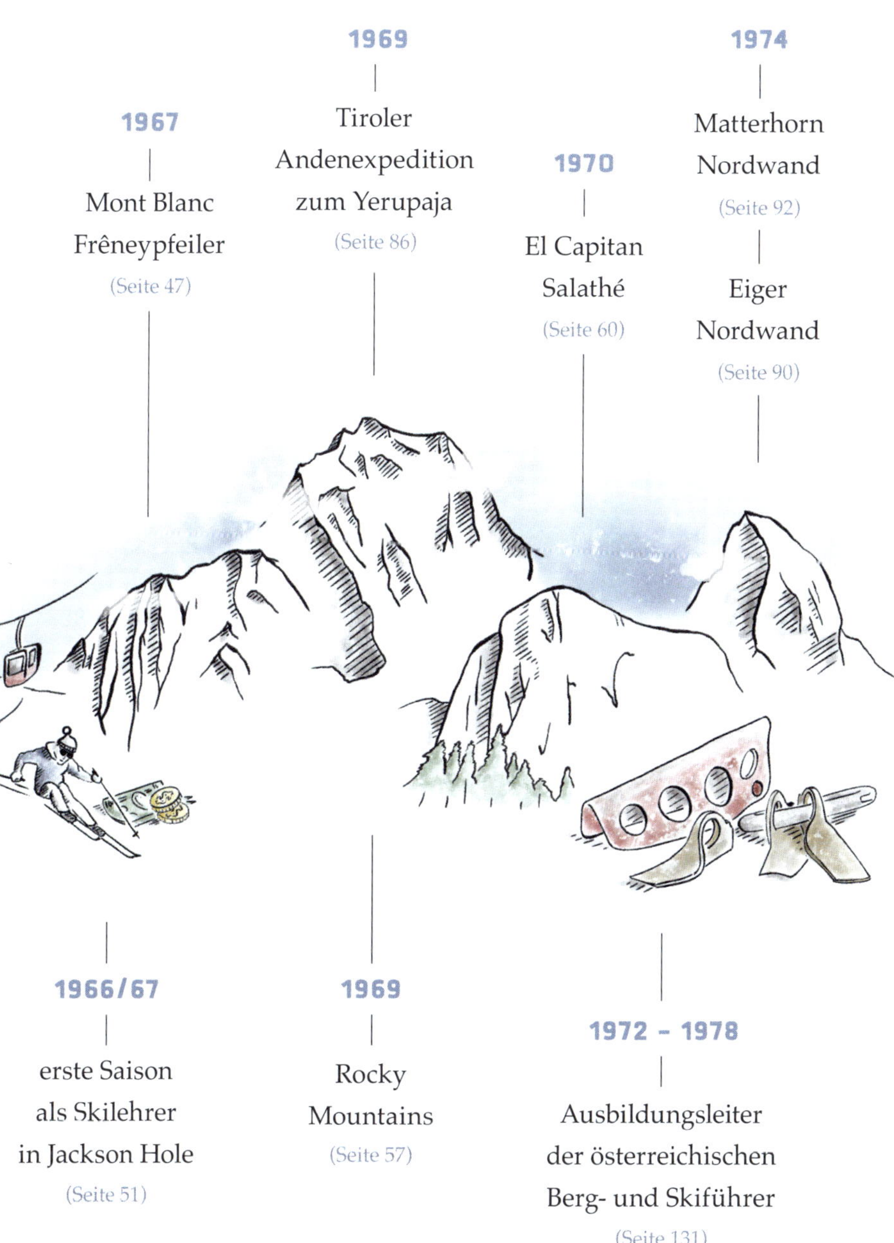
1969
Tiroler
Andenexpedition
zum Yerupaja
(Seite 86)
1974
Matterhorn
Nordwand
(Seite 92)
Eiger
Nordwand
(Seite 90)
1967
Mont Blanc
Frêneypfeiler
(Seite 47)
1970
El Capitan
Salathé
(Seite 60)
1966/67
erste Saison
als Skilehrer
in Jackson Hole
(Seite 51)
1969
Rocky
Mountains
(Seite 57)
1972 – 1978
Ausbildungsleiter
der österreichischen
Berg- und Skiführer
(Seite 131)

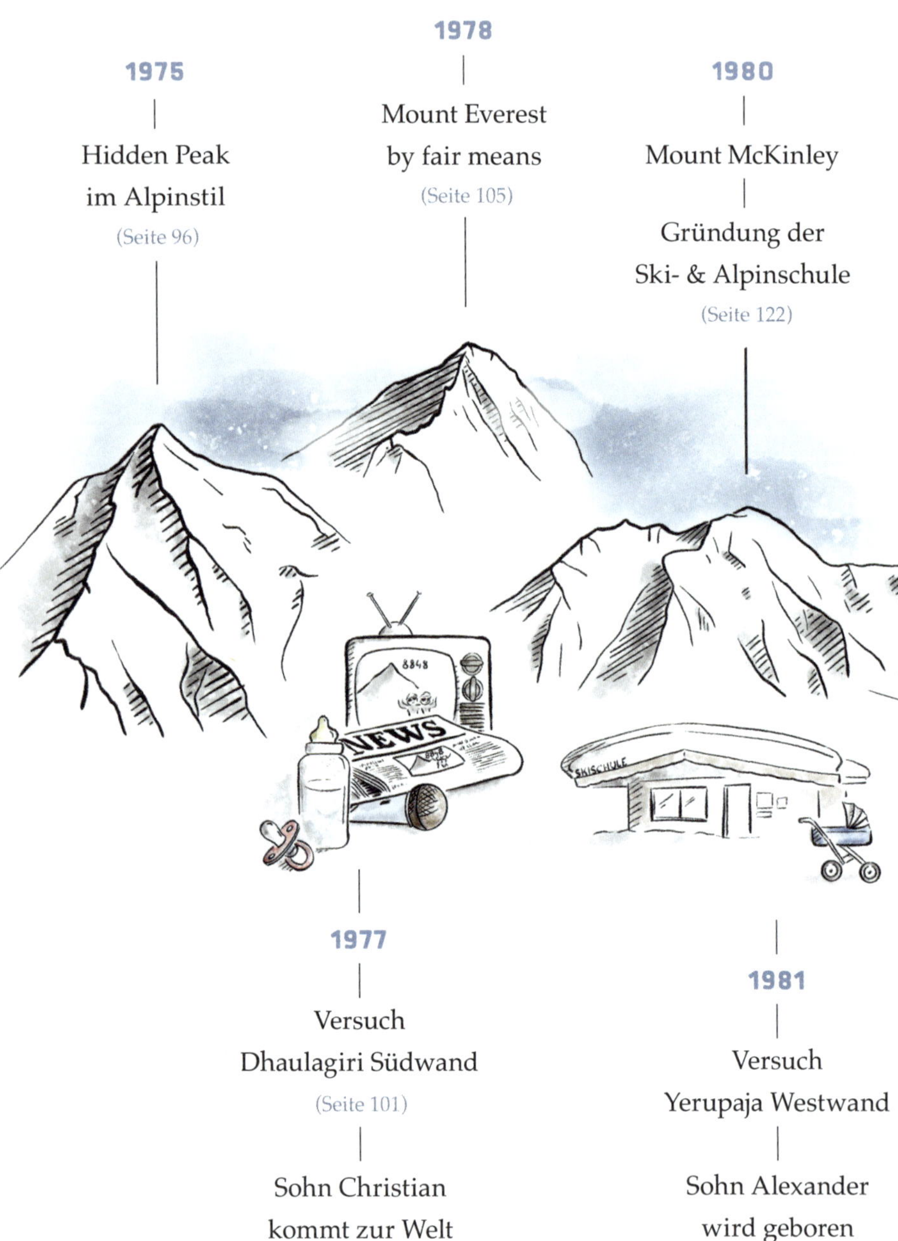
1975
Hidden Peak
im Alpinstil
(Seite 96)
1978
Mount Everest
by fair means
(Seite 105)
1980
Mount McKinley
Gründung der
Ski- & Alpinschule
(Seite 122)
8848
NEWS
SKISCHULE
1977
Versuch
Dhaulagiri Südwand
(Seite 101)
Sohn Christian
kommt zur Welt
1981
Versuch
Yerupaja Westwand
Sohn Alexander
wird geboren

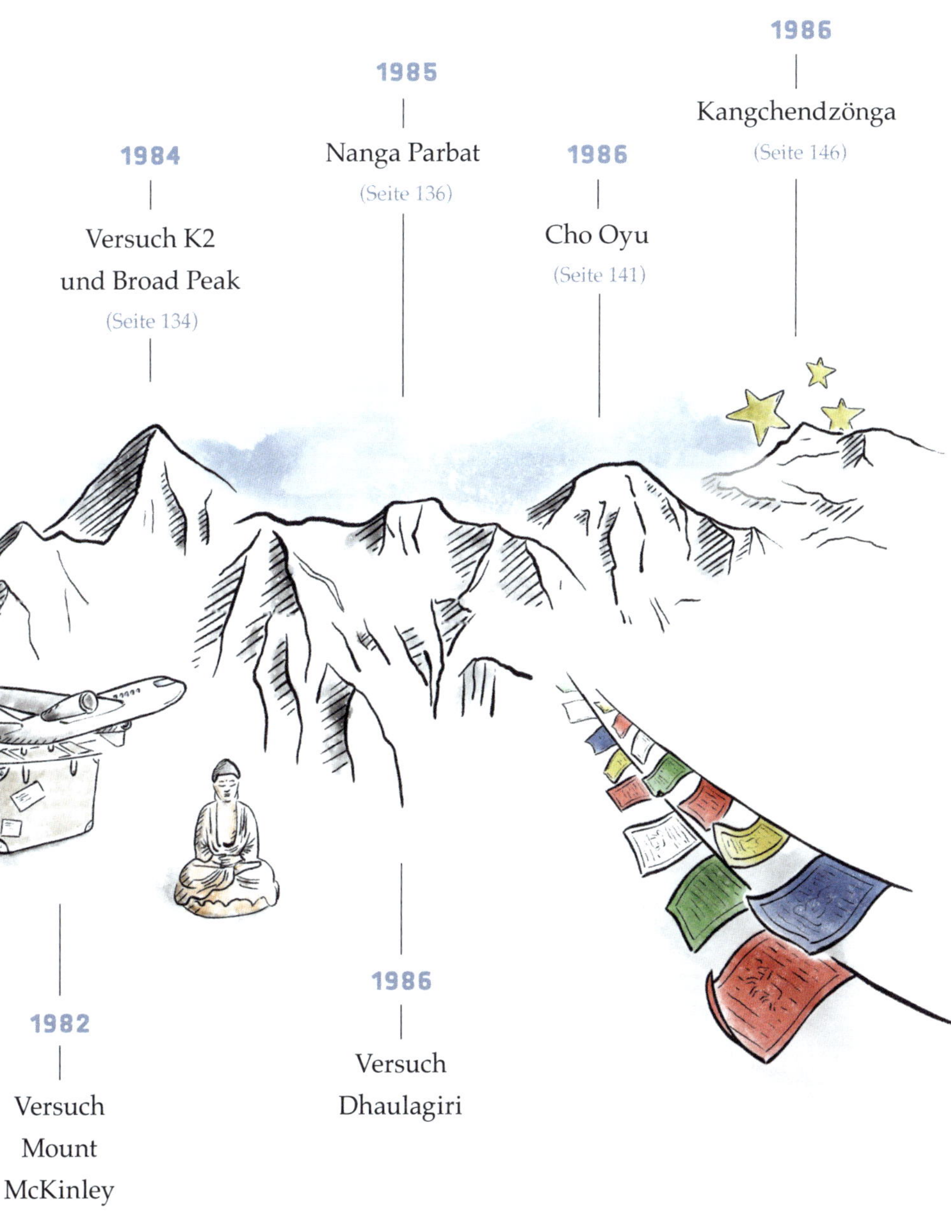

1982
Versuch Mount McKinley
1984
Versuch K2 und Broad Peak
(Seite 134)
1985
Nanga Parbat
(Seite 136)
1986
Versuch Dhaulagiri
1986
Cho Oyu
(Seite 141)
1986
Kangchendzönga
(Seite 146)

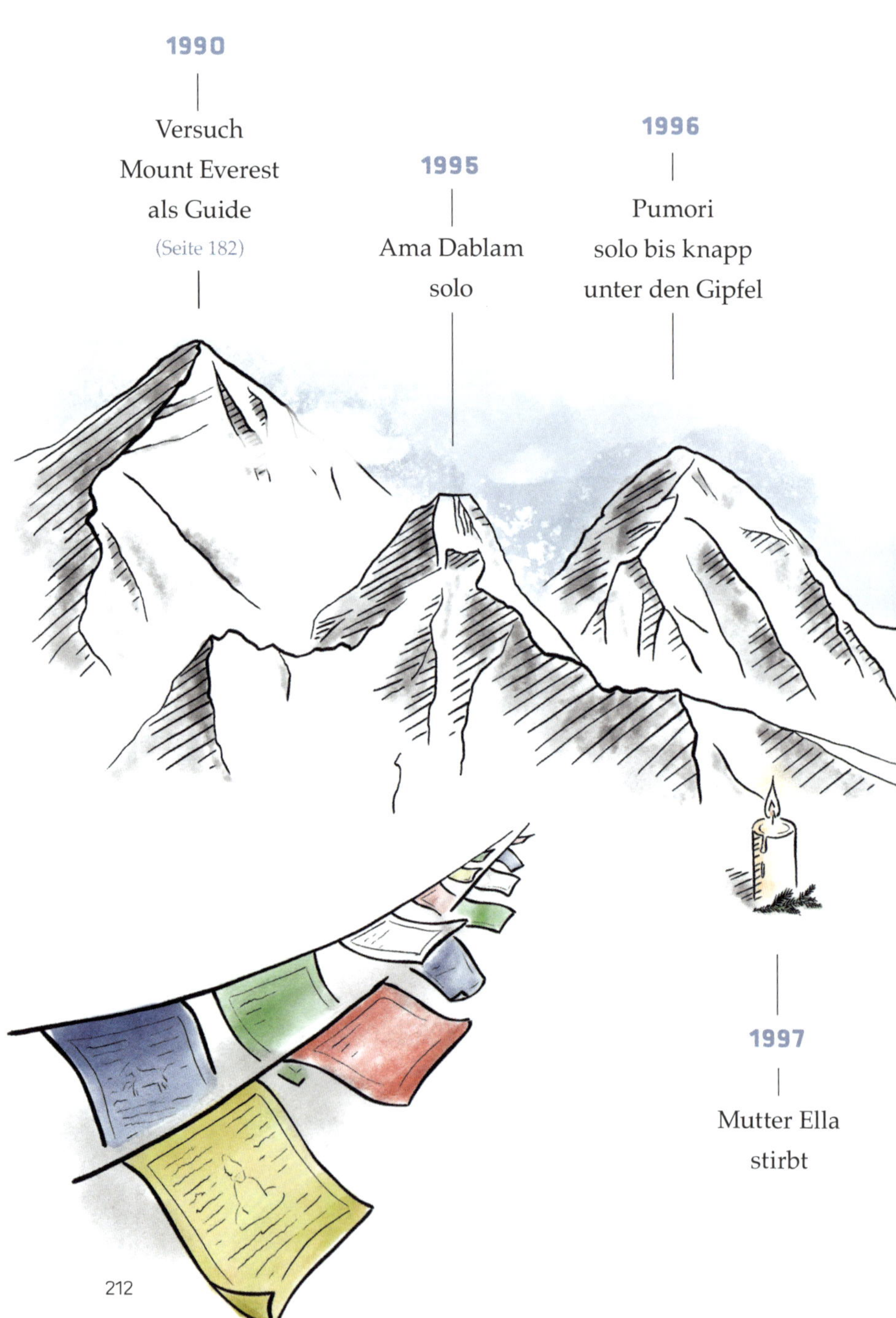
1990
Versuch
Mount Everest
als Guide
(Seite 182)
1995
Ama Dablam
solo
1996
Pumori
solo bis knapp
unter den Gipfel
1997
Mutter Ella
stirbt

2000

Versuch Mount Everest

lernt Jutta Wechselberger kennen

(Seite 189)

2012

Llullaillaco mit Jutta

(Seite 193)

2017

Eiger Nordwand mit David Lama

(Seite 155)

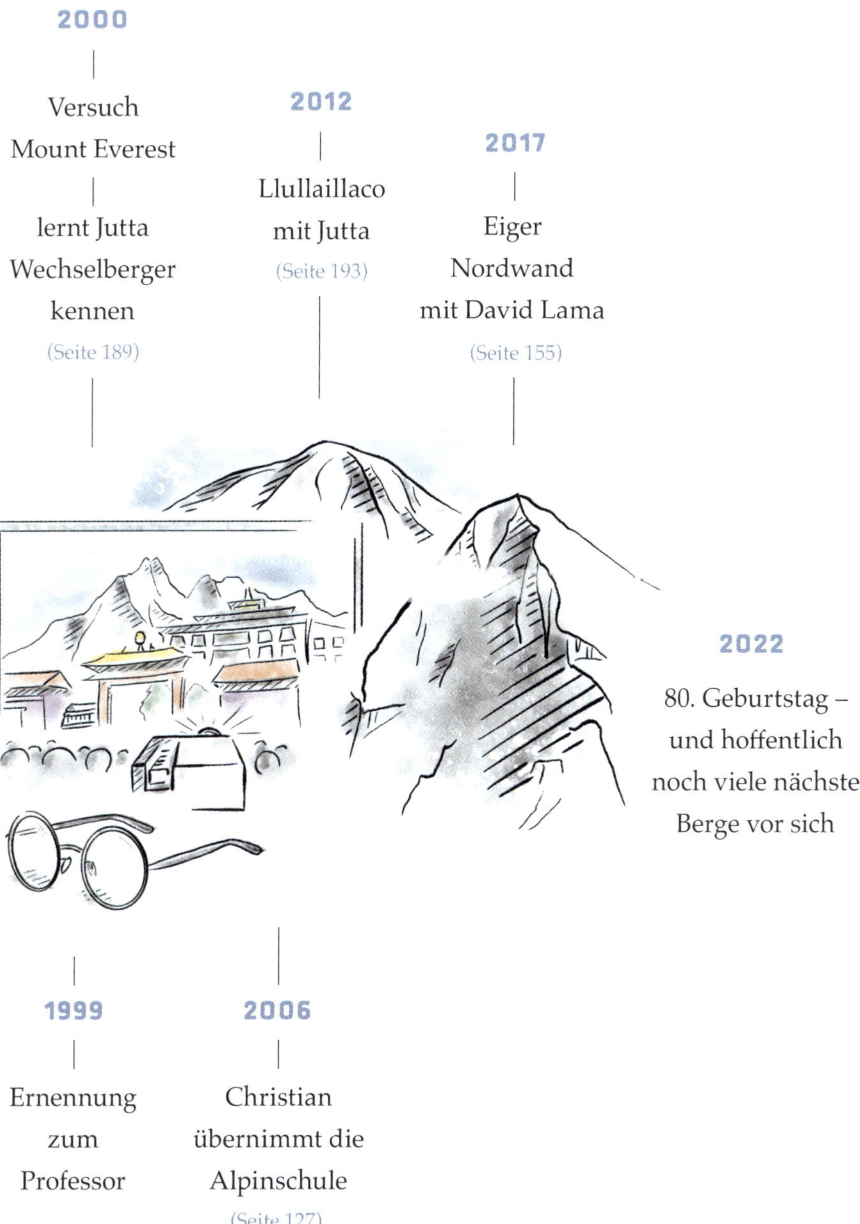

2022

80. Geburtstag – und hoffentlich noch viele nächste Berge vor sich

1999

Ernennung zum Professor

2006

Christian übernimmt die Alpinschule

(Seite 127)

Zum 80er!

Der Gedanke an die Kletterpatschen, mit denen Peter in den heimischen Bergen als Ballerina verglichen wurde, lässt mich schmunzeln. Eben ein richtiger Pionier der Klettergeschichte. Auch ich durfte ihn einmal persönlich treffen und war begeistert von seinem Witz und seiner lockeren Art! Peter, du bist eine ganz große Inspiration für die Kletter- und Bergsteigerwelt und für mich persönlich!

Babsi Zangerl

Den Peter kenne ich seit vielen Jahren und habe ihn damals in jüngeren Jahren als sehr offenherzigen, liebenswerten und fokussierten Menschen erleben dürfen. Neben seinen ganzen bergsteigerischen Leistungen schätze ich an Peter, dass er wirklich allen Menschen, egal ob in Nepal, im Iran genauso wie bei uns in Österreich überall und zu jeder Zeit immer sehr respektvoll und herzlich begegnet.
Auf einer Expedition war ich mit Peter leider nie, doch ist mir eine gemeinsame Reise zum Damavand als schöne, intensive und vor allem lustige Zeit in bester Erinnerung – sein Humor ist eine seiner weiteren Stärken. Auch zeigt uns Peter, dass man in höherem Alter noch richtig fit bleiben und vieles bewirken kann.

Gerlinde Kaltenbrunner

Es gibt weltweit kaum vergleichbare so starke Bergsteiger, die gleichzeitig so herzlich, charmant und kameradschaftlich wie Peter sind! Du, lieber Peter, bist in vielen Bereichen ein großes Vorbild für mich!

Stephan Siegrist

Lieber Peter, die Berge, die du bestiegen hast, zeichnen dich aus, aber deine Lebensfreude ist immer noch das Größte, was du uns mitgeben kannst! Bewahre dir diese Lebensfreude, mit der du alle and alles begeisterst.

Alexander Huber

Peter Habeler steht in der Tradition des Tiroler Alpinismus – Hias Rebitsch, Hermann Buhl, David Lama – als deren Vollender da. Er hat etwas Geniales, ich erfuhr es als sicheren Instinkt, er kann einfach Bergsteigen: in jedem Gelände, in jeder Höhe, unter allen Umständen. Long live the crow *zum 80.!*

Reinhold Messner

Ich hatte die Ehre, die Energie und die Lebensfreude, die Passion und den ansteckenden Enthusiasmus von Peter in Österreich erleben zu dürfen und wünsche ihm alles erdenklich Gute zum runden Jubiläum. Ich bin mir sicher, Peter wird noch viele weitere Generationen inspirieren.

Nirmal Purja

Lieber Peter! Das Seil der Freundschaft, das uns verbindet, ist lang und reißfest. Auf den vielen Wegen, die wir gemeinsam gegangen sind, auch wenn der eine oder andere davon recht steinig war, hat uns das Seil nie im Stich gelassen! Von all diesen Wegen konnte ich viel Wertvolles auf meinen Lebensweg mitnehmen – danke!
Lieber Freund, für die Zukunft wünsche ich dir nicht nur viel Gesundheit, sondern auch weiterhin Tatendrang, welcher dich wie in der Vergangenheit schwankende Brücken betreten lässt, die dich zu neuen Ufern bringen. Heraus aus dem »Alter der Jugend«, hinüber in die »Jugend des Alters«!
Liebr Peatr, dü wogschtmr allwall a groaßr Hebsteckn – Vrgeltsgött!

Horst Fankhauser

Über die Autorin

Marlies Czerny arbeitete jahrelang hauptberuflich als Sportjournalistin für die *Oberösterreichischen Nachrichten* und als Gastredakteurin in der Schweiz. Heute schreibt sie als freie Alpin-Autorin für Magazine und ist Kolumnistin im *Bergwelten*-Magazin. Als erste Österreicherin stand sie auf allen Viertausendern der Alpen und hat darüber das Buch *4000ERLEBEN* verfasst. Sie ist staatlich geprüfte Instruktorin für Hochtouren und Skitouren und möchte auch gerne mit 80 Jahren noch mit Begeisterung in die Berge steigen.

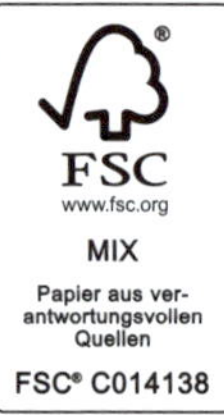

1. Auflage

Gesetzt aus der Palatino, Quan, Clarendon
Medieninhaber, Verleger und Herausgeber:
Red Bull Media House GmbH
Oberst-Lepperdinger-Straße 11–15
5071 Wals bei Salzburg, Österreich

Umschlaggestaltung und Satz: b3K design, Andrea Schneider, diceindustries
Coverbild: Simon Schöpf
Bilder Innenteil: Archiv Peter Habeler, außer: S. 14, 17, 35, 39, 57, 72, 86, 133: hochzwei.media/ Andreas Lattner; S. 32: Sepp Mayerl Archiv; S. 77: Archiv Heckmair-Auffermann; S. 85: Reinhold Messner; S. 119: Hamberger/ dpa/ picturedesk.com; S. 153: Manuel Ferrigato/ Red Bull Content Pool; S. 157/1: Stephan Siegrist; S.157/2: Timeline Productions/ Red Bull Content Pool; S. 163, 166: Archiv David Lama; S. 180, 184, 185: Archiv Horst Fankhauser; S. 199: Stefan Voitl/ Red Bull Content Pool; S. 201: Jutta Wechselberger; S. 203: Realy Easy Star/ Roberto Carnevali/ Alamy Stock Foto
Illustration Porträts: Claudia Meitert/ carolineseidler.com
Illustration Lebenslinie: hochzwei.media/ Andreas Lattner

Printed in Czech Republic by Finidr
ISBN 978-3-7112-0039-6